新标准 中文本科系列教材

高级中文综合教程 ③

GAOJI ZHONGWEN ZONGHE JIAOCHENG

总主编：张 浩
主 编：李 文
编 者（按姓氏笔画排列）：
　　李 文　杨 洁　宋红芳　张亚茹　张咏梅　柯润兰　洪桐怀

北京语言大学出版社
BEIJING LANGUAGE AND CULTURE
UNIVERSITY PRESS

©2025北京语言大学出版社，社图号25038

图书在版编目(CIP)数据

高级中文综合教程. 3 / 李文主编；李文等编.
北京：北京语言大学出版社，2025.4. -- （新标准中文本科系列教材 / 张浩总主编）. -- ISBN 978-7-5619-6755-3

I. H195.4

中国国家版本馆CIP数据核字第202546KR45号

高级中文综合教程3

GAOJI ZHONGWEN ZONGHE JIAOCHENG 3

排版制作：	北京创艺涵文化发展有限公司
责任印制：	周 燚

出版发行：	北京语言大学出版社
社　　址：	北京市海淀区学院路15号，100083
网　　址：	www.blcup.com
电子信箱：	service@blcup.com
电　　话：	编 辑 部　8610-82303647/3592/3724
	国内发行　8610-82303650/3591/3648
	海外发行　8610-82303365/3080/3668
	北语书店　8610-82303653
	网购咨询　8610-82303908
印　　刷：	天津嘉恒印务有限公司

版　次：	2025年4月第1版	印　次：	2025年4月第1次印刷
开　本：	889毫米×1194毫米　1/16	印　张：	18.75
字　数：	336千字		
定　价：	86.00元		

PRINTED IN CHINA

凡有印装质量问题，本社负责调换。售后QQ号1367565611，电话010-82303590

总前言

中文作为第二语言教学，其命名从"对外汉语教学"演变为"汉语国际教育"，再进一步发展为"国际中文教育"，这两次关键性的更名标志着中文教学领域的持续拓宽，彰显了其在全球范围内的普及与影响力的逐步提升。为顺应新时代国际中文教育事业的发展需求，2021年3月，中华人民共和国教育部、国家语言文字工作委员会正式发布了《国际中文教育中文水平等级标准》。该标准创造性地推出了"三等九级"的新范式，同时提出了"等级质量"与"集成创新"的新理念，优化升级了"3 + 5"（"3"指言语交际能力、话题任务内容、语言量化指标三个层面，"5"指听、说、读、写、译五种语言技能）规范化新路径。正是在这样的时代背景下，"新标准中文本科系列教材"（以下简称"新标准中文"）应运而生。本系列教材旨在以《国际中文教育中文水平等级标准》为参照，更好地满足新标准下本科来华留学生中文教学的需求。

一、适用对象

"新标准中文"主要是为来华攻读汉语言专业本科学历的留学生量身打造的，能够全面满足初、中、高各层次的中文综合课、专业技能课和专业知识课的教学需求；也可用作海内外相关培训课程的中文教材，来华学习中文的长期进修生及中文自学者也可选用。

二、结构规模

"新标准中文"教材体系与专业课程体系联系紧密，采取综合语言能力培养与听、说、读、写、译专项语言技能训练相融合的教学模式和教材编写模式。此外，还增设了商务、翻译、教学等专业方向的专业语言技能教材和专业知识教材，以满足不同领域的学习需求。全套教材被精心划分为三个层级和两个序列，即初、中、高三个层级，横向和纵向两个序列。横向序列，根据课程性质和专业方向，划分为汉语言技能与知识、文化知识、汉外翻译、商务汉语四大板块，确保学生在各个领域得到全面学习。纵向序列则以综合课教材为主线，辅以听、说、读、写各分项技能的配套教材，该序列贯穿一至四年级，平衡了一般技能课与各层级专业技能课、知识课的比例，确保学生在各个学习阶段都能获得均衡而深入的学习效果。

三、编写理念

本系列教材深度融汇了第二语言教学理论及学习理论，充分考虑了学习者的个体特征、认知差异以及实际需求。在编写过程中，我们始终秉持语言学习与知识学习相融合的教学理念，旨在全方位提升学习者的汉语言能力及自主学习能力，特别强调对学习者认知能力与跨文化交际能力的双重培养，确保学习者在掌握语言技能的同时，拥有更加宽广的视野和跨文化的沟通素养。

"多元、立体、创新、智能"是本套教材的基本理念。多元，即对教学法、教学理论、教学大纲及教学材料、训练方式兼容并包；立体，即加强主干教材和配套教学资源的综合开发；创新，即在继承原有成熟的教学理念、教学方式和教材编写研究成果的基础上，对各分系列教材进行整体和局部的特色设计；智能，即在教材研发模式上，依托多媒体数字化平台，以更智能、更灵活的方式服务于课堂内外的教学工作。

四、编写原则

为实现本系列教材的编写理念，本系列教材在编写过程中遵循如下原则：

依据标准　以《国际中文教育中文水平等级标准》为基石，将其核心理念融入教材编写的每个环节。针对各类教材特性，研制与之匹配的教学大纲，确保每部教材独具匠心，同时又能与其他教材形成互补，共同构建完整的教材体系。

结构模式　秉持"语言结构—功能—文化"三者融合的理念，将语言的结构规则、交际功能以及文化知识结合起来，形成一个全面、系统的教学体系，从而实现语言知识、语言技能与文化认知的协同发展。

话题设计　精选多元话题，从校园生活点滴到当前社会热点，从中华传统文化的深度介绍到现代中国的多维展示。话题设计兼具开放性与包容性，注重跨文化交际的深度解析，旨在增进学习者对中国社会的全面理解，推动不同文明间的交流与互鉴。

语言知识　遵循中文教学与学生认知规律，系统呈现中文基本词汇、语法与汉字知识，多角度展示中文口语与书面语的差异，强调语言要素的语用功能，突出语段与语篇的教学，以此助力学生掌握并灵活运用中文。

技能训练　涵盖听、说、读、写、译五大分项技能，五大技能既各自独立，又相互关联，形成一个完整的技能体系。各分项技能在初级、中级、高级教学阶段逐层递进，实现多层级覆盖，从而精准满足不同层次学习者的实际需求。

专业培养　中文技能培养贯穿本科教学始终，中高级阶段渐进式强化专业技能与专业知识，专业特色鲜明的教材资源帮助学生实现从单一中文能力向"语言 + 专业"综合素养的跃升，彰显复合型、多元化的人才培养理念。

五、教学资源

教学资源是确保教材高效利用的关键支撑。为助力教学工作顺利进行，本系列教材配备教师用书、精选教案及教学示范视频等丰富的资源，依托多媒体数字化平台，以智能化、多样化的方式全面服务于课堂内外的教学实践。

六、分工与致谢

本系列教材编写团队由北京语言大学国际中文学院（原汉语学院）的中青年骨干教师组成。在编写过程中，我们得到了众多支持和指导，对此深表感激！同时，我们也热切期待各位专家、学者、老师及同学们能够不吝赐教，提出宝贵的意见和建议，以使本系列教材日臻完善。

张　浩

2024 年 6 月 26 日

编写说明

《高级中文综合教程》是北京语言大学国际中文学院（原汉语学院）"新标准中文本科系列教材"中的一种，共三册，主要适用于汉语言、汉语国际教育等本科专业三、四年级的来华留学生。已达到中文中级水平并计划学习高级中文的来华进修生，以及具有相同需求的海外中文学习者，也可以选用本教材。

本教材依据2021年3月教育部、国家语委发布的《国际中文教育中文水平等级标准》（下文简称《等级标准》）进行编写，这使教材名称中的"高级中文"做到了名实一致。《等级标准》将中文水平分为初、中、高三等，每一等内部再分为三级，共"三等九级"。其中高等七—九级属新增水平等级，语言能力定位在"能够理解多种主题和体裁的复杂语言材料，进行深入的交流和讨论。能够就社会生活、学术研究等领域的复杂话题进行规范得体的社会交际"，同时，能够"深入了解中国文化知识，具备国际视野和跨文化交际能力"。从话题任务来看，七—九级各有自己的话题领域及需要完成的交际任务。从语言量化指标来看，七—九级内部不再分级，高级阶段规定应掌握的词语总量为11,092个，在中级基础上新增5636个；语法点总量572个，新增148个。《等级标准》高级阶段各项标准是本教材编写的重要参考依据。

本教材1、2册依据话题分册，话题安排循序渐进，与《等级标准》的话题分级基本一致。第1册话题涉及社会、文化遗产、心理健康、动物保护等方面，第2册话题涉及历史、科技、探险、医学伦理、艺术等领域。第3册课文也有具体的话题归属，不过体裁已基本限定在论文，除特别安排的两课"名著欣赏"外，其他八课重心已转向学术文章，话题涉及哲学、比较文学、语言文字、翻译技巧、学术研究方法等。总之，三册话题各有分工，体裁则从追求多样逐渐转向单一，这一变化与高级阶段中文学习重点的转换相一致。

教材所选课文除了要符合话题的要求，同时也必须能够提供足够的高级阶段词语和语法、修辞现象。《等级标准》高等词语有5636个，教材重点讲解和练习的词语基本就在这个范围之内。《等级标准》高等语法点有148个，涉及词类、短语、固定格式、复句、句群等，教材对此分两类处理，复句关联词全部安排在第1册，每课讲解一到两个复句类型；其他语法点只重点讲解课文中出现的项目，余者则暂不涉及。修辞手法在《等级标准》中未做等级分类，本教材选取最常见的11种在第2册进行集中讲解。

作为本科中文教材，本书具有鲜明的专业特色。1. 系统性。三册的内容编排各有侧重，共同构成一个整体。第1册重在学习语法，特别是高级阶段的复句关联词，第2册则系统学习常用修辞格。在此基础上，第3册专门针对学术文章的阅读和写作进行训练，以便学生对学术文章之章法有较为系统的认识。在每册内部，各课在内容上也互相配合，共同实现教学设计意图。2. 知识性。课文等语料既是语言学习的材料，更是知识的载体，选入教材的每篇课文及每一则语料都承担着向学习者传授知识的重任。既有知识容量又有专业深度的语料，可以激发学习者更强的学习动力和更旺盛的求知欲。因此，教材围绕各课中心话题精心挑选了各层级的语料。值得一提的是，这里说的"知识性"核心在于对语料真实性的追求。教材中的每一则语料，甚至小到每一个例句，都尽可能做到内容真实，不违背常识，不违背事实，实事求是。3. 科学性。科学性是教材设计的总目标，上述"系统性""知识性"也可视为一种"科学性"。除此之外，本教材的科学性还体现在作为本科教材，尊重中文学习规律，科学处理《等级标准》未涉及的问题。比如修辞格，《等级标准》并没有具体的介绍和分级，但常用修辞格在高级阅读和写作中都十分重要，故教材安排在第2册进行系统讲解。又如成语，《等级标准》有300多条，几乎全部收于七—九级词汇。考虑到大量常用成语未能收入，而高级阶段的词汇学习不能忽视成语，故本教材将课文中出现但未列入《等级标准》的常用成语也作为各册词语讲练的重点，对其用法做了非常详细的介绍。

本教材的使用需要注意以下几点。第一，不同分册的教学目标和语言训练重点均有所不同。第二，每册所包含的十课均按两个单元来设计，五课为一个单元，每个单元内部题材或体裁力求丰富，其中第五课、第十课安排为叙事散文或小说。第三，每课均按五个模块来设计：①前课文模块；②课文模块；③语言点讲解模块；④练习模块；⑤语言实践模块。

◆前课文模块。这个模块主要是从作者、作品、话题或文体角度为把握课文背景做基本的准备，一般包括"作者简介、作品出处、话题归属/文体说明、课堂报告选题"四个部分。其中，"课堂报告选题"提供了解课文背景的各种视角，供学生分组后选择。每组可选择一题进行资料准备，并在课堂上完成报告。这个环节将为课文的学习奠定基础。

◆课文模块。这个模块为该课学习的主要内容。课文选用原汁原味的中文文章，除受限于课文长度进行必要的删减（课文一般在3000字左右），一般不对原文做任何改动。鉴于高级教材课文较长，一般会按原文章节把课文划分成若干部分，并为每个部分设置"阅读提示"和"词语表"（第3册每课只列一个词语总表）。"阅读提示"可以从内容角度检查学生对课文的理解程度；"词语表"则列出课文中所有高等词语和未被《等级标准》收纳的重要词语，并且列出绝大部分词语的常见搭配，其中的高等词语是练习模块中重点训练的词语的基本来源。课文都有注释，主要针对人物、事件、专业术语等进行说明，以辅助教学或自学。"课文回顾与思考"是课文模块的最后一项，旨在对课文进行全方位的总结，以便加深和拓展学生对课文主题、语言和体裁特点的认识。

需要注意的是，"词语表"中"搭配举例"列出的是词语可能出现的搭配组合，而不是使用中的具体用法。比如，"名＋形"的组合在实际使用中可以是主谓关系，也可以表现为定中关系。以"视野—开阔"为例，其为主谓关系，但也可以表示"开阔（的）—视野"。"词语表"中"名＋形"实际包含了这两种可能出现的用法。如果"名＋形"一般只有定中关系，则以"形＋名"的形式出现。"词语表"中表示语法关系的"的""地"等词一般会省略。

◆语言点讲解模块。本模块讲解的内容主要包括常见文言词、高级阶段的虚词/固定短语/特殊句式、成语、复句关联词、修辞格、文章结构等，其中复句关联词、修辞格和文章结构依次安排在三册中进行全面而系统的介绍，其他语言点则只针对课文中出现的进行讲解。安排在第3册中的文章结构（"提要与提纲"）涉及文章章法，是掌握论文写法并提高论文写作能力的锁钥。在本模块中，用于解说的文字简洁明晰，例句均经过精心选择，可以满足课堂教学和学生自学的基本需要。本模块相对独立，其中大部分项目与课文在内容上并无紧密关联，所以也可以单列出来进行学习。

◆练习模块。这个模块有以下四个特点。第一，内容全面，且每册各有重点。1、2

两册各课的练习均包含三个部分：词汇／语法／修辞（第 2 册增加）、拓展阅读、写作。第 3 册练习没有再细分为三个部分，但训练内容一致，并且增加了涉及文章结构的题型。第二，词语和语法练习重点明确，以"词语表"中的高等词语和语言点讲解中的内容为基本范围。第三,三册均坚持从句到段、从段到篇的训练层次的完整性，并逐步加大语段、语篇训练的比重。第四，练习中所有语料均紧扣课文话题。从句或段落排序到段落、篇章论点归纳，从修辞、阅读到写作题材料，语料内容都在该课的中心话题范围之内。

◆ 语言实践模块。本模块一般会列出两个任务以供选择，内容跟课文有一定的关联，旨在巩固学生课堂所学，培养兴趣，并锻炼解决实际问题的能力。1、2 两册的任务大致包括设计问卷进行采访、就某个问题搜集资料做统计分析、实地参观博物馆、组织辩论会等。第 3 册的任务为"论文设计与讨论"，专为论文写作服务，这与本科最后阶段的学习重点一致。

最后还需对教材中使用的图标做一些说明。特殊符号的使用主要集中在"词语表"中，表中某词语出现上标"○"，表示这是《等级标准》中的七—九级词。如第 1 册第一课"词语表"中"沉思"一词，标为"沉思○"，表示这是七—九级词。未标注的词语则表示没有出现在《等级标准》中。"词语表·搭配举例"中用到"◇"和"◎"两种符号，"◇"表示词语搭配用的是该词的比喻义，"◎"表示固定搭配。"◎"也用在练习二或练习三的词语搭配练习中，同样表示这里的搭配是固定搭配。此外，在 1、2 两册目录的"词语例释"中，如果一个词语出现上标，则表示该词语至少会出现两次。如"之"字，安排在第 1 册第四课、第六课中讲解，分别标为"之^1""之^2"，第三次出现在第 2 册第五课，则标为"之^3"。

《高级中文综合教程》是根据《等级标准》编写的教材，可以帮助进入高级阶段的学习者稳步提高中文水平，并最终实现高级阶段的学习目标。由于本教材侧重满足本科专业三、四年级的需求，不同学习目标的使用者可以根据自身需要选择合适的分册，并对教材内容进行取舍。限于水平、编写时间等因素，教材中错误和不当之处在所难免，恳请使用者批评指正。

李 文
2024 年 3 月 31 日

目　录

第一课　从知识型阅读到研究型阅读　　1
提要与提纲
词语例释　历来　无非　固然
成语运用　无论如何　水落石出　头头是道　相辅相成
　　　　　相得益彰

第二课　从不忍之心看人性　　27
提要与提纲
词语例释　唯独　偏偏　乃　通通
成语运用　将心比心　畅所欲言　见死不救　根深蒂固
　　　　　见义勇为　归根结底

第三课　多元文化中的比较文学　　55
提要与提纲
词语例释　继　甚至于　由此可见
成语运用　和而不同　相生相克　百家争鸣　漫不经心

第四课　男女平等观念和"她"字的际遇　　81

提要与提纲

词语例释　从未　未免　岂

成语运用　平起平坐　伶牙俐齿　别开生面

第五课　药　　109

第六课　学术转向，移步变形　　125

提要与提纲

词语例释　有待　兼及　借以

成语运用　侃侃而谈　眼花缭乱　一蹴而就　量力而行　兴高采烈

第七课　茶的起源及饮茶习俗的全球化　　153

提要与提纲

词语例释　据此　直至　总的来说　尚未　再度　莫过于

成语运用　地广人稀　发扬光大　不可思议　顺理成章

第八课　汉字与阅读　　189

提要与提纲

词语例释　势必　换言之　大体

成语运用　如虎添翼　望文生义　似是而非

第九课　翻译的技巧　　　217

提要与提纲

词语例释　　与否　分明　迟迟　亦

成语运用　　弦外之音　不知所云　理直气壮　祸不单行

第十课　堂吉诃德　　　251

附录（一）词语总表　　　267

附录（二）成语索引　　　284

第一课　从知识型阅读到研究型阅读

左东岭

课文导览

【作者简介】

左东岭（1956—　），河南人。首都师范大学教授。主要研究领域为中国文学思想史、中国文学批评史、中国古代诗歌史与中国古代小说史，在明代文学思想与哲学的关系、明代诗歌史研究方面有较高成就。专著代表作有《李贽与晚明文学思想》《王学与中晚明士人心态》《明代心学与诗学》《明代文学思想研究》《中国诗歌研究史》等，论文代表作有《中国文学思想史的学术理念与研究方法：罗宗强先生学术思想述论》《元明之际的种族观念与文人心态及相关的文学问题》等。

【作品出处】

课文选自《读书》，2017年第5期。有删减。

【文体说明】

课文属于论说文。从内容来看，文章主要阐述了阅读的层次性问题，即知识型阅读和研究型阅读的区别。文章围绕中心论点从三方面进行了客观分析，论证条理清晰，并有具体例证作为支持。通过课文，学习者可以接触到古典文学的研究方法，了解一定的专业知识，同时也可以学习论说文的基本写作方法。

课前准备——口头/书面报告选题

1. 章回小说简介；
2. 《西游记》创作年代、作者、基本情节及在文学史上的影响；
3. 道家学派简介；
4. 《庄子·逍遥游》篇名"逍遥游"的字面义及哲学含义；
5. 理学的概念；
6. 王阳明生平及"阳明心学"的基本思想和影响。

课 文

🎧 01-01

1　在现代社会中,学习对于每个人来说都是非常重要的,于是有了"知识就是力量"的格言,有了"活到老学到老"的俗语。但是如果深究的话,人生的学习是可以分成许多阶段的,而每一阶段的学习均有各自不同的重点与特点。如果从学校教育的角度出发,则受教育者获取知识主要是通过教师讲授与自我阅读这两种方式。大学之前的教育方式主要是通过教师的讲授使学生获得知识,并辅之以课外阅读以扩大视野。大学以后的高等教育尽管也需要课堂的讲授甚至是高水平教授的课堂讲授,但自我阅读在学习中所占的比重无疑越来越大。因此能否掌握正确的阅读方法以获得理想的学习效果,是高等教育中的一个非常重要的问题。

2　本文要探讨的是大学本科阶段的阅读与研究生阶段的阅读究竟有何不同的问题。从本科生到研究生,会发生许多明显的转变,比如从人生目标的多样选择转向某个具体的学术领域,从集体学习的方式转向个别培养的方式,从闭卷的课堂考试转向开卷的撰写论文或课程作业,等等。以上所有这些其实都是围绕着培养目标的转变而展开的,具体讲也就是大学本科教育是以培养社会各部门各领域的实用型人才为主要目标,此类人才需要扎实的专业基础与较为宽广的知识面,所以其培养内容主要是专业知识的学习与基本技能的训练,尽管不排除有许多人将来也会得到进一步的深造从而成为专业研究人才,但大学本科教育却不以研究能力的培养为目标。研究生的培养目标则主要是学术规范的训练与研究能力的提高,尽管现在也有工商、法律及教育等应用型的学历教育,许多硕士研究生毕业后也会从事中学教育、文化事业乃至政府机关中非专业研究的工作,但是无论如何硕士研究生依然应以研究能力的提高作为其培养目标,因为他们中的许多人毕竟将来要从事专业研究或攻读博士学位,如果没有严格的学术规范的训练与相当的研究能力,他们是无法胜任其工作的。正是由于培养目标的不同,也就产生了大学本科生与研究生阅读方式的差异。

3　这种差异从总体上讲可以概括为知识型阅读与研究型阅读这样两种不同的模式。简单地讲,知识型阅读的重点在记忆,而研究型阅读的重点在辨析。如果展开来讲,我以为知识型阅读与研究型阅读的差别主要体现在下面三个方面。需要说明的是,我讲的这三个方面的差别主要是针对文科，尤其是我所从事的中国古代文学研究而言的。

阅读提示（一）

1. 第1段开头采用了哪种修辞方法？想强调一个什么道理？在这一段中，作者想表达的主要观点是什么？具体来讲，作者认为大学之前和大学以后的教育方式有什么不同？
2. 第2段中，作者提出本文将要重点探讨的问题是什么？作者认为本科阶段和研究生阶段的培养目标有什么不同？第2段最后一句话在本段中起什么作用？
3. 第3段中，哪一句话总结了第2段的内容？哪一句话从结构上看与下文有直接关系？"需要说明的是"后面的这句话在文中起什么作用？

🎧 01-02

4　研究型阅读方式之一：疑问式阅读。

5　在知识型阅读阶段，读者往往将自己所阅读的著作视为权威的看法与正确的结论，很少质疑它们，对于经典的作品与权威人士的著作就更是如此。但是在研究型阅读中就大不相同，怀疑是读者面对所有著作所应持有的态度。无论你所阅读著作的作者地位有多高，名气有多大，均不应被置于疑问的眼光之外。我们要时时质疑，他这样说有道理吗？他的结论有根据吗？他所采用的论据可靠吗？他所运用的推理合乎逻辑吗？等等。一旦发现问题就应该穷追不舍，一问到底，直到水落石出为止。

6　比如说《西游记》的作者，我们在中学与大学本科的学习中都被告知是吴承恩[1]，我们必须将其作为一个知识点来加以记忆，并在考试时毫不迟疑地写上它。但是在研究型阅读中就不能如此轻信，因为现存的明代百回本《西游记》[2]均不题撰人，直到清初刊刻《西游证道书》[3]时，才说是元代道士丘处机[4]所作。到了二十世纪二十年代，经胡适[5]、鲁迅等学者的考证，才认定是明代中期的吴承恩所作。由于胡适与鲁迅这两位先生是现代学术史上中国小说史研究的开创者与奠基人，人们都很信服他们的学术实力与学术结论，后来他们的看法遂几乎成为学术界的定论。但如果认真追究起来，其中是存在漏洞的，因为胡、鲁二先生所依据的最直接材料是明代天启[6]年间撰修的《淮安府志》[7]，但其中的疑点是，官方所修方志历来是不收通俗小说的，《淮安府志》是否是个例外，这必须加以说明，何况志中并没有直接指出此《西游记》乃是章回小说。而且在清初黄虞稷所撰的《千顷堂书目》[8]卷八史部地理类中，曾有如下的著录："唐鹤征《南游记》三卷，吴承恩《西游记》、沈明臣《四明山游籍》一卷。"这显然是将吴氏[9]的《西游记》作为地理类的游记加以著录的。从这些情况看，胡、鲁二先生所使用的证据是有问题的。尽管目前在没有更有力材料出现的情况下，依然可以将吴承恩作为《西游记》的作者来看，但必须清楚此一说法是有争议的。

7 疑问式阅读对于学者研究能力的培养是至关重要的，因为所有的学术研究无非是由发现问题与解决问题这两个环节构成的，发现问题又是解决问题的前提，而有无质疑的眼光与能力又是发现问题的前提。在此需要注意的是，怀疑是一种严肃认真的学术态度，而不是轻率地否定一切，因此怀疑又是与存疑紧密相连的。

补充注释[1]

[1] 吴承恩：约1500—约1582年。明代文学家。淮安府（今江苏淮安）人。

[2] 明代百回本《西游记》：这是《西游记》最早的版本，初刊于万历二十年（1592），分一百回。《西游记》属章回小说。章回小说是明清以来中国长篇小说的主要形式，内容分若干"章"，"章"也叫"回"。

[3] 《西游证道书》：《西游记》流传过程中的重要版本之一，初刊于清康熙二年（1663）。编者是明末清初的汪象旭、黄太鸿。

[4] 丘处机：1148—1227年。金末元初道教全真派道士，号长春子。曾应元太祖成吉思汗（1162—1227）之邀，西行到中亚与之会面。丘处机弟子李志常（1193—1256）根据西行路上所见自然地理和风俗人情，写成《长春真人西游记》一书。该书也成为后人研究13世纪中亚历史与文化的第一手资料。

[5] 胡适：1891—1962年。文学家、哲学家和思想家，中国新文化运动的代表人物之一。1917年首次提出汉语书面语以白话文取代文言文的主张。

[6] 天启：明熹宗年号（1621—1627）。

[7] 《淮安府志》：淮安府的地方志。"府"，古代的行政区划，等级在县和省之间。淮安府位于今江苏省北部。地方志是中国古代全面系统地记述某一地区自然、政治、经济、军事、文化、人物及风土人情的资料性图书，相当于"地方百科全书"。"地方志"也称"方志"，简称"志"。

[8] 《千顷堂书目》：明末清初藏书家、目录学家黄虞稷（1629—1691）所编的大型书目，将

---

[1] 本册教材每篇课文的页下注均为原文注释，"补充注释"为编者所加。

明朝人的著述一万二千余种，按照经、史、子、集四个部分编目。每类详列明人著述，后附宋、辽、金、元人的著作，是记录明人著述最详尽的工具书。"千顷堂"是黄虞稷的书斋名。

［9］吴氏：将"氏"放在"吴"的后面，表示上文提到的姓"吴"的人。这里指吴承恩。

阅读提示（二）

1. 第4段从内容和结构来看，具有什么特点？在文章的这一部分起什么作用？
2. 研究型阅读和知识型阅读的第一点不同是什么？作者用了什么修辞方法来解释他的观点？
3. 从内容上看，第6段与第5段是什么关系？关于《西游记》作者是不是吴承恩的问题，支持者和反对者各有哪些依据？
4. 第7段中，作者提出了什么观点？哪一句话是对该观点的补充？

🎧 01-03

8　研究型阅读方式之二：对比式阅读。

9　在知识型阅读阶段，由于要追求知识的准确性与可靠性，就必须精心挑选阅读的对象，并将其作为权威的说法加以记忆，从而构成自己稳定的知识谱系。但是这种阅读习惯也容易形成盲从的缺陷，比如有许多本科生甚至硕士研究生在进行某论题的研究时，常常会找来一些专家的著作或文章作为参考，当他们一家一家地读完后，觉得都讲得头头是道，却又不能肯定哪一家是最有道理的。出现这种现象的原因固然有很多，但没有养成对比式阅读的习惯肯定是其中的重要原因之一。其实我们认识事物，经常都是在对比中进行的，这就是所谓的"有比较才能有鉴别"的道理，只是在许多时候没有明确地意识到而已。许多观点与见解单看起来好像很有道理，可一旦将不同专家的同类文章放在一起加以比较，往往就会发现它们之间存在许多不一致甚至相互矛盾的地方。那么究竟是谁犯了错误，是各方观察问题的角度不同从而均有一定道理，还是因种种学术局限使该论题的研究还存在许多余地，等等，对比会为你留下一堆疑问，从而引起进一步的深入思考。

10　比如《庄子》有许多注本和研究成果，但对于同一篇章、同一概念乃至同一字句却又有各自不同的解释，将这些不同的看法放在一起进行比较，可以发现许多有趣的现象。《庄子》的第一篇是《逍遥游》，可对"逍遥"的解释各家便有许多不同。西晋郭象[10]认为适性就是逍遥，大鹏与小鸟是没有什么区别的。但东晋支遁[11]却认为真正的逍遥是"乘天正而高兴，游无穷于放浪，物物而不物于物"（《世说新语·文学》）[12]。其实也就是《庄子》中所言的与道合一的"无待[13]"境界。宋代的林希逸[14]在注《庄子·逍遥游》时，认为逍遥就是"乐"，而乐的前提也是"乘天地之正"，只不过他将"正"解释为"正理"，也就是达到了高尚的儒家道德境界，这就将逍遥的观念与宋儒的存天理、灭人欲[15]联系起来了。通过三者的对比，我们发现支遁的逍遥解释比较接近庄子的本意，而郭象与林希逸的解释则深受魏晋玄学[16]与宋代理学[17]的影响。

补充注释

[10] 郭象：252—312年。西晋哲学家，著有《庄子注》一书。郭象以"适性"来解释"逍遥"，认为万物只要顺应自己的本性，就可以说是逍遥。

[11] 支遁：314—366年。东晋高僧、佛学家、文学家。

[12]《世说新语·文学》刘孝标的注中收录了支遁的这段话。支遁认为"逍遥"的意思是：顺应万物的本性，游于无穷之境；利用外物，而不被外物所控制。刘孝标（462—521），南朝文学家，以注《世说新语》而著称。《世说新语》是南朝刘义庆（403—444）组织编写的一部记述魏晋人物言谈轶事的短篇故事集。

[13] 无待：独立，不需要凭借任何外力。语出《逍遥游》中"彼且恶乎待哉"一句，意思是，他还需要依赖什么呢？这个意思后来被概括为"无待"。

[14] 林希逸：1193—1271年。南宋理学家。为《老子》《庄子》《列子》做注，其中《列子鬳斋口义》在东亚文化圈影响很大。"鬳斋"是林希逸的号。"口义"即讲义。

[15] 存天理、灭人欲：宋代理学家所提出的道德观念。保存天理，消灭违背天理的人的欲望。

[16] 玄学：魏晋时期出现的一种崇尚道家思想的哲学思潮。

[17] 理学：又称道学，是宋元明时期儒家思想学说的通称。

阅读提示（三）

1. 对于第8段，作者为什么采用了和第4段一样的结构形式？
2. 知识型阅读需要挑选阅读对象，这种做法有什么缺陷？研究型阅读为什么能避免这一缺陷？
3. 第9段中，作者提出了什么观点？第10段中举了什么例子来说明这一观点？从例子本身所得出的结论是什么？结论位于第10段的什么位置？

🎧 01-04

11　研究型阅读方式之三：联想式阅读。

12　在知识型阅读中，由于记忆知识的需要，读者常常将知识归纳成条目或要点，然后努力将其纳入自己的头脑中，至于此一点与彼一点之间，这本书与另一本书之间，该学科与他学科之间，究竟有何联系与同异，一般是不在自己的考虑范围之内的。可以说该阶段读书的目的还比较笼统，如果说有目的，那么增加知识便是其主要目的。研究型阅读则不然，此时读书的目的性较强，读书时不仅会常常想到自己的专业，更重要的是还会常常想到自己目前所研究的对象与问题。他在遇到一种新的理论、一个新的观点、一条新的材料时，就应该想到这些对解决自己所研究的问题有何用处与帮助，这就是我所说的联想式阅读。

13　比如我在阅读《王阳明[18]全集》时，自然遇到了他哲学的核心理论——良知说[19]。这本来属于哲学范畴，但当我发现良知的主要特征是人心先天即性善，同时又具有自然与虚灵[20]的特性时，我就想到了我正在从事的公安派性灵说[21]的研究。性灵说的主要口号便是袁宏道所提倡的"独抒性灵，不拘格套"，而他所说的性灵也具有自然与虚灵的鲜明特征。那么这种文学上的性灵说与王阳明哲学的良知说有无联系呢？因为他们同处于明代的社会环境中，必然会面对许多大致相同的人生问题，因此性灵说有可能受到过良知说的影响。于是我进一步追踪下去，发现它们之间果然有联系。通过此种联想式的阅读，我就弄清楚了公安派性灵说的源流问题，从而对明代文学思想的发展过程有了一个更清晰的认识。

补充注释

[18] 王阳明：王守仁（1472—1529），号阳明子，世称王阳明、阳明先生。明代思想家、哲学家、政治家和军事家。他创立的心学，作为宋明理学的重要流派，对中国和东亚影响深远。

[19] 良知说：王阳明提出心之本体就是良知，良知就是天理。

[20] 虚灵：心灵。

[21] 公安派性灵说："公安派"是明朝的一个文学流派，代表人物为袁宏道（1568—1610）、袁宗道（1560—1600）、袁中道（1570—1626）兄弟三人。他们为湖北公安人，公安派因此而得名。他们的核心主张是文学创作应该"独抒性灵，不拘格套"，意思是文学创作要

抒发自己独特的个性，不要受固定模式的限制。

> **阅读提示（四）**
>
> 1. 从第4、8、11段来看，文章在提出论点时有什么规律？
> 2. 知识型阅读如何记忆知识？这种做法常常会忽视什么？研究型阅读在这方面有什么特点？
> 3. 第13段中，作者举了什么例子来说明研究型阅读的特点？作者是怎么联想的？

🎧 01-05

14 最后还有三点需要补充说明：第一，上述研究型阅读的三种不同方式并不是孤立的，而是相互依存、相辅相成的。对比式阅读既可以发现问题、产生疑问，又可以萌发联想；联想式阅读本身就是对比的过程，只是这种对比不是在不同对象之间，而是与自己原有的学术基点进行对比而已；而疑问式阅读所产生的质疑，也是与自己原有的学术积累相联系，并通过反复的对比而提出的。如果能把这三方面结合起来，将会取得相得益彰的积极效果。第二，知识型阅读与研究型阅读的阶段与对象并不是固定不变的。在一些研究型大学里，在一些以培养研究型人才为目标的大学基地班里，在一些资质优良与基础扎实的大学本科生里，都有人可能在大学本科的高年级就提前进入研究型阅读的阶段。甚至不排除在成绩优异、创造性极强的中学生里，也有人可能进行研究型阅读的尝试。反之，一些以学历与课程教育为目标的研究生，如工商硕士、法律硕士与教育硕士等，也可能以知识型阅读作为自己学习的主要方式。第三，在人的一生中，知识型阅读与研究型阅读并不是相互排斥与替代的关系，而是相互结合、互为补充的关系。尤其是在进入研究型阅读阶段之后，并不意味着就可以完全放弃知识型的阅读，因为随着研究领域的扩大与研究内容的深入，人们总是需要不断地补充新的知识，或了解新的学科以供交叉研究，或需要掌握新的理论以为研究工具，或学习新的语种以便进行学术交流，知识型的阅读依然具有不可替代的价值。人们需要弄清的是，哪些领域需要研究型阅读而哪些领域又需要知识型阅读，并处理好二者之间的关系，这才是至关紧要的。

阅读提示（五）

1. 第 14 段跟前面的三个部分之间是什么关系？
2. 作者认为应该如何看待知识型阅读和研究型阅读的关系？
3. 如果对第 14 段进行分段，你认为可以分为几段？可以按照什么来划分？

课文回顾与思考

1. 本文主要论述了什么观点？作者是从哪几个方面来论证的？
2. 在具体的论证过程中，作者主要采用了什么方法？请举例说明。
3. 作者举例都来自古典文学，对于这一学习难点，你用了哪些方法来学习？在阅读过程中，这一学习难点对于你理解文章的主要观点有没有影响？请具体说明。
4. 从写作方面来看，本文的结构和写法有什么特点？对你的写作有没有启发？

提要与提纲

写出课文的内容提要（250 字左右）和关键词（3—5 个），并完成提纲示例表。

【内容提要】_____
_____
_____
_____
_____
_____

【关键词】_____ _____ _____ _____ _____

【提纲示例】

在下表空白处填写段落、论点[2]或例证。如果课文没有小标题，或小标题不是论点，请自己概括。"文章结构"中的阿拉伯数字表示段落序号。本册各课要求同此。

文章结构		论点	例证
一 （1—3）		本科阶段的阅读和研究生阶段的阅读是两种不同的模式，差别体现在三个方面。	
二 （4—13）	（一） （4—7）	研究型阅读方式之一是疑问式阅读。	有关《西游记》作者的争议。
	（二） （8—10）		
	（三） （11—13）		
三 （14）		补充说明知识型阅读和研究型阅读的关系（详见第14段中"第一""第二""第三"后面的第一句话）。	

词语表

🎧 01-06

序号	词语	拼音	词性	搭配举例
1	格言	géyán	名	道德/政治/人生/爱情～
2	俗语○	súyǔ	名	民间/方言～；◎市井～
3	深究	shēnjiū	动	值得/不再/不必/不便～；～下去
4	均	jūn	副	
5	讲授	jiǎngshòu	动	～课程/知识；重点/系统～；课堂～
6	课外	kèwài	名	～书籍/读物/阅读/学习/活动
7	闭卷	bìjuàn	动	◎～考试
8	开卷	kāijuàn	动	◎～考试

[2] 论点：文章的开头或结尾部分有时不出现论点，这时写出主要内容即可。但表格标题行只用"论点"一词作为第二列标题。

9	撰写○	zhuànxiě	动	～文章 / 论文 / 著作 / 报告
10	实用型	shíyòngxíng		～人才 / 书籍 / 设计
11	知识面	zhīshimiàn	名	～广 / 宽 / 窄；扩大 / 拓宽～
12	深造	shēnzào	动	进修 / 学习 / 出国 / 进一步～；～机会
13	学历○	xuélì	名	小学 / 初中 / 高中 / 大专 / 本科 / 研究生～；获得 / 具有～；◎高 / 低～
14	无论如何○	wúlùn-rúhé	成语	
15	攻读○	gōngdú	动	～专业 / 学位 / 法律 / 医学 / 经济学
16	胜任○	shèngrèn	动	～工作 / 职务 / 岗位 / 任务
17	辨析	biànxī	动	～词义 / 同义词 / 近义词 / 概念
18	文科○	wénkē	名	～专业 / 课程；◎～生
19	名气○	míngqi	名	很有 / 颇有 / 小有～；～大 / 小
20	论据	lùnjù	名	～足够 / 完整 / 充分；提出 / 补充～
21	合乎○	héhū	动	～标准 / 道理 / 逻辑 / 情理 / 人性 / 自然
22	一问到底	yí wèn dàodǐ		
23	水落石出○	shuǐluò-shíchū	成语	
24	告知	gàozhī	动	～客户 / 游客 / 当事人；～结果；被～
25	知识点	zhīshidiǎn	名	了解 / 学习 / 复习 / 掌握 / 归纳 / 新增～；～众多
26	迟疑○	chíyí	形	～片刻 / 很久；◎毫不～；～不决
27	轻信	qīngxìn	动	～他人 / 承诺 / 谎言 / 宣传
28	现存	xiàncún	动	～资料 / 书籍 / 秩序 / 制度
29	刊刻	kānkè	动	～书籍 / 画像 / 插图；～年代 / 风格
30	道士	dàoshi	名	
31	考证	kǎozhèng	动	据 / 经～；～数据 / 资料；◎无从～
32	开创者	kāichuàngzhě	名	事业 / 学说 / 学科～
33	奠基人	diànjīrén	名	事业 / 学说 / 学科～
34	信服	xìnfú	动	令人 / 使人 / 让人～
35	学术界	xuéshùjiè	名	中国 / 西方 / 国际 / 整个～
36	定论○	dìnglùn	名	尚无 / 没有 / 已成～

37	撰修	zhuànxiū	动	~史书/方志/族谱
38	疑点○	yídiǎn	名	存在/发现~；若干/众多/重大~；◎~重重
39	方志	fāngzhì	名	撰修/编写~
40	历来○	lìlái	副	
41	通俗○	tōngsú	形	◎~读物/小说/歌曲/文化；~易懂
42	章回小说	zhānghuí xiǎoshuō		明清~
43	书目	shūmù	名	参考/推荐/阅读/必读~
44	地理○	dìlǐ	名	◎~环境/位置/范围/条件/因素；~学
45	著录	zhùlù	动	一一~
46	游记	yóujì	名	~散文
47	至关重要○	zhìguān zhòngyào		
48	无非○	wúfēi	副	
49	轻率	qīngshuài	形	~决定/认定/否定/行动；行为/态度/决定~
50	存疑	cúnyí	动	对……~
51	精心○	jīngxīn	形	~准备/挑选/安排/设计/打扮
52	谱系	pǔxì	名	语言/家族/知识~
53	盲从	mángcóng	动	~别人/潮流/广告/宣传；一味/不要~
54	论题	lùntí	名	中心/核心/重要/具体/科学/热门~
55	头头是道○	tóutóu-shìdào	成语	
56	固然○	gùrán	连	
57	鉴别○	jiànbié	动	~史料/书画/商品；~能力/方法/标准
58	同类○	tónglèi	形	~商品/企业/课程/数据；与……~
59	局限○	júxiàn	动	历史/时代~；受……~；~于……；◎~性
60	余地○	yúdì	名	发展/选择/谈判~；~大/小；留有/没有~
61	注本	zhùběn	名	古籍~

62	逍遥	xiāoyáo	形	~自在；◎~法外；~派
63	大鹏	dàpéng	名	
64	注○	zhù	动/名	~《论语》；给《论语》做~
65	儒家○	Rújiā	名	◎~思想/学说/学派/文化
66	天理	tiānlǐ	名	有/没有~；◎~不容
67	深受○	shēnshòu	动	~欢迎/影响/启发/感动/鼓舞
68	玄学	xuánxué	名	◎魏晋~；~家
69	理学	lǐxué	名	◎宋明~；~家
70	要点○	yàodiǎn	名	内容/谈话/考试/技术/政策~；抓住/归纳~
71	纳入○	nàrù	动	~范围/计划/系统
72	笼统○	lǒngtǒng	形	说法/分类/概念~；~提出/划分
73	全集	quánjí	名	《鲁迅~》
74	良知	liángzhī	名	社会/艺术/文化~；有/没有/缺少/丧失/唤醒~
75	范畴○	fànchóu	名	学术/语言学/心理学/哲学/美学/艺术~；纳入/限于/超越……~
76	先天○	xiāntiān	名	~条件/素质/因素/差别/缺陷；◎~不足
77	追踪○	zhuīzōng	动	~来源/变化/罪犯；◎~报道/调查/研究
78	源流	yuánliú	名	文化/宗教/学术/艺术/文学/书法/生命~；研究/介绍~
79	孤立○	gūlì	形/动	~（的）现象/系统；~看待/研究；被~；◎~无援
80	依存	yīcún	动	◎相互~；~度（高/低）
81	相辅相成○	xiāngfǔ-xiāngchéng	成语	
82	萌发○	méngfā	动	~念头/想法/愿望/情感
83	基点	jīdiǎn	名	理论/发展/研究~；以……为~
84	相得益彰	xiāngdé-yìzhāng	成语	
85	资质	zīzhì	名	专业/建筑/施工~；~等级/证书；取得/具有~

86	优异○	yōuyì	形	表现/成绩/才能/质量/性能~
87	反之	fǎnzhī	连	
88	互为	hù wéi		~条件/补充/因果
89	供○	gōng	动	~（人）学习/研究/参考
90	交叉○	jiāochā	动	线条~；◇学科~；◎~学科；（食品/药品）~污染
91	语种	yǔzhǒng	名	不同/各个~；◎多~；小/大~

词语例释

1. 历来

副词。表示从过去到现在都是如此。词义与"从来"基本相同，不过用法有差异。"历来"多用于书面语中的肯定句，"从来"则一般用于口语中的否定句。"历来"构成的固定短语有"历来如此"，表示一种现象规律性地出现，且这一现象一般让人不愉快。如：

（1）官方所修方志历来是不收通俗小说的。

（2）在各种文学形式中，小说历来为广大读者所喜爱。

（3）万年青是一种植物，在中国历来被看作吉祥长寿的象征。

（4）武则天是中国历史上唯一的女皇帝，人们对她的评价历来分歧很大。

（5）一个善良的人未必就有幸福的人生，历来如此。

（6）他们一家都有欺负邻居的习惯，且历来如此。

2. 无非

副词。只是，不过是，不外乎。把一件事情涉及的范围或其重要性往小里说、轻里说，常说成"无非是"，为了强调可与句末助词"罢了、而已"配合使用。如：

（1）他能成为一名优秀的戏曲演员，无非靠两点：一是勤学，二是苦练。

（2）谈判的结果无非两种，合作要么停止，要么继续。

（3）疑问式阅读对于学者研究能力的培养是至关重要的，因为所有的学术研究无非是由发现问题与解决问题这两个环节构成的。

（4）广告的目的，无非是促进产品销售，提高品牌知名度。

（5）他说自己没有优点，如果一定要找出一个，无非是待人真诚、没有坏心眼罢了。

（6）刚开始做秘书的时候，工作无非是接听电话、接待来访的客人而已。

3. 固然

连词。有两个用法。

其一，常用于转折复句的前一分句，表示确认某一事实，与后一分句中的"但（是）、不过"等配合使用。用法接近"虽然"。不过，"虽然"用在主语前后均可，"固然"则一般用在主语之后，且语气比"虽然"强。如：

（1）出现这种现象的原因固然有很多，但没有养成对比式阅读的习惯肯定是其中的重要原因之一。

（2）学习游泳，记住动作要领固然重要，但要真正掌握游泳技术，还必须多下水练习。

（3）一个企业固然要重视开辟新市场，不过也要善于保护已经占有的市场。

（4）宠物固然可爱，但对其可能传染给人的疾病，也要高度重视才行。

谓语形容词可重复，构成"形＋固然＋形"的结构，比如"好固然好""方便固然方便"等。这一结构中的形容词多含积极意义。如：

（5）在自己生活的城市读大学，方便固然方便，不过也失去了体验陌生环境的机会。

（6）他描写的故乡生活，全面固然全面，但有点像流水账，不够生动。

其二，用于并列复句的前一分句，表示确认某一事实，词义相当于"确实"。后一分句表示也应该承认另一事实，多用"也"连接。如：

（7）学生时代固然应该多阅读，毕业以后也应该保持良好的阅读习惯。

（8）正常情况下固然要坚持运动，忙起来也不能忘了锻炼身体。

成语运用

1. 无论如何

不管怎样。表示不管条件怎样变化，事情的结果或有关结论不会改变。一般用于紧缩复句表示强调。常与"都、也"配合使用。如：

（1）为了了解最新研究进展，重要的学术期刊无论如何都应该抽点时间看一下。

（2）刚开始写论文的时候，有一种畏惧感，不过无论如何也要坚持下去。

（3）虽然他一直说这个新公园的设计很不错，但我无论如何也看不出有什么好。

（4）尽管现在也有工商、法律及教育等应用型的学历教育，许多硕士研究生毕业后也会从事中学教育、文化事业乃至政府机关中非专业研究的工作，但是无论如何硕士研究生依然应以研究能力的提高作为其培养目标。

"无论如何"也可作为插入语使用。如：

（5）登山爱好者一定要把安全放在首位，无论如何，生命对于每个人只有一次。

（6）人生苦短，无论如何，年轻的时候不努力都是一个遗憾。

（7）虽然地外生命探索还没有取得实质性的进展，但无论如何，地球之外存在生命的可能性还是很大的。

需要注意的是，在"无论+［如何+动/形］"结构中，"无论"与"如何"不构成固定短语，"无论"引导条件从句，需与"也"配合使用。如：

（8）一个没有诚信的人，无论如何辩解，大家也不会信任他。

（9）一幅摄影作品，无论如何真实，如何活灵活现，也不如我们亲眼看到的那么触及心灵。

2. 水落石出

水位降下去，水中的石头就会显露出来。本来是对自然景色的描写，后用来比喻事情的真相经过调查完全显露出来。使用中相当于动词。常做谓语、补语，偶尔也做定语。常说"查个/弄个水落石出"。如：

（1）试验失败的原因经过调查，终于水落石出。

（2）这起谋杀案的案情并不复杂，在警察的努力下很快就会水落石出。

（3）一旦发现问题就应该穷追不舍，一问到底，直到水落石出为止。

（4）对于某些工厂偷偷往河里排放污染物的情况，政府表示，一定要查个水落石出。

（5）德国大数学家高斯（Carl Friedrich Gauß, 1777—1855）自小就对一切现象和事物十分好奇，不明白的地方一定要弄个水落石出。

（6）不管什么案情，不管什么冤情，总有水落石出的一天。

3. 头头是道

原为佛教用语，指处处都存在着道。后形容说话非常有条理、有道理。使用中相当于形容词。常做谓语、补语。如：

（1）他对心理学很有研究，分析起心理问题来总是头头是道。

（2）汪曾祺是一位名作家，同时也是一位美食家，喜欢探讨中国的吃文化。对于中国人的饮食习俗，讲起来头头是道。

（3）纸上谈兵这个成语，讽刺了讲理论头头是道却不能解决实际问题的人。

（4）有的人，分析他人的问题时头头是道；自己遇到难题，则一筹莫展。

（5）作为文艺批评家，他对于文学现象总能分析得头头是道。

（6）有许多本科生甚至硕士研究生在进行某论题的研究时，常常会找来一些专家的著作或文章作为参考，当他们一家一家地读完后，觉得都讲得头头是道，却又不能肯定哪一家是最有道理的。

4. 相辅相成

辅：辅助。指两个或多个事物相互补充，相互促成，彼此关系密切，缺一不可。使用中相当于动词。常做谓语、定语。如：

（1）上述研究型阅读的三种不同方式并不是孤立的，而是相互依存、相辅相成的。

（2）对于城市来说，建筑和园林绿化等环境美化工程是相辅相成的。

（3）和平与发展仍然是当今世界面临的首要问题，二者相辅相成，密不可分。

（4）企业改革和企业管理两者相辅相成。改革是企业发展的动力，管理是企业改革的基础。

（5）经济建设与法治建设是相辅相成的关系，经济发展是法治健全和完善的条件，法治建设是经济发展的保障。

（6）自然科学与社会科学是科学的两翼，是相辅相成、相互促进的一个整体。唯有二者共同繁荣，才能使科学事业得到全面发展。

5. 相得益彰

益：更加。彰：显著。指两个或多个人或事物互相配合，各方的长处和作用能更好地表现出来。使用中相当于动词。常做谓语、定语。如：

（1）产品包装的重要性不言而喻。优良、精美的包装与产品的高质量相得益彰。

（2）在宁夏的自然景观中，沙湖是王牌景点之一。沙湖的奇，表现在沙与湖的奇妙组合，两者相得益彰。

（3）唐、宋年间，佛教寺院提倡饮茶，寺院都辟有茶园。名山藏名寺，名寺出名茶，名山、名寺、名茶三者相得益彰。

（4）在福建省的群山之中，有不少人文景观与自然景观相得益彰的古文化群落。

（5）如果能把这三方面（疑问式阅读、对比式阅读、联想式阅读）结合起来，将会取得相得益彰的积极效果。

（6）深圳是滨海城市，五彩缤纷的多层次城市绿地系统既有很强的生态功能，又呈现出山、水、海、陆相得益彰的景观效果。

练 习

一、解释加点语素的意思，并根据拼音完成新词，同时说明其词义。

1. 俗语（　　　　）
   ___mí___ 语
   ___yàn___ 语

2. 深究（　　　　）
   深 ___sī___
   深 ___xìn___

3. 高等（　　　　）
   ___tè___ 等
   ___tóng___ 等

4. 开卷（　　　　）
   ___bì___ 卷
   ___dá___ 卷

5. 学位（　　　　）
   ___jià___ 位
   ___xí___ 位

6. 模式（　　　　）
   ___gé___ 式
   ___kuǎn___ 式

7. 文科（　　　　）
   ___gōng___ 科
   ___lǐ___ 科

8. 轻信（　　　　）
   ___jiān___ 信
   ___shēn___ 信

9. 盲从（　　　　）
   ___shùn___ 从
   ___tīng___ 从

10. 本意（　　　　）
    本 ___néng___
    本 ___xìng___

二、词语搭配与填空。

撰写　　任务
攻读　　结果
胜任　　标准
合乎　　学位
告知　　论文

（1）所谓"海归"，是指在国外_____ _____，学成后归国创业的人。

（2）在研究生学习阶段，他已经_____了几篇很有分量的_____。

（3）笔试成绩合格者，用人单位将通知其参加面试，并在面试结束后的15日内，把面试_____ _____考生本人。

（4）野外考察_____艰巨，没有健康的身体和充沛的精力很难_____。

（5）学校食堂给学生供餐，食品必须_____国家有关安全和营养的_____。

鉴别	启发
深受	想法
归纳	要点
纳入	书画
萌发	范围

（6）季羡林先生曾多次在文章中提及，他的治学态度和所选择的研究道路_____导师的_____和影响。

（7）读了现代护理学奠基人南丁格尔（Florence Nightingale, 1820—1910）的传记，她也_____了成为一名白衣天使的_____。

（8）朱家溍先生（1914—2003）是中国著名的文物专家和历史学家，在_____与研究故宫_____和工艺品等方面，成就卓越。

（9）在中国，保护环境已_____基本国策的_____。

（10）讲座结束时，建议把报告的_____再_____一下，这样便于听众加深总体印象。

◎
市井	读物
本科	俗语
通俗	条件
地理	学派
儒家	学历

（11）《十万个高科技为什么》是由南方科技大学组织编写，旨在帮助普通读者了解航空航天、先进制造、生物与医药、材料与能源等"高冷"科技的_____ _____。

（12）浙江种茶历史悠久，_____ _____适宜，农民积累了丰富的种茶和制茶经验。

（13）北京孔庙是中国元、明、清三代皇帝为_____ _____创始人孔子举行国家祭典的主要场所。

（14）一般来说，在中国报考公务员的起点为_____ _____。

（15）"笑一笑，十年少"虽是一句_____ _____，但却道出了情绪与健康的内在关系。

三、用指定词语完成句子或对话。

1. 他说，如果他没有参加潜水这一旅游项目，_____（无论如何）
_____

2. 这个城市虽然很小，_____（名气）

3. 不管案情多么复杂，_____（水落石出）

4. 同屋问我要不要做校园文化周的志愿者，_____（迟疑）

5. 《红楼梦》的作者是否为曹雪芹，_____（定论）

6. 从外观看，这件青铜器伪造得十分逼真，_____（疑点）

7. 对于道家哲学中"道"的概念，_____（历来）

8. 维生素的作用早已为人们所了解，_____（至关重要）
9. 聚会时大家的话题有点单调无聊，_____（无非）
10. 母亲的生日到了，_____（精心）
11. _____，但从来看不到他行动。（头头是道）
12. _____，但我也体验到了很多乐趣。（固然）
13. 这个问题你能解决，那么，_____（同类）
14. 进入大学阶段，应该注意拓宽知识面，_____（局限）
15. 这家花店的鲜花品种很多，_____（余地）
16. A：你觉得这篇分析目前经济形势的文章怎么样？
    B：_____（笼统）
17. 主语、谓语、宾语、补语等，_____（范畴）
18. A：一个人性格的形成跟哪些因素有关？
    B：_____（先天）
19. 病人虽然已经出院，但为了进一步了解新药的疗效，_____
    _____（追踪）
20. _____，那你就不可能全面了解事实真相。（孤立）
21. 发展经济与保护环境并不能简单地看成对立关系，_____
    _____（相辅相成）
22. 我很爱读配有精美插图的小说，_____（相得益彰）
23. 我们的产品值得消费者信赖，_____（优异）
24. 每到秋天，颐和园都会举办桂花展，_____（供）
25. 心理语言学是一门新兴学科，从名称就可以看出来，_____
    _____（交叉）

四、在文中画线处填写适当的关联词（如需要，可参考短文后提供的词语）。

中国不但在数千年之前就发明了文字，____①____有极为优良的史学传统。在先秦时代，史官是世代相传的职业。从司马迁开始，____②____开启了不但编修本国历史，也编修周边民族____③____邻国邻族历史的传统。____④____国家层面讲，帝王有实录，有起居注；政府有典有志，有档案。____⑤____国家注意编修史书，地方乃至家族____⑥____讲究修史，所以我国还有方志、家传家谱，文人还有诗文集。____⑦____，国人还有铸造铭文、刻石立碑的传统。____⑧____，中华民族是一个历史文献极为丰富的民族。讲起历史，国人很习惯于探究历史文献。

_____⑨_____，如何了解创制文字以前的历史呢？人类发明文字不过才数千年，没有文字的历史时期，要远远长于有文字以来的时代。从总体上讲，当代学者考察史前时代人类历史主要是从以下几种角度，_____⑩_____体质人类学、语言学与考古学。

> 即　　不但……也……　　而且　　从
> 就　　此外　　那么　　与　　因此

五、将下面几段文字按正确的顺序排列成一篇短文，并画出在段落间起连接作用的语句。

A. 以上举的只是几个例子，然而仅从这几个例子中我们已经可以看到，一直到现代，印度文学对于中国文学的影响持续不断。它就像是一条河流，有时经过深山，有时经过密林，有时波涛汹涌，有时细流潺潺，就这样，流下来，流下来，一直流到现在。

B. 宋代以后，中印两国的文化交流，特别是宗教方面的往来逐渐减少，代之而起的是贸易方面的往来。在这样的情况下，从表面上看，印度文学似乎已经停止对中国文学产生影响。但是，倘若仔细观察研究，可以发现情况并不是这样。其影响不但仍然存在，而且更深入、更细致了。

C. 现代小说家沈从文（1902—1988）的作品有时候也取材于印度的寓言文学，主要是汉译的佛经。《五卷书》第一卷第十六个故事的内容是：两只天鹅和一个乌龟做朋友。天旱的时候，两只天鹅让乌龟咬住一根木棒，它俩各叼一头，准备把乌龟运到有水的地方去。后来乌龟不遵约言，张嘴说话，从天空掉下来，摔死了。这个故事当然也是印度人民的创作，通过佛经传到中国来。沈从文给它涂上了地方的色彩，写成了一篇寓言小说。这就是短篇小说集《月下小景》中的《猎人故事》。

D. 明代是中国长篇小说开始发扬光大的时期。最著名的长篇小说之一《西游记》里面就有大量的印度成分。要想研究孙悟空的家谱，是比较困难的。不可否认，他身上有中国固有的神话传统；但是同样不可否认，他身上也有一些印度的东西。他同《罗摩衍那》里的那一位猴王哈奴曼（Hanuman）太相似了，不可能想象他们之间没有渊源关系。

E. 不仅如此，在明代也有印度故事整个搬到中国来的。这里只举一个例子。明刘元卿《应谐录》里面记载了一篇短寓言，说一家人有一只猫，起个名字叫"虎猫"。有人建议说，虎不如龙，不如叫"龙猫"。又有人建议叫"云猫"，叫"风猫"，叫"墙猫"，最终叫成"鼠猫"。这样一个故事在世界各处都可以找到，但是大家都公认它的故乡是印度。

文章段落顺序：☐-☐-☐-☐-☐

六、根据中心论点选择相关论述和合适的例证，并在方框中打钩。

【中心论点】阅读的根本理由是摆脱平庸。

☐ 何谓平庸？平庸是一种被动而又功利的谋生态度。平庸者什么也不缺少，只是无感于外部世界的精彩、人类历史的厚重、生命含义的丰富。而他们失去的这一切，光凭一个人有限的人生经历是无法获得的，因此平庸者的队伍总是相当庞大。要摆脱平庸，就要阅读文明的载体——书籍。

☐ 德国哲学家康德（Immanuel Kant，1724—1804）说："人类总要抬起头来仰望一些高于我们一切的东西，并在那里找到我们的共识。"这东西是什么？就是我们的信仰。信仰的"仰"字非常重要——信仰就是一座高塔，是全人类需要共同抬头仰望的东西。信仰不仅高于我们自己，而且高于所有人。有了精神信仰，人心就会坦然，世界就会安宁。

☐ 只有书籍，能把辽阔的空间和漫长的时间浇灌给你，能把一切高贵生命早已飘散的信号传递给你，能把无数的智慧和美好对比着愚昧和丑陋一起呈现给你。人生短短几十年光阴，居然能驰骋古今，这种奇迹的产生，至少有一半要归功于阅读。

☐ 只要你接触的东西是高贵的、美丽的，你也一定会高贵美丽。生命有一个秘密叫传染性，非常重要的传染性。每天和高贵、美丽连在一起，你这个人非高贵和美丽不可。如果成天在做不好的事情，那么你接触的人都是不好的，你这个人要高贵也很难。所以要追求品质生活，而品质生活和阅读是不能分的。

☐ 一切美好的生命，都处于创造之中。创造的主要动力是好奇。好奇，是对不同生命形态的惊讶和探询，并由此把已有的不同推向新的不同。新的不同又产生进一步的惊讶和探询，于是美好的生命过程就在寻找和参与中蓬勃向前。寻找者的自身生命，也因之而生机倍增。

七、阅读理解。

1 《庄子》在文学上的影响很大，自贾谊、司马迁以来，历代大作家几乎无一不受到它的熏陶。在思想上，或取其愤世嫉俗、旷达不羁，或随其悲观消极、颓废厌世；在艺术上，或赞叹不已，或汲取仿效，并加以发挥，从而创造了中国古代文学中众多绚丽多姿的艺术作品。郭沫若认为，秦汉以来的中国文学史差不多大半是在《庄子》的影响下发展的（见《鲁迅与庄子》）。闻一多也说："中国人的文化上永远留着庄子的烙印。"（《古典新义·庄子》）这些话决不夸张，从寓言到小说，从诗歌到散文，从形式到内容，从文学到哲学，无一不留有庄子的影子，甚至中国的艺术史也多少带有庄子的印记。

2 首先，在先秦诸子中，庄子可谓是最善于将寓言作为一种文学形式加以自觉运用的。在他的笔下，寓言不仅仅是说理的辅助工具，也具有了几近独立的地位。在中国文学的发展过程中，它直接影响了文人的寓言创作，如唐代韩愈的《马说》《龙说》《送穷文》，柳宗元的《三戒》《种树郭橐驼传》，明代刘基的《郁离子》，等等，使寓言逐步脱离了论说文、史传文而独立成体。更为重要的是，先秦寓言起着上继神话、下启小说的作用。《庄子》中对于混沌、黄帝、广成子等的刻画，都采用了神话的题材，其变幻莫测的想象与夸张也与古代神话的风格相似。但它又发展了神话的简单形式，其寓言有故事情节，有时甚至是复杂的故事情节，有人物形象，有对话，有细节，直接启发了后代小说的产生。《庄子》中许多寓言记述或者虚构了鬼怪异事，是魏晋以后<u>志怪小说</u>的鼻祖之一。《庄子》中妻死鼓盆在冯梦龙《警世通言》中被演绎成《庄子休鼓盆成大道》，<u>庄周梦蝶</u>、髑髅见梦等也被后人演绎为《三勘蝴蝶梦》《大劈棺》等戏剧，鲁迅《故事新编》中的《起死》也本于此。至于后代诗、词、曲、赋中熔铸其寓言为题材的，更是俯拾皆是，数不胜数。

3 其次，庄子"独与天地精神往来"（《天下》）的浪漫主义风格也给中国文学带来了深刻的影响。《庄子》以其极端热情的文字、漫无涯际的想象、缤纷瑰丽的辞藻、天马行空的文思而成为中国浪漫主义文学的源头，影响到包括咏怀诗、玄言诗、游仙文学、山水文学、田园文学、志怪文学等在内的一大批文学形式。唐代李白深受庄子"开浩荡之奇言"的浪漫主义风格影响，其诗歌、散文感情炽烈，想象丰富，气势磅礴，豪放不羁，成为庄子之后中国浪漫主义文学的又一个高峰。宋代苏轼也深得庄子浪漫主义的真谛，他说："吾昔有见于中，口未能言。今见《庄子》，得吾心矣。"（苏辙《亡兄子瞻端明墓志铭》）看来，其自然旷达、卓尔不群的人格与庄子不无关系；其《赤壁赋》及清风阁、凌虚台、墨宝堂、超然台诸记，思想语言亦无不出于《庄子》，而其文章所谓"如行云流水""如万斛泉源，不择地而出"的风格，亦与《庄子》相近，其词更是得庄子之风，成为开创"豪放"一派的大家。

4 第三，庄子散文中的美学思想对中国文学、艺术都产生了深远的影响。庄子认为"天地有大美而不言"（《知北游》），"美"存在于"天地"之间，为自然所有，只有自然无为方才可以体会到天地之大美。这一思想可谓直接孕育了中国山水诗、田园诗、游记等文学的萌芽，并促其发展。中国的绘画、书法也无一不受其影响，山水画以其得天地之美而成为中国画的最主要类型，书法则受其"大美"的美学情调和浪漫主义风格的影响，产生了行云流水、挥斥八极的草书，典型的如张旭、怀素等人的书法。庄子还独开"以丑为美"的美学先河，他追求形体的完美，但更追求精神的完美，在他看来，丑陋的形体之下反而更能包含超越形体之外的精神之美，即他所称的"全德"。这种以形体的丑陋来突出精神之美的美学取向，也成了文学家和艺术家们的又一处灵感源泉，文学家以"丑石""病梅"等等有缺憾的事物来表达自己的精神追求，画家们则以形象怪异丑陋的人物来表达内心不屈不挠的精神力量。此外，庄子主张得意忘言、言约旨远、意在言外的创作准则，直接影响了刘勰"情在词外"、钟嵘"文已尽而意有余"、司空图"象外之象，景外之景"、王国维"境界说"等文艺理论，也极深地影响到中国的文学与艺术，使其形成了重神而不重形这种显著区别于西方文艺的风格。

5 第四，庄子蔑视权势利禄、追求独立自由人格和逍遥自适生命境界的精神，使中国文人在儒家的"修身、齐家、治国、平天下"之外，有了另一种生命追求。阮籍、嵇康不拘礼教、任性不羁、愤世嫉俗的人格表现，陶渊明"不为五斗米折腰"而宁愿"采菊东篱下"的人生态度，甚至欧阳修流连山水时"醉翁之意不在酒，在乎山水之间也"的理想，无一不留有庄子的影子。李白、苏轼面对人生的大起大落，能够不惊不乱，依然旷达自适，都可看出受庄子濡染之深。总之，庄子对中国文人精神的影响难以一语道尽，大到人格取向，小到细枝末节，都与庄子有着或多或少、或深或浅的联系，要真正体会中国文人的精神，不读懂庄子是不行的。

（节选自"中华经典名著全本全注全译丛书"之《庄子》"前言"，方勇译注。中华书局，2010年版。）

1. 请给本文拟一个题目，写在文前的横线上。

2. 写出本文的内容提要和提纲。

【内容提要】（150字左右）

【关键词】(3—5个)

_____ _____ _____ _____ _____

【提纲】

3. 查资料，解释下列概念或典故。

   （1）志怪小说（第2段）

   （2）庄周梦蝶（第2段）

4. 画出文中所提到的古今著名文学家、历史学家、文艺批评家和书法家的名字，并解释文章提到他们是为了说明什么观点。请选择其中一位加注，注释内容包括所处时代、身份、成就及历史影响。

论文设计与讨论

一、根据"课前准备"中的选题,确定一个你感兴趣的话题,并拟一个论文题目。也可以根据课文内容自己确定一个题目。

_____

二、根据论文题目,整理已有材料,并补充新的资料。列出其中有参考价值的论文或专著(各2种)(写出作者、论文名、杂志名/书名等基本信息)。

1. _____
2. _____
3. _____
4. _____

三、小组讨论。

1. 介绍你阅读的一篇重要论文的观点。按论文要点进行介绍。

_____
_____
_____
_____
_____

2. 介绍你的论文设想,同学发表意见,共同完成提纲。

_____
_____
_____
_____
_____
_____
_____

第二课　从不忍之心看人性

许纪霖

课文导览

【作者简介】

许纪霖（1957—　），上海人。华东师范大学教授。主要研究领域为20世纪中国思想史与知识分子，以及上海城市文化。学术专著有《一个民族的精神史》《无穷的困惑》《家国天下：现代中国的个人、国家与世界认同》《中国知识分子十论》《安身立命：大时代中的知识人》《城市的记忆：上海文化的多元历史传统》等。近年来，他利用网络平台讲授中国传统文化，《脉动中国：许纪霖的50堂传统文化课》就是在其网络讲稿的基础上扩充修改而成书的，对于传统文化的推广和普及起到了非常积极的作用。

【作品出处】

课文选自《脉动中国：许纪霖的50堂传统文化课》第9讲"对于同类和生命，人为何会有不忍之心"，上海三联书店，2021年版。课文题目为编者所加。

【文体说明】

课文是经过整理加工的文化课讲稿，可以看作一篇有中心议题的学术文章。从内容学习来说，要重视其学术性。本课中心是讨论孟子对于儒学核心问题"人性是什么"的回答，即著名的性善论，并将性善论的思想基础归结为不忍之心。从讲稿的特征出发，还要注意其通俗性。课文较少引用原文，多用例证来说明观点，同时保留了较浓的口语色彩，轻松风趣。通过课文的学习我们可以看到，一个复杂的学术问题也可以用浅显易懂的语言脉络清晰地进行讲解。

课前准备——口头 / 书面报告选题

1. 孟子思想及其在儒学中的地位；
2. 儒家"性善论"和"性恶论"的比较；
3. 道家"人性自然说""性无善无恶论"的思想及其影响；
4. 墨子及其"兼爱"的观念；
5. 许纪霖《脉动中国：许纪霖的 50 堂传统文化课》其他讲座内容介绍（选取与课文相关的某一讲进行介绍）；
6. "轴心时代"概念的提出、轴心文明及其代表人物（举例介绍）。

课 文

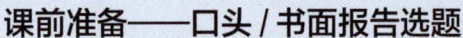 02-01

1　上一讲我为你讲述了孟子[1]的故事，说一个思想家的思想往往与他的童年经历有关。那么，孟子对儒学的贡献究竟是什么呢？孔子之后，儒学一分为八[2]，为什么唯独孟子能够得到"亚圣"的美誉呢？

2　我在讲孔子的时候，介绍了他的忠恕之道[3]，无论是"己欲立而立人"，还是"己所不欲，勿施于人"，都是一种"推己及人"的心理方法，也就是将心比心，相信人同此心、心同此理。但是，人性究竟是什么？孔子并没有回答。这个对儒学来说至关重要的核心问题，由孟子给出了答案。

补充注释

[1] 孟子：约前 372—前 289 年。名轲，战国时期邹国人，儒家思想代表人物之一。在儒家学派中的地位仅次于孔子，被尊称为"亚圣"，与孔子并称"孔孟"。孟子的思想主要记录在《孟子》一书中。

[2] 儒学一分为八：战国时期儒学内部形成了八个不同的派别。以孟子为代表的儒学是其中的一派。儒学八派的分类最早见于《韩非子》。

［3］忠恕之道：儒家处理人与人之间关系的基本原则。"忠恕"二字见于《论语·里仁》："曾子曰：'夫子之道，忠恕而已矣。'"简单地说，"忠"可以理解为对人尽心，也就是孔子所说的"己欲立而立人，己欲达而达人"(《论语·雍也》)；"恕"可以理解为推己及人，即孔子所说的"己所不欲，勿施于人"(《论语·颜渊》)。

阅读提示（一）

1. 第1段的第一句话在结构上起什么作用？第1段中的两个问句和第2段在内容上存在什么关联？用设问的修辞方法有什么好处？
2. 第2段中，作者是怎样解释孔子的"忠恕之道"的？"忠恕之道"有没有回答"人性是什么"的问题？本段最后一句话在结构上起什么作用？

一场"人性是什么"的大辩论 🎧02-02

3　在孟子生活的战国，儒家还不是影响最大的思想流派。儒家有两个劲敌：道家的杨朱[4]和墨家的墨翟[5]。孟子要站稳脚跟，首先得把杨朱与墨翟驳倒。他批评说，墨翟心中没有父亲，杨朱眼里没有君主，"无父无君，是禽兽也"。[6]孟子的意思是，假如按照墨翟和杨朱的思想去做，人类社会就和动物世界没什么区别了！

4　那么，人和动物的区别是什么呢？这就要讲到关于"人性是什么"的一场惊天动地的大辩论。我在上一讲说到孟子好辩，是战国时代头号雄辩家。关于人性是什么，孟子与同时代的一个叫告子的人有一场辩论。[7]

5　你一定会背《三字经》[8]开篇的"人之初，性本善，性相近，习相远"，这正是来自孟子。关于人性，孟子相信人性本善，没有什么好说的。偏偏告子反驳他，人性哪有什么善不善的，食色，性也。人与动物没有什么区别，对食物和繁殖的追求，就是人的本能啊。

6　孟子同意人有生物性的本能，但他讲了一句很有名的话："人之所以异于禽兽者几希！"[9]人与动物的差别，只有一点点啊！那就是人有道德之心，动物只知道食、色而已。孟子还补充了一句：君子与小人的差别，也在这里。

7　告子又说："人性好比流水，堤坝东边决口流向东边，西边决口流向西边，哪里有固定不变的人性呢？"孟子驳斥："错！水不分东西，难道不分上下吗？人性之善，就像大水总是浩浩荡荡往下奔流一样，你挡得住吗？"

8 告子不服："人性可以为善，也可以为恶啊，它纯粹取决于环境。周文王、周武王施行仁政，百姓也愿意行善，人性变善了。等到周幽王、周厉王[10]当政，推行暴政，百姓为了自保，也不得不行暴，人性就变恶了。"

9 告子说得还是蛮有道理的，孟子不得不承认环境会影响人的行为，但他坚持认为，行为与人性是两码事，只有相信人性是善的，才能支撑起人与动物不同的价值意义。人性本善，不是客观上的"是不是"问题，而是道德上的"该不该"问题。这种信念，来自对人之所以高贵的肯定，来自生命深处的人文主义精神。

10 有一种说法，说告子是孟子的学生，如果是真的，那么儒门师生之间还是很平等的，学生可以畅所欲言，与老师争辩。这场师生辩论，从逻辑上来说不分胜负，但从哲学上来说，孟子解决了一个孔子没有来得及处理的大问题：仁义之说在人性上的来源问题。所有宗教与哲学的分歧，从根本上来说，都与对人性的不同看法有关。

11 告子的观点与基督教有点相似，人性有神性的一面，也有兽性的一面，可以为善，也可以作恶，要看制度环境，只是基督教不相信凡夫俗子，不管他是圣人，还是君王。而告子毕竟是儒门弟子，相信只要有周文王、周武王这样的圣王，天下就归仁了。

12 而孟子呢，在事实层面他辩不过自己的学生，无法否认人也有动物的本能，"食色，性也"；但他坚持，人与禽兽的差别，就是有没有道德。虽然孟子用了许多比喻来形容人有善根，但更多不是从"是不是"，而是从"该不该"的层面来证明人性本善。

13 其实，"是什么"（to be）和"该是什么"（ought to be）是现代人才将它们区别开来的。英国18世纪大哲学家休谟[11]提出了"事实判断"与"价值判断"的不同，比如科学只能证明"事实是什么"的问题，但无法回答"应该怎么办"，科学无法代替宗教和哲学解决人生的意义。价值是无法从事实推演出来的。你知道了"是什么"，但依然无法明白"应该如何"，否则科学就可以包打天下了！

14 但是，古代的轴心文明[12]不是这样，在古代人的思想之中，事实的世界与价值的世界是混沌一片、分不开的。人性究竟是什么，本来就是一个形而上[13]的问题，是科学无法确证的。何况在古代社会，讲究拿证据来的科学本来就不发达。于是，"人性是什么"，就变成一种主观的信念，是从"人性应该是什么"推演过来的，孟子所采取的就是这套逻辑。

15 人性究竟是善还是恶，这个问题至今争论都很大，在事实层面恐怕永远无解。对于这个难解的问题，孟子的论证思路，不是事实层面的"是不是"，而是道德层面的"该不该"。他的论点是，人性"应该"为善。假如没有这个"应该"的道德假设，人就不成其为人，孔子的"仁"的道德自觉就失去了人性的依据。

16 对于这个问题，儒家内部其实有巨大的分歧。孟子相信人性是善的，所以孟子之学特别强调"仁"。下一讲我要讲的荀子[14]，就相信人性是恶的——注意，这里说的"恶"，不是指道德上的邪恶，而是指人性中天生有七情六欲，有堕落的可能。所以荀子更多把希望寄托在外在的"礼"，因为"礼"可以约束这种"恶"。你看，儒家思想就在这里产生分歧，走出两条截然不同的路。

补充注释

[4] 杨朱：战国时期道家学派的重要思想家，约前440—约前360年。杨朱主张"贵己""为我""乐生"，被视为利己主义、享乐主义的代表。其思想散见于《孟子》《列子》《庄子》《吕氏春秋》《韩非子》《淮南子》等书。

[5] 墨翟：墨子，约前468—前376年，名翟（dí）。墨家学派的创始人及代表人物，著有《墨子》一书，倡导"兼爱、非攻、尚贤、节用"等思想。墨子重视科学，2016年中国将其发射的全球首颗量子科学实验卫星命名为"墨子号"，以纪念墨子的光学研究成果。

[6] 孟子对杨朱和墨子的批评见《孟子·滕文公下》。原文为："杨氏为我，是无君也；墨氏兼爱，是无父也。无父无君，是禽兽也。"

[7] 孟子和告子关于人性问题的辩论见《孟子·告子上》。告子：战国时期的思想家，生卒年和生平不详。

[8]《三字经》：中国传统儿童启蒙读物，宋代王应麟（1223—1296）所作。内容丰富，涵盖天文、地理、历史、哲学、道德伦理以及民间传说等。三字一句，浅显易懂又朗朗上口，流传甚广。

[9] 该句出自《孟子·离娄下》。

[10] 周幽王、周厉王：中国历史上著名的昏君。周厉王为西周第10位君主，前877—前841年在位。统治暴虐，且压制言论，引发国人暴动。"防民之口，甚于防川"就是从周厉王统治得出的教训。周幽王为西周第12位君主，前781—前771年在位。昏庸无能，兵败身死，西周灭亡。

[11] 休谟：David Hume（1711—1776），哲学家、经济学家、历史学家。代表作有《人性论》（*A Treatise of Human Nature*）、《英国史》（*The History of England*）等。休谟提出的"is-

ought problem"（"休谟问题"，也译作"实然与应然问题"），也就是下文所说的"事实判断"与"价值判断"。

[12] 轴心文明：德国精神病学家和哲学家雅斯贝尔斯（Karl Theodor Jaspers，1883—1969）在 1949 年出版的《历史的起源与目标》（*Vom Ursprung und Ziel der Geschichte / The Origin and Goal of History*）一书中提出了"轴心时代"（*Achsenzeit / Axial Age*）的概念，用以指公元前 800 年至公元前 200 年之间的这一历史阶段。这一时期，中国、印度、中东、希腊等四个各自独立的文明（"轴心文明"）同时取得了重大的哲学和技术突破，诞生了众多伟大的思想家，这是人类文明史上最辉煌的时期。

[13] 形而上：中国古代哲学的重要概念之一。《易经·系辞》中有这样一句话："形而上者谓之道。""形而上"可理解为超越了世间一切而存在的"道"，即宇宙的本源。

[14] 荀子：约前 313—前 238 年。战国晚期重要的思想家，儒家学派的代表人物之一。著有《荀子》一书。荀子首倡性恶论，认为人的道德品质是后天形成的，强调后天教育的重要性。

阅读提示（二）

1. 从第 3 段来看，战国时期影响最大的思想流派有哪些？孟子对它们有什么评价？
2. 第 4 段的第一句话在结构上起什么作用？课文将要讨论的第一个大问题是什么？
3. 在孟子和告子关于人性的辩论中，告子对人性的看法主要有哪几点？孟子是如何辩驳的？
4. 第 9 段写孟子坚持认为"行为与人性是两码事"，根据课文的分析，这是出于什么原因？
5. 孟子和告子对人性持不同看法，最根本的原因是什么？
6. 第 13—15 段中，课文是从哪个哲学角度分析古人有关人性的讨论的？孟子对人性问题的论证思路是什么？
7. 第 16 段主要介绍了哪些内容？在结构上起什么作用？

人性为什么是善的 02–03

17 人性为什么是善的？孟子提出"四端说"，说人有四种道德情感：恻隐之心、羞恶之心、辞让之心、是非之心。[15] 它们分别对应四种非常珍贵的德性：仁、义、礼、智。这四种道德情感，是所有人都具有的，天生的，从娘肚子里带出来的。

18 先说恻隐之心。孟子举例说，看到小孩子掉到井里，你会本能地伸出援手去拉他、救他，不必运用理智。那是人的本性，能够将心比心，体现出自己朴素的内在品质：

仁。因为仁者爱人。

19 第二是羞恶之心。人天生有道德感，假如你看到小孩掉井里，见死不救，事后你的良心会痛，会有耻辱感，感到在人前抬不起头，也在道德上看不起自己。这也是天生的，是对不道德行为的情感上的否定。西方的基督教有罪感文化，在上帝面前感到自己罪孽深重，因此需要行善、忏悔，洗涤灵魂中根深蒂固的原罪。中国人没有这样的原罪观念，但有耻感文化。原罪是面对上帝，而耻感呢，是面对自己的良知。孟子说，羞恶之心是义的发端。我在孔子一讲[16]之中已经说了，所谓义，乃是做应当做之事。有了羞耻感，就会自觉地有所为，有所不为。有所为和有所不为，唯一的标准就是：义还是不义。

20 第三是辞让之心。恻隐之心，是积极的，见义勇为，当仁不让。而辞让之心呢，是消极的，是对别人的尊重。所谓尊重，在儒家看来，乃是见到不同的人，要遵从不同的礼节。比如你知道的孔融让梨[17]的故事，按照兄弟之礼，小弟见到大哥，就该谦让，把大梨给哥哥吃。所以，礼不是外在的规矩，而是发端于内心的自然情感。

21 最后是是非之心。是非善恶，这是人的基本价值观，这个大是大非，不是外在的标准，而是出自你的内心，来自你的良知。在孟子看来，人关于道德的知识，不是后天学习的结果，而是自觉发掘内心良知的过程。

22 儒家的仁、义、礼、智，孟子相信它们通通来自人先天的自然情感。恻隐之心、羞恶之心、辞让之心和是非之心，这个"四端说"，不是真的说人有四颗不同的心，四心归一心，归根结底是同一颗心，孟子将它称为"不忍之心"。

23 "忍"，是残忍的意思；"不忍"，就意味着怜悯和同情。孟子将孔子的仁学归结为"爱人"，就是出自不忍之心。孟子讲了一句话，叫"仁民而爱物[18]"，意思是说，人首先是对自己的同类有仁慈之心，然后推广到生物界，对世界上所有的生命都有爱心。

24 你会问，这不是动物保护主义吗？原来起源于孟子？不错。孟子是这样讲的："君子之于禽兽也，见其生，不忍见其死；闻其声，不忍食其肉。是以君子远庖厨也。"[19] 君子啊，乐见动物生灵活现，但不忍见到生命死去。你听过它临死前的哀鸣，就不忍心吃它的肉。所以，你一定要远离厨房，才能心安。

25 可能你会说，这个孟子不是虚伪吗？难道看不到屠杀，听不见哀鸣，就可以吃动物的肉了？其实，孟子是一个相对的动物保护主义者。动物与人，不是绝对的平等，但是一旦认识它，与它发生联系，就有了感情。原来我与动物之间，只是"我"与

"它"的关系,"它"只是"我"利用的对象,但动了感情以后,便是"我"与"你"的关系。那个特定的动物,便属于"仁民而爱物"的保护对象。现在你明白了,残杀动物,特别是虐待与人有亲情的宠物,为什么会激起公愤了吧。

26 那么,现在问题来了,既然人天生是善的,为什么这个世界上恶人特别多呢?人是如何由善变恶,又如何从恶回到善呢?下一讲,我将继续为你讲解孟子的思想。

补充注释

[15] 此"四心"与下文所说的"不忍之心",均出自《孟子·公孙丑上》。孟子认为"不忍之心"可以从四个方面即"四心"来看,对"四心"有这样的论述:"无恻隐之心,非人也;无羞恶之心,非人也;无辞让之心,非人也;无是非之心,非人也。恻隐之心,仁之端也;羞恶之心,义之端也;辞让之心,礼之端也;是非之心,智之端也。人之有是四端也,犹其有四体也。"

[16] 孔子一讲:《脉动中国》第六讲"君子有德,小人也有自己的道德吗"中,作者介绍了孔子学说的三个核心概念"仁、义、礼"。

[17] 孔融让梨:孔融(153—208)是东汉末年著名文学家。孔融让梨的故事最早见于梁朝刘孝标(462—521)为《世说新语》做的注。据载,孔融四岁时与哥哥们一起吃梨,孔融只拿最小的梨吃。大人问他为什么,他说他小,按理应该拿小的。孔融让梨的故事流传了下来,《三字经》中也有"融四岁,能让梨"之句,可视为对谦让美德的赞美。

[18] 仁民而爱物:出自《孟子·尽心上》。

[19] 该句出自《孟子·梁惠王上》。

阅读提示(三)

1. 第17段中,作者提出了什么问题?又给出了怎样的回答?

2. 第18—21段与第17段在内容上是什么关系?这四段分别讲述了什么"心"?各与什么道德观念相对应?

3. 从第19段来看,作者认为原罪感和羞耻感有什么区别?

4. 从第22、23两段来看,作者认为孟子"不忍之心"的含义是什么?

5. 第24、25两段中,作者认为孟子与动物保护主义是什么关系?怎样理解作者说的"孟子是一个相对的动物保护主义者"?

6. 第26段在内容和结构上各起什么作用?

课文回顾与思考

1. 课文题目是本课所讨论的内容范围，如果把它表述为中心论点，应该怎么说？
2. 作者对于孟子性善论的解说，主要采用了哪些方法？请举例说明。
3. 孟子和告子关于人性的辩论，你赞成谁的意见？为什么？
4. 除了课文中提到的孟子、告子、杨朱、墨子等各家各派关于人性问题的观点，你还了解哪些人性观？请补充。
5. 作为授课讲稿，课文在语言方面有什么特点？请举例说明。
6. 作者在介绍儒家仁爱思想时联系到动物保护主义，你认为有哪些原因？

提要与提纲

写出课文的内容提要（250字左右）和关键词（3—5个），并完成提纲示例表。

【内容提要】_____
_____
_____
_____
_____

【关键词】_____ _____ _____ _____ _____

【提纲示例】

文章结构		论点	例证
一 （1—2）		孟子对儒学的贡献在于回答了人性是什么的问题。	
二 （3—16）	（一） （3—4）	孟子批评杨朱、墨子"无父无君，是禽兽也"，通过与告子的辩论给出了"人性是什么"的答案。	

（续表）

文章结构		论点	例证
二 （3—16）	（二） （5—12）	孟子和告子在两方面存在分歧： ①［孟］性本善，［告］人性是本能，无善无不善； ②	
	（三） （13—15）	从事实层面和道德层面看问题，会得出不同的结论。孟子的性善论是从道德层面得出的结论。	① ②
	（四） （16）		① ②
三 （17—26）	（一） （17）	孟子提出"四端说"解释性本善的原因。	
	（二） （18—23）	①恻隐之心对应于仁； ② ③ ④ ⑤四心可以归为"不忍之心"。	①本能地救掉进井里的小孩； ② ③
	（三） （24—25）		①"君子远庖厨"； ②"仁民而爱物"的"物"指与人有感情的动物。
	（四） （26）	下一讲将讲解人性的善恶转化。	

词语表

🎧 02-04

序号	词语	拼音	词性	搭配举例
1	不忍	bùrěn	动	～直视／离开／放弃；◎～之心；于心～
2	人性○	rénxìng	名	符合／违背／摧残／毁灭～；～美好／丑恶／复杂；◎～观／论；～化

3	思想家	sīxiǎngjiā	名	伟大 / 著名 / 进步 / 杰出～；◎启蒙～
4	儒学○	rúxué	名	～思想 / 大师 / 体系 / 传统；推崇 / 排斥 / 复兴～；～兴盛 / 衰败；◎新～
5	唯独○	wéidú	副	
6	美誉	měiyù	名	享有 / 素有 / 获得 / 赢得～
7	己所不欲，勿施于人	jǐsuǒbúyù, wùshīyúrén	成语	
8	推己及人	tuījǐ-jírén	成语	
9	将心比心	jiāngxīn-bǐxīn	成语	
10	人同此心	réntóngcǐxīn	成语	
11	心同此理	xīntóngcǐlǐ		
12	流派	liúpài	名	文学 / 艺术 / 哲学 / 心理学 / 思想 / 理论～；出现 / 形成 / 兴起 / 创立～
13	劲敌	jìngdí	名	遭遇 / 不畏 / 力克 / 击败 / 战胜～；头号～
14	道家	dàojiā	名	◎～思想 / 哲学 / 学说
15	墨家	mòjiā	名	◎～学派 / 思想
16	脚跟	jiǎogēn	名	踮起 / 抬起～；◇站稳～
17	驳倒	bó//dǎo	动	～观点 / 论点 / 论据 / 理由 / 言论；～某人 / 对方
18	君主	jūnzhǔ	名	～开明 / 公正 / 专制；◎～政体；～制 / 立宪制
19	禽兽	qínshòu	名	捕捉 / 猎取～；◎～不如；衣冠～
20	辩○	biàn	动	善 / 好（hào）～
21	头号○	tóuhào	形	～新闻 / 人物 / 主力 / 对手 / 劲敌 / 难题
22	雄辩家	xióngbiànjiā	名	著名 / 头号～
23	开篇	kāipiān	名	文章 / 故事 / 小说～；◇～之作
24	善○	shàn	形	～人；(与人)为～；◎积德行～
25	相近	xiāngjìn	形	观点 / 兴趣 / 性格 / 读音 / 意义 / 水平～
26	偏偏○	piānpiān	副	
27	反驳○	fǎnbó	动	～观点 / 意见；～某人；据理 / 竭力 / 予以 / 无法～

28	生物性	shēngwùxìng		~本能/需求/污染
29	君子○	jūnzǐ	名	~人格/风度/风范；◎正人/谦谦~；~之交；伪~
30	小人○	xiǎorén	名	势利/卑鄙/无耻~；◎~得志/当道
31	好比○	hǎobǐ	动	~是……
32	流水○	liúshuǐ	名	山间/小河~；◇行云/落花~；◎~线/账；~作业
33	堤坝○	dībà	名	修筑/加固/加高/抢修/挖开~；~决口/（被）冲毁；◎防洪~
34	决口	juékǒu	动/名	堤坝/河堤/黄河~；堵~
35	驳斥	bóchì	动	~观点/意见/言论/谬论/谣言
36	浩浩荡荡	hàohàodàngdàng		江河/车队/（游行）队伍~；◇（时代）潮流~
37	奔流	bēnliú	动	江河/泪水/热血~；◎~不息；日夜~
38	不服○	bùfú	动	对（决定/结果/批评/判决/处罚）~；~裁判/老师
39	恶○	è	形/名	◎~势力；作~多端；罪大~极
40	取决于○	qǔjué yú		~条件/水平/能力/实力；主要/完全/最终~
41	施行○	shīxíng	动	~法规/法律/政策/制度/仁政；正式/全面~
42	仁政	rénzhèng	名	施行/实行/推行/倡导~
43	行善	xíng//shàn	动	劝人~；◎积德~
44	当政	dāngzhèng	动	（某）皇帝/国王/总统/政党/政府~；~时期/期间；◎~者
45	暴政	bàozhèng	名	推行/施行/痛恨/反抗/推翻~
46	自保	zìbǎo	动	~平安/性命；力求/尚能/难以~
47	蛮○	mán	副	~好/漂亮/实用；~喜欢/感动
48	两码事	liǎngmǎshì		完全/绝对（是）~
49	码○	mǎ	量/动	一/两~事；~砖/积木
50	儒门	rúmén	名	~传统/思想/经典/弟子
51	畅所欲言	chàngsuǒyùyán	成语	

52	争辩	zhēngbiàn	动	激烈/极力/反复~；发生/进行~；◎不容/无可~
53	仁义	rényì	名	讲/重/倡导~；◎~道德；~之师
54	兽性	shòuxìng	名	~发作/大发；发泄~
55	作恶	zuò//è	动	长期/一贯~；◎~多端
56	凡夫俗子	fánfū-súzǐ	成语	
57	圣人	shèngrén	名	◎~之道/之言
58	君王	jūnwáng	名	历代/开国/末代~；辅佐/侍奉~
59	圣王	shèngwáng	名	~情结/思想/理想
60	善根	shàngēn	名	有/种/培植~
61	推演	tuīyǎn	动	逻辑/数学/理论~；~出……
62	轴心	zhóuxīn	名	◇以……为~；◎~时代/文明
63	混沌	hùndùn	形	状态/世界/头脑~；~不清/难辨；一片/一团~
64	确证	quèzhèng	动/名	~事实/效果/存在；得到/未经/无法~；取得/作为~
65	论点	lùndiǎn	名	主要/重要/核心~；提出/阐述/支持/证明~；◎中心/总/分~
66	假设○	jiǎshè	名/动	提出/证明/检验/否定~；◎理论~；~条件
67	邪恶○	xié'è	形	念头/本性/行为/势力/风气~；不畏/战胜~
68	天生○	tiānshēng	形	~幽默/活泼/聪明/敏感/胆小；◎~丽质
69	七情六欲	qīqíng liùyù		
70	堕落○	duòluò	动	道德/思想/精神/人性/生活~；~为……；◎自甘~
71	寄托○	jìtuō	动	把（情感/精神/希望/理想）~在……；◎精神~
72	恻隐之心	cèyǐnzhīxīn	成语	
73	羞恶	xiūwù	动	◎~之心
74	辞让	círàng	动	◎~之心
75	是非○	shìfēi	名	辨别/分清/判断/混淆~；~分明/颠倒；◎~观/观念

76	德性	déxìng	名	培养 / 合乎～；～完美
77	举例○	jǔ//lì	动	～说明 / 论证 / 分析 / 介绍；～来说 / 如下
78	援手	yuánshǒu	名/动	伸出 / 施以～；～相助
79	见死不救	jiànsǐ-bújiù	成语	
80	良心○	liángxīn	名	有 / 没 / 凭 / 讲 / 昧 / 昧着～；～发现 / 泯灭；◎～话
81	耻辱○	chǐrǔ	名	感到 / 蒙受 / 忍受 / 洗刷～；历史 / 民族～
82	罪孽	zuìniè	名	～深重；犯下 / 洗清～
83	深重	shēnzhòng	形	苦难 / 灾难 / 危机 / 罪孽 / 情义～
84	忏悔	chànhuǐ	动	向……～；虔诚 / 诚恳 / 彻底 / 深刻～；◎～录
85	洗涤	xǐdí	动	～衣物 / 餐具；◇～心灵 / 灵魂 / 罪孽；◎～用品
86	根深蒂固○	gēnshēn-dìgù	成语	
87	原罪	yuánzuì	名	背负 / 洗清～；～教义 / 意识；◎～感 / 说
88	发端	fāduān	动	思想 / 思潮 / 运动 / 事件 / 战争 / 艺术 / 技术～；～于（某地 / 某个时期）
89	乃○	nǎi	副	
90	羞耻	xiūchǐ	形	感到 / 令人 / 不知～；◎～心 / 感
91	见义勇为○	jiànyì-yǒngwéi	成语	
92	当仁不让	dāngrén-búràng	成语	
93	遵从	zūncóng	动	～原则 / 传统 / 礼节 / 教导 / 法律 / 民意 / 医嘱
94	礼节	lǐjié	名	外交 / 民族 / 传统 / 西方～；讲究 / 注重 / 遵从 / 不失～；◎～性
95	谦让	qiānràng	动	互相 / 主动 / 一再 / 毫不～
96	规矩○	guīju	名/形	懂 / 讲 / 守 / 立 / 破～；合乎 / 遵守 / 打破 / 破坏～；◎老～
97	大是大非	dàshì-dàfēi	成语	
98	后天	hòutiān	名	～形成 / 习得 / 培养 / 努力；～因素 / 环境
99	通通○	tōngtōng	副	

100	归根结底	guīgēn-jiédǐ	成语	
101	残忍○	cánrěn	形	手段/行为/性格～；～杀害
102	怜悯	liánmǐn	动	～穷人/灾民/动物；令人/值得/心生～
103	归结○	guījié	动	～为/到（一点/一个问题/两个方面）；～起来
104	仁慈○	réncí	形	本性/心肠～；对人～
105	起源○	qǐyuán	动/名	～于……；宇宙/生命/物种/文明/人类/文字～
106	生灵	shēnglíng	名	保护/残害/毁灭～；◎万物～
107	活现	huóxiàn	动	◎神气/活灵～
108	哀鸣	āimíng	动	鸟兽～；发出～；◇河水/汽笛～
109	屠杀○	túshā	动	～牲畜/平民/反抗者；血腥/野蛮～；惨遭～；◎大/种族～
110	残杀	cánshā	动	～平民/无辜；◎自相～
111	虐待○	nüèdài	动	～动物/战俘/犯人/老人/儿童；◎精神～；～狂
112	亲情○	qīnqíng	名	骨肉/手足/同胞～；～深厚/浓厚
113	公愤	gōngfèn	名	激起/引起～

词语例释

1. 唯独

副词。单单，仅有，只有，表示某个范围内只有一个。一般用于主语前，表示主语的唯一性。如：

（1）孔子之后，儒学一分为八，为什么<u>唯独</u>孟子能够得到"亚圣"的美誉呢？

（2）人文主义认为，人区别于动物的本质特征就是理性，<u>唯独</u>人才具有理性，因而人能够理智地控制他所生活的世界。

（3）世界古文明中，<u>唯独</u>中华文明绵延至今，这是一个非常值得研究的问题。

（4）一个国家在改革的过程中，技术可以引进，经验可以引进，<u>唯独</u>民族文化素质不能引进。

"唯独"也可以放在谓语前，表示谓语部分是唯一存在的情况。如：

（5）颜回是孔子最得意的学生。孔子对自己的学生经常表示不满，<u>唯独</u>对颜回例外。

（6）有些父母对孩子的期望值过高，希望孩子样样出色，<u>唯独</u>忽视了孩子的心理健康。

2. 偏偏

副词。表示所发生的动作、行为出乎意料，与某种愿望、要求相反。多用于口语。具体可分为两种用法。

其一，表示事实和所想象或期待的相反，强调没想到或不希望发生的事情发生了。这种用法也可以用"偏"，但用"偏偏"更常见。如：

（1）孟子相信人性本善，偏偏告子反驳他，人性哪有什么善不善的，食色，性也。

（2）我平时都带伞，就今天没带，偏偏今天下雨了。

（3）我们常说人是理性动物，可实际情况偏偏不是这样，生活中的荒唐事并不少。

（4）须鲸类动物体形巨大，为什么偏偏只吃小鱼小虾？原来它们没有牙齿，无法咀嚼，只能把食物吞进肚里。

需要注意的是，"偏"不能用于主语前，所以例（1）和例（2）中不能用"偏"替换"偏偏"。

其二，表示故意不按照要求做，或固执地坚持自己的主张不改变。说话人对此带有不满情绪。这种情况用"偏"更常见，"偏"表示的语气更强。如：

（5）逆反心理简单地说就是：你让他向东，他偏偏要向西；你让他不要做，他偏偏要做！

（6）他的自控力真差，同学们都在认真听课，他偏偏要偷偷地玩手机。

（7）周末朋友来访，我本打算选一家好饭馆一起吃顿午饭，太太偏偏要在家自己做，结果饭菜上桌，我都累得不想说话了。

（8）经过讨论，大家基本都同意了老张的建议，可小李偏偏不认可，害得我们又讨论了半小时。

3. 乃

书面语词。这里介绍它作为副词的两种用法。

其一，表示判断，相当于"是、就是、实在是"，可与"是"合用。如：

（1）俗话说，失败乃成功之母。智者能从失败中汲取教训，走向成功。

（2）道德乃社会意识形态之一，是人们共同生活及其行为的准则和规范。

（3）孟子说，羞恶之心是义的发端。所谓义，乃是做应当做之事。

（4）地球和自然界的现状乃是地球与生物长期演化的结果。

其二，表示"才""于是"。一般用在条件句或因果句中。用于条件句时，通常和"唯、唯有"搭配使用。如：

（5）为什么人们崇敬君子？因为唯君子乃有坚贞的人格，能在恶劣的环境中坚守道德。

（6）唯有自尊者，乃能真正懂得尊重他人。

（7）多日等候仍没有晴天出现，登山队乃决定放弃本次登山计划。

（8）因孩子多次请求，父母乃同意中学毕业后他可以独自做一次长途旅行。

4. 通通

副词。表示全部。其所指为复数。口语词。如：

（1）儒家的仁、义、礼、智，孟子相信它们通通来自人先天的自然情感。

（2）我说我一个月内完成了两篇论文，同事们通通表示不可信。他们说这么短的时间写出来的绝不可能是论文。

（3）她尽情享受山村美景带来的心灵慰藉，所有的烦恼通通忘却了。

（4）如果旧城改造后老建筑通通失去了踪影，完全被现代建筑所代替，那么，这种改造就是破坏，一个老城也就失去了固有的历史文化价值。

（5）你举的例子不少，但通通不合适，因为跟你要证明的论点没有任何关系。

（6）医学专家提醒，只要是甜食，糖尿病患者通通不宜多吃。

例（1）—（5）中，"通通"所指分别为"它们、同事们、所有的烦恼、老建筑、例子"；而在例（6）中，"通通"所指不是本句的主语"糖尿病患者"，而是动词"吃"的对象，前一句中的"甜食"。

成语运用

1. 将心比心

拿自己的心去比照别人的心，指做事能考虑别人的感受，为别人着想。使用中相当于动词。常做谓语，有时也做状语和定语，或作为插入语使用。如：

（1）无论是"己欲立而立人"，还是"己所不欲，勿施于人"，都是一种"推己及人"的心理方法，也就是将心比心，相信人同此心、心同此理。

（2）她的小咖啡馆经营多年，待客真诚，宾至如归。顾客们将心比心，多年来也一直给予她多方面的关照。

（3）邻里之间发生矛盾是难免的事，如果能换位思考，将心比心，相信无论什么纠纷都能得到解决。

（4）你的员工不满意很正常，将心比心地想一想，如果你的上司也经常让你加班，你会高兴吗？

（5）作为一名医生，如果缺乏将心比心的能力，是体会不到病人家属焦虑的心情的。

（6）看到他每日为养家糊口而奔波，一人打几份工，将心比心，谁的心里会好受？

2. 畅所欲言

畅：痛快，无顾忌。痛痛快快地把想要说的话都说出来。一般用于描述会议等场合中可以自由发言的情况，也用于鼓励他人自由发表意见。使用中相当于动词，一般做谓语，也可做定语。有时和成语"各抒己见"（意思是各人充分发表自己的意见）搭配使用。如：

（1）儒门师生之间还是很平等的，学生可以畅所欲言，与老师争辩。

（2）学者们对当前中国传统文化研究中的热点问题进行了热烈的讨论，畅所欲言，各抒己见。

（3）谈判双方表示，只有开诚布公，畅所欲言，才能增进共识，谋求进一步合作的可能。

（4）既然领导鼓励提建议，就请大家畅所欲言，发表自己的看法吧。

（5）我们的公开辩论会为市民提供了一个各抒己见、畅所欲言的平台，希望大家为城市建设献计献策。

（6）只有在能够畅所欲言的民主氛围中，真话才会出现。

3. 见死不救

看见别人遇到生命危险却不去援救。比喻看到人有急难却不帮助。贬义。使用中相当于动词。一般做谓语和定语。也可作为名词使用，表示见死不救的行为，做主语和宾语。如：

（1）假如你看到小孩掉井里，见死不救，事后你的良心会痛，会有耻辱感，感到在人前抬不起头，也在道德上看不起自己。

（2）我曾救过一只小鸟。它撞昏在一座小木桥上，我没有见死不救，而是抚摸它的羽毛，直到它苏醒后飞去。

（3）见到有人昏倒，周围人不仅不去扶，连打救援电话的也没有。事情曝光，人们总会一边谴责这种见死不救的行为，一边探讨这种行为背后的原因。

（4）在一个道德水准较高的社会，助人为乐的人会比较多，而见死不救的情况会比较少。

（5）人们痛恨见死不救，但在法律层面见死不救是否构成犯罪，还要视具体情况而定。

"见死不救"也可用于夸张，表示不帮助朋友，带有开玩笑的意味。如：

（6）这道题我实在不会，想参考一下他的答案，没想到他就是不给看，还让我自己好好想，真是见死不救，不讲义气！

（7）听说你牙疼得厉害，我可不能见死不救，我陪你去医院吧！

4. 根深蒂固

蒂：dì，花朵或瓜果跟枝茎相连的部分。也作"根深柢固"。柢：dǐ，树木的根。树木的根很深，比喻基础牢固，难以动摇。多指观念、思想、感情、习性等不易改变。使用中相当于形容词，常做定语和谓语，偶尔也做状语。如：

（1）随着时代的发展，很多根深蒂固的传统观念，比如"多子多福"等，也慢慢发生了变化。

（2）在每个公司成员的心目中，服务至上、顾客至上已成为根深蒂固的一种理念。

（3）西方的基督教有罪感文化，在上帝面前感到自己罪孽深重，因此需要行善、忏悔，洗涤灵魂中根深蒂固的原罪。

（4）尊师重道、尊老爱幼等传统观念在很多中国人心中根深蒂固。

（5）嫉妒心是人性中最大的弱点之一，它根深蒂固，是许多恶行的起因。

（6）官本位思想至今在一些人的头脑中还根深蒂固地存在着，这严重影响了社会的进步。

5. 见义勇为

看到正义的事情就勇敢地去做。褒义。使用中相当于动词，常做定语和谓语。也可作为名词使用，表示见义勇为的行为，做主语和宾语。"见义勇为的人"，称"见义勇为者"。如：

（1）他是火灾现场奋不顾身救人的英雄，大家都被他见义勇为的精神深深打动了。

（2）因为勇救落水儿童，他被授予"见义勇为好市民"称号。

（3）不惧强权，为百姓伸张正义，也是见义勇为的壮举。

（4）恻隐之心，是积极的，见义勇为，当仁不让。

（5）如果没有他今天在地铁上见义勇为，勇抓小偷，估计丢钱包的不止一位乘客。

（6）见义勇为是传统美德，它体现了对他人生命的关怀和对社会公共利益的维护。

（7）口头提倡见义勇为对社会风气的改变起不到根本的作用，必须有对见义勇为者法律上的保护。

6. 归根结底

"底"也作"柢"，树根。归结到根本上，从根本上来说。用于揭示事物的本质。一般作为插入语使用，常直接置于谓语前，或用逗号与谓语分开，也可置于句首。如：

（1）这个"四端说"，不是真的说人有四颗不同的心，四心归一心，归根结底是同一颗心，孟子将它称为"不忍之心"。

（2）古人崇拜神灵，是因为惧怕他们，或者想祈求他们的帮助，归根结底还是为了今世的幸福。

（3）商品的竞争，归根结底是人才的竞争、技术的竞争、质量的竞争。

（4）国家强盛、民族进步、社会发展的目标能否实现，归根结底取决于经济发展状况的好坏。

（5）教育的目标，归根结底，在于培养健全的人格，从而提高全民素质。

（6）每个人都需要有一个良好的社会环境。归根结底，人根植于社会生活的土壤，贫瘠苦难的土地难以生长出快乐健壮的生命。

练 习

一、解释加点语素的意思，并根据拼音完成新词，同时说明其词义。

1. 思想家（　　　　）
   diāosù _____ 家
   yóuhuà _____ 家

2. 美誉（　　　　）
   美 dé _____
   美 míng _____

3. 儒家（　　　　）
   dào _____ 家
   fǎ _____ 家

4. 劲敌（　　　　）
   qiáng _____ 敌
   sǐ _____ 敌

5. 头号（　　　　）
   头 děng _____
   头 tiáo _____

6. 仁政（　　　　）
   bào _____ 政
   dé _____ 政

7. 行善（　　　　）
   行 lǐ _____
   行 yī _____

8. 生物界（　　　　）
   gōngshāng _____ 界
   zìrán _____ 界

9. 哀鸣（　　　　）
   哀 qiú _____
   哀 tàn _____

10. 虐待（　　　　）
    hòu _____ 待
    shàn _____ 待

二、词语搭配与填空。

人性	仁慈
儒学	浓厚
手段	残忍
心肠	兴盛
亲情	复杂

（1）_____ 在中国 _____ 了两千余年，其民本思想至今仍闪耀着不灭的光辉。

（2）三名被告犯罪情节严重，_____ _____，已激起公愤。

（3）无论是中秋还是春节，每个人都能感受到 _____ 的 _____，体会到中国家庭观念的根深蒂固。

（4）一部好的战争片往往能向观众展示 _____ 而充满矛盾的 _____，引人深思。

（5）她 _____ _____，常常救助小区内的流浪猫，给它们食物。

反驳	耻辱
施行	援手
伸出	仁政
洗刷	规矩
遵守	观点

（6）大地震发生后，社会各界纷纷向灾区捐钱捐物，国际社会也_____了_____。

（7）周文王和周武王是儒家理想中明君的代表，他们_____ _____，百姓得以安居乐业。

（8）入乡随俗，到哪里就_____哪里的_____，这也能体现我们对他人的尊重。

（9）今晚比赛的对手是我们的头号劲敌，我们还从未赢过他们，大家都希望能_____掉失败的_____，赢得比赛。

（10）我读大学的时候，老师们常常鼓励学生自由发表意见，希望学生不惧权威，敢于_____老师的_____。

◎
君子	作业
流水	之交
理论	虐待
是非	假设
精神	观念

（11）地球生物大规模灭绝发生在大约2.5亿年前，科学界的一种_____ _____认为，当时陨石撞击地球扬起的灰尘挡住了阳光，并引发了一系列连锁反应，从而给地球生物带来了灭顶之灾。

（12）小人功利，多酒肉朋友，他们可能很难理解《庄子·山木》里的这句话："_____ _____淡若水。"这样的关系虽平淡，却长久。

（13）一个人如果不辨善恶，_____ _____不强，那么，他做事很可能就没有道德底线。

（14）所谓"家庭冷暴力"，是指家庭成员产生矛盾时，态度冷漠，不关心对方，长期不交流。其本质是一种_____ _____。

（15）根据记者的调查，书画市场卖的假画大多是通过"_____ _____"速成的——有人画竹，有人画石，有人题词，有人盖章，机械拼凑，质量低劣。

三、用指定词语完成句子或对话。

1. 班上同学都选择了毕业后立刻工作，_____（唯独）
2. 我们都很尊重王医生，_____（将心比心）
3. 对于刚出国留学的人来说，_____（头号）

4. _____，结果只好取消活动。（偏偏）
5. A：你知道哪些情况可以用成语"逆水行舟"来比喻吗？
   B：_____（好比）
6. A：_____（不服）
   B：有点。我觉得我不比第一名差。
7. 一个人能否取得成功，_____（取决于）
8. _____，提了很多宝贵意见。（畅所欲言）
9. 中国有句老话"邪不压正"，意思是说，_____（邪恶）
10. _____，也需要努力才行。（天生）
11. 如果经不起金钱的诱惑，_____（堕落）
12. 很多父母因为自己的理想不能实现，_____（寄托）
13. A："己所不欲，勿施于人"，对孔子的这句话你怎么理解？
    B：_____（举例）
14. _____，大家都感到十分愤慨。（见死不救）
15. 所谓职业道德，_____（良心）
16. A：在你们国家的文化中，哪些传统观念对人影响很深，不易改变？
    B：_____（根深蒂固）
17. 很多人都同意，汉语声调_____（乃）
18. A：听说老刘上了今天的电视新闻，你知道是什么事吗？
    B：_____（见义勇为）
19. 他只用了一个晚上的时间，_____（通通）
20. 环境污染有多方面的原因，_____（归根结底）
21. 最近一年我的汉语进步很快，_____（归结）
22. 地球已有大约46亿年的历史，_____（起源）

四、在文中画线处填写适当的关联词（如需要，可参考短文后提供的词语）。

　　道家思想是一种很吸引人的学说，很多人____①____喜欢它，特别是中国的读书人，觉得它玄妙超脱，至少不像儒家学说有那么多的伦理责任和道德说教，____②____两千年以来，很多文人都受到它的影响。很多人觉得生活太累、负担太重，希望有个机会可以逃避一下世界给自己的压力。有人说，中国文化就是"儒道互补"。前者是____③____社会，讲秩序；后者是关于个人，讲自由。这种概括可能太简单了，____④____也有一定的道理。

⑤　　　　，研究中国的西方人也特别喜欢它。《老子》在西方有相当多的译本，一些西方人觉得它才像是西方人所谓的"哲学"，⑥　　　　里面形而上的东西让人可以琢磨，不像孔夫子，一开口⑦　　　　那么具体和现实。原因是什么？我觉得，原因恰恰是它和西方的东西一样又不一样。在文化交流中，常常是类似的东西能被人理解，⑧　　　　不同的东西能引人注意，道家在很多方面和西方人的哲学⑨　　　　相似⑩　　　　有不同，所以西方人从一开始就对它有兴趣。

| 因为 | 所以 | 同样 | 都 | 不过 |
| 而 | 就 | 既……又…… | 关于 |

五、将下面几段文字按正确的顺序排列成一篇短文，并画出在段落间起连接作用的语句。

A. 冯友兰先生在《中国哲学简史》中告诉我们，儒家的礼有三个不同的含义，第一是社会礼仪，第二是行为准则，第三是君子气质。

B. 礼还是一种君子气质：彬彬有礼。当你熟悉了文化礼仪，实践了行为规则，外在的形式就内化为你的气质，礼仪就人格化了。你的言谈举止中会展现一种高贵的仪态。孔子最欣赏的君子气质，叫"文质彬彬"。"文"是文雅，有文化与教养；"质"是朴实，充满生命的元气。既文雅又朴实，这就是君子风度！

C. 礼也是一套公认的行为准则。规矩总是束缚人的，但却会让你表现适度。孔子说，恭顺、谨慎、勇敢、直爽虽然都是美德，但是假如没有礼的规范，都会变味，成为缺点。比如，恭顺而不知礼，就只是白白劳累；直爽而不知礼，一定会得罪人。因此，好的美德，都是有尺度、不走极端、讲究分寸的。这个尺度和分寸，就是儒家说的礼，一套行为准则。

D. 孔子思想最核心的两个概念，一是"仁"，二是"礼"。仁是内在的德行，礼是外在的规范。儒家的礼教，在一百年前的中国知识分子那里，受到了激烈的批判。大多数人意识到，礼教束缚人的个性，是牢笼。那么，这是否意味着"礼"——文明规则也是多余的呢？看看哲学家怎么说。

E. 先说社会礼仪。儒家最重视礼仪，比如他们非常讲究祭祀鬼神。那么，世界上存不存在鬼神？孔子回答不知道，但是，"祭神如神在"，当你祭祀的时候，就想象鬼神是有的。它不是客观地存在，而是活在你的心中。死去的人灵魂在不在呢？这已不是一个科学的问题，而成了一个文化的问题。在儒家看来，当你祭祀祖先的时候，那些死去的先人又复活了，回到了人间，回到了我们的记忆中。祭祀也好，其他的文化仪式也好，其实只是表达一种共同的情感，而共同的情感是需要一套固定的仪式来表达的。

文章段落顺序：☐-☐-☐-☐-☐

六、根据中心论点选择相关论述和合适的例证，并在方框中打钩。

【中心论点】孟子的哲学充满进取精神。进取精神有几种具体的表现。

☐ 不怕吃苦。他流传最广的一句名言是："天将降大任于是人也，必先苦其心志，劳其筋骨，饿其体肤，空乏其身。"（《孟子·告子下》）意思是，一个将要承担天下重任的人，如果不经受心灵、性情以至筋骨、皮肉等方面艰难困苦的考验和磨炼，就不可能增长才干，更谈不上成就事业了。

☐ 孟子散文最大的特色是气势不凡，极富感染力。以他对现实的批判为例，语言犀利，锋芒毕露。他立足于自己的仁政理想，曾对齐宣王的统治进行过毫不留情的批判，这令齐宣王尴尬不已，但又无言以对。充满讽刺意味的名句"王顾左右而言他"（《孟子·梁惠王下》）就是这时留下的。

☐ 有为事业勇于献身的精神。对此，孟子有一段极为精彩深刻的论述："生，亦我所欲也；义，亦我所欲也。二者不可得兼，舍生而取义者也。"（《孟子·告子上》）舍生取义，这个流传千古、激励人们为正义而奋斗的理念，就来源于孟子的这段话。

☐ 孟子的散文特别善于通过比喻进行说理，同时具有较强的文学性。比如"齐人有一妻一妾"（《孟子·离娄下》）的故事，就像一篇典型的讽刺性微型小说。故事中那个齐人的形象，实际上就是不顾廉耻而追求富贵者的生动写照。

☐ 对事业锲而不舍，坚持到底。无论在何种情况下，都奋发有为。孟子用形象生动的比喻说道："有为者辟若掘井，掘井九轫而不及泉，犹为弃井也。"（《孟子·尽心上》）有所作为就好比挖井，挖了六七丈深没见到泉水就半途而废，它还是一口废井。这就是说，要完成一项事业，必须坚持不懈；如果半途而废，就会前功尽弃，一事无成。

七、阅读理解。

1　本书是为这一代人撰写的历史，也就是中国文化成长发展的故事，及对于这一过程的解释。在这一故事中，随着历史的进展，中国文化的内容与中国文化占有的空间都不断变化：由以黄河流域为核心的"中国"，一步一步走向世界文化中的"中国"。每一个阶段，"中国"都要面对别的人群及其缔造的文化，经过不断接触与交换，或迎或拒，终于改变了自己，也改变了那些邻居族群的文化，甚至"自己"和"别人"融合为一个新的"自己"。这一"自己"与"他者"之间的互动，使中国文化不断成长，也占有更大的地理空间。从新石器时代开始，经历了数千年，一个多元而复杂的中国文化体系，终于成形。本书叙述的故事，因此是一个主角与场景经常转变的曲折历程。正如广场上的活动，可能只是几个人之间的谈话，逐渐吸引了附近别人的参与，经过几度转折，竟聚集为不少的群众，讨论的主题也可能远离了原来的谈话。当然，这样的譬喻，究竟还是太简单，不足以形容文化史的复杂性。

2 本书既以文化发展为主题，应当同时论列文化内容及文化外延。在文化内容方面，本书将于日常文化、人群心态及社会思想多所注意，尤其注意一般小民百姓的生活起居及心灵关怀。中国的<u>正史</u>，一向是帝王将相、圣贤名流的记录。近世新出版的<u>通史</u>，仍不能摆脱以政治史为纲之旧习，日常生活部分少见着墨。本书转移叙述的重点，并不是轻视朝代更迭、国家兴亡，以及各时代的典章制度、嘉言懿行。凡此项目，史学界前辈均已有过叙述。本书之另有着重，其实也是为了补苴一般通史的空白。

3 今日读史的读者，不同于旧时，在这平民的时代，大率受过高中以上教育者，都可能对历史有兴趣。他们关心的事，当为由自身投射于过去，希望了解自己何自来，现在的生活方式何自来。本书在此等处着手，既为了针对读者的求知欲，叙述日常生活及诸种心态观念的来龙去脉，也是为了这些事项本身的演变有其漫长的过程、丰富的内涵，值得史学工作者探讨。

4 中国文化，本有<u>内华夏、外诸夷</u>的传统。近世以来，民族史学与民族国家的建构同步进行，是世界近代史上的重要现象，近代中国史学不能自外于这一潮流。于是，中国人的历史观承受上述两项因素，每每有中国文化自我中心的盲点，以为中国文化既是独步世界，又是源远流长。中国史学对于中国以外的事物，大多不大注意，甚至于中国文化与其他文化交流的史实，也往往存而不论。本书呈现的中国历史，是一个接纳多元的复杂体系——这样的形象，与中国文化中心论的观点颇为不同。中国文化的特点，不是以其优秀的文明去启发与同化四邻。中国文化真正值得引以为荣处，乃在于有容纳之量与消化之功。本书为了弥补自我中心观念造成的缺陷，于文化圈的内外关系，特加注意。在这一主题范围，本书不仅注意中国文化放射于其他文化的影响，也将注视中国文化在发展过程中，域外文化曾有过的影响。本书目的，除学术兴趣外，也不辞冒天下之不韪，拟对国民自大心态的偏差，尽规劝谏诤的努力。如前所述，今日的世界已渐为一体，任何地区的居民都必须与其他社会或其他文化的成员有所交往。

过分自大，难免自蔽，于己于人，均非健全正常的心态。为此，本书将于中外文化交流的现象，在每章中特有专节讨论。

5 除了文化交流现象以外，本书也将有专节，比较中国文化及其他文化在各自发展过程中的若干特定现象。比较研究，可以有助于了解文化发展中，哪些是历史的共相，哪些是自己的殊相。老子说，<u>知人者智，自知者明</u>。所谓<u>知己知彼</u>，没有可作为参考的比较，即不易有真正的自知之明。本书各章都有中外文化比较的专节，其所以选取各历史现象为比较的主题，并不意味着该一时代只有这一现象值得注意，却毋宁是选取一项，当作标本而已。

6 中国文化，若作为一个文化圈，则在每一个时代，都可以超越政治或地缘定义的"中国"。最堪注意的，则是中国文化于中古以来，俨然是东亚许多地区共同参与的一个文化体系。本书第四章以下，于中国文化系统的讨论，即有不限于中国地区的理解，其中若干中外比较，是为了解释中国历史发展之特点，讨论他处史实则是为了陈述时代背景。总之，今世所有的文化体系，都将融合于人类共同缔造的世界文化体系之中。我们今日正在江河入海之时，回顾数千年奔来的历史长流，那是个别的记忆；瞩望漫无止境的前景，那是大家应予合作缔造的未来。万古江河，昼夜不止。谨以此书，向千百代的祖先，献上敬礼！

（节选自许倬云《万古江河：中国历史文化的转折与开展》"序"。湖南人民出版社，2017年版。）

1. 请给本文拟一个题目，写在文前的横线上。

2. 写出本文的内容提要和提纲。

【内容提要】（150字左右）

_____
_____
_____
_____
_____

【关键词】（3—5个）

_____ _____ _____ _____

【提纲】

3. **查资料，解释下列概念。**

   （1）正史／通史（第2段）

   （2）内华夏、外诸夷（第4段）

4. **请查资料，为第5段中"知人者智，自知者明"和"知己知彼"加注。注明出处、原文，并翻译。**

   （1）

   （2）

论文设计与讨论

一、根据"课前准备"中的选题，确定一个你感兴趣的话题，并拟一个论文题目。也可以根据课文内容自己确定一个题目。

_____

二、根据论文题目，整理已有材料，并补充新的资料。列出其中有参考价值的论文或专著（各2种）（写出作者、论文名、杂志名 / 书名等基本信息）。

1._____

2._____

3._____

4._____

三、小组讨论。

1. 介绍你阅读的一篇重要论文的观点。按论文要点进行介绍。

_____

_____

_____

_____

2. 介绍你的论文设想，同学发表意见，共同完成提纲。

_____

_____

_____

_____

第三课　多元文化中的比较文学

乐黛云

课文导览

【作者简介】

乐黛云（1931—2024），贵州人。北京大学中文系教授，国内多所大学兼任教授。专业领域为中国现代文学和比较文学。作为中国比较文学学科建设和研究的奠基人，成绩斐然。学术专著有《比较文学原理》《比较文学与中国现代文学》《跨文化之桥》以及英文版 Intellectuals in Chinese Fiction（《中国小说中的知识分子》）、Literature, History, Literary History（《文学、历史、文学史》）等，主编著作有"往事随想丛书""中学西渐丛书"等，散文集有《透过历史的烟尘》《绝色霜枫》。

【作品出处】

课文选自《当代名家学术思想文库·乐黛云卷》中的第一章第8篇"论比较文学的当前发展"，万卷出版公司，2010年版。有删减。

【文体说明】

课文属学术类论说文，主要针对"全球化与文化发展"和"多元文化中的文学欣赏"两个分论题展开论述。前一部分围绕文化多元这个中心，阐述了文化"趋同"和"离异"两种发展方式；后一部分通过举例，揭示了多元文化中文学欣赏方式多样化的重要性。文章观点明确，表述清晰，例证典型，具有很强的说服力。通过课文，学习者可以了解作者对于文化发展基本路径的看法，以及应该通过对比来欣赏不同文学的观点。文章的结构特点和例证法也值得学习。

课前准备——口头/书面报告选题

1. 多元文化的概念；
2. "相生相克"理论的哲学内涵；
3. 有关"诸子百家"与"百家争鸣"——历史背景、主要学派、代表人物及其思想（选一个学派进行介绍）；
4. 康熙皇帝对于外来文化的态度；
5. 不同文化或文学中的植物象征系统对比或动物象征系统对比（选一种植物或动物）；
6. 通过调查说明，在自己的国家，中学语文类课程中安排了哪些外国作家的作品，哪些国家的文学影响比较大。

课　文

一、全球化与文化发展 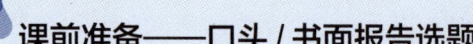 03-01

1　全球化不等于一体化。全球化（Globalization）是所有事物都能很快地全球互相联系、互相依存；一体化（Unification）指的是完全一样，遵守同样的规则和同样的模式。现在，经济上正在一体化，加入了WTO[1]，就得遵守同样的游戏规则；科技也得按照同样的规律来做。所以在经济和科技的绝大部分领域已经一体化了。

2　但文化显然不可以，也不应该一体化。文化从来就是多元的，各个人类群体的生存环境不同，语言不同，传统和习惯不同，文化也就各不相同。必须有不同文化的互相启发，互相促进，构成丰富多彩的文化生态，人类才有发展前途。中国古话说"和实生物，同则不继[2]"，孔夫子说"君子和而不同，小人同而不和[3]"。就是说，不同，才可以互相补充，互相启发，互相发展，甚至于互相冲突，冲突以后也可以发展。如果大家都一样，不断重复，那就不能继续发展了。所以我们一定要保持文化生态的丰富性，决不可以让文化也单一化、一体化。这和自然生态一样，没有树林的覆盖，没有多样化的自然发展，没有各种生物的相生相克，那就会变成一片自然的沙漠。如果没有不同的文化之间的和而不同、多元并存，我们的文化也会变成一片沙漠。

3 事实上，文化是通过两种不同的方式来发展的：一是"趋同"，一是"离异"。"趋同"是一种纵向发展，也就是趋向于共同的方向。例如秦始皇[4]统一全国，儒家一统天下，汉文化"定于一尊"，结束了百家争鸣的局面。从发展来看，这种阶段也是必要的，因为"纵向的认同"求得了统一，巩固了前一阶段的发展。但是所谓"同"也不是绝对的"同"，里面仍然包孕着隐在的"不同"的因素。发展到一定的时候，这些因素就会使趋同的方式崩溃，而代之以"离异"的阶段。横向开拓一般有三方面导向，即外来文化影响、边缘文化的中心化和与原来互不相干的其他学科的汇合。

4 三种导向中，外来文化的影响是最重要的。例如魏晋南北朝，佛教传入中国后，冲击了汉代的"定于一尊"，形成了一个思想解放的时代。中国有三次大规模吸收外来文化的高潮：一是在魏晋南北朝时期，中国文化接受了佛教的传入，发生了很大的变化；第二次是明末清初时期，随着基督教的传入，不少官吏开始接触科学知识，甚至康熙皇帝[5]，他自己就学几何、代数，这在中国过去是没有的；五四[6]前后，又是一个西方文明大量传入的时代。外来文化的三次大的影响，造就了中国文化横向开拓的一个重要方面。

5 第二个方面是边缘文化向中心靠拢，带来了新的发展。边缘文化就是我们通常说的次文化、亚文化。主流文化吸收了边缘文化，也是横向开拓。这在中国特别明显，大家知道中国的诗歌从整齐的五言诗、七言诗[7]变成长短参差的"词[8]"，就是受了民间的歌谣的影响，是一种边缘文化和主流文化的汇合。小说也是一样，也是从边缘文化开始的。例如佛教里的讲经，有僧讲、俗讲[9]，为了宣传佛教，就需要讲通俗易懂、联系生活实际的故事，小说就此发展起来。说书、话本[10]、讲经都是不登"大雅之堂"的边缘的亚文化潮流。

6 第三个方面是从非文学的其他学科吸收新鲜血液，如绘画、音乐、建筑、雕塑以及自然科学等等。举例来说，五四前后，进化论[11]对于中国文学思想影响很大，称得上是对文学的全面刷新。鲁迅正是根据进化论才提出青年人必胜于老年人，未来会比现在更好。[12]当然现在对此又有不同的看法，我只是说自然科学常常给文学带来新的观念。

7 总之，一种文化的发展往往有纵向继承的"趋同"的倾向，同时还有横向开拓的"离异"的倾向。只有这两种倾向互相为用的时候，这种文化才能巩固发展。

补充注释

[1] WTO：世界贸易组织（World Trade Organization）的简称。中国于2001年11月正式加入。

[2] 和实生物，同则不继：语出战国时期的历史著作《国语·郑语》。意思是，不同事物能和谐相处，则可以产生新的事物；如果变得完全一样，则无法继续发展。

[3] 君子和而不同，小人同而不和：语出《论语·子路》。意思是，君子与别人保持和谐，但并不盲从别人；小人追求完全一致，但彼此并不和谐。

[4] 秦始皇：前259—前210年。公元前221年统一六国，是中国历史上的第一位皇帝。在位期间统一文字，统一度量衡，这些政策对巩固国家统一起到了积极的作用。

[5] 康熙皇帝：爱新觉罗·玄烨（1654—1722）。"康熙"是年号。康熙皇帝在位61年，政绩卓著。他对外来文化持开放态度，自己也曾潜心学习西方的科学和艺术。

[6] 五四："五四运动"的简称。1919年5月4日在北京由学生发起，后发展为全国性的由各界人士参加的抗议活动。第一次世界大战结束后的巴黎和会计划将德国在山东的权益转让给日本，消息传来，抗议浪潮席卷全国，中国代表团最终拒绝在《凡尔赛和约》上签字，维护了国家利益。五四运动也推动了1915年开始的新文化运动在文学、教育、艺术、出版等领域的继续发展。

[7] 五言诗、七言诗："言"的意思是"字"。每句五个字的诗是五言诗，每句七个字的诗是七言诗。从诗句的字数来说，五言诗和七言诗是中国诗歌最重要的形式。唐代的律诗分五言律诗和七言律诗两种，简称"五律"和"七律"。

[8] 词：诗歌体裁的一种。宋代达到高峰。"词"原来是可以配乐歌唱的，句子有长有短，因此又叫"长短句"。

[9] 这句话中的三个概念："讲经"指讲解佛教经典；"僧讲"指给佛教僧人讲解佛教经义；"俗讲"指对普通人讲经，"讲"的主要内容为佛教故事，平易通俗。"俗讲"这种形式盛行于唐、五代，是中国白话文学的源头。

[10] 说书、话本："说书"指讲故事，是一种口头表演艺术。宋代开始兴盛。"话本"指"说话"（说书）的底本，即说书艺人讲各种故事的底本。话本可以阅读，与小说类似，是后世章回小说的源头。

[11] 进化论："进化"，evolution，生物学术语，指生物种群内基因频率的改变。英国生物学家、进化论的奠基人达尔文（Charles Robert Darwin, 1809—1882）在1859年出版的《物种起源》（*On the Origin of Species*）一书中指出，生物界物种的进化是以自然选择为基础的。这种学说被称为"进化论"。十九世纪末，进化论被介绍到中国。随着英国生物学家赫胥黎（Thomas Henry Huxley, 1825—1895）《天演论》（*Evolution and Ethics*）一书的翻

译与传播,"物竞天择""适者生存"的思想开始对中国社会产生巨大影响,人们相信优胜劣汰是人类社会的生存法则。

[12] 鲁迅先生(1881—1936)对于青年人的看法,在他的文章中多有体现。一方面,他对青年人持乐观的态度,比如《三闲集》序言中有这样的话:"我一向是相信进化论的,总以为将来必胜于过去,青年必胜于老人。"另一方面,他也知道盲目乐观是片面的,就在同一篇文章中他又说,"后来便时常用了怀疑的眼光去看青年,不再无条件的敬畏了"。

阅读提示(一)

1. 第1、2段的中心论点是什么?从文章结构来看,这一中心论点位于什么位置?这部分主要运用了什么论证方法?
2. 第3—7段的中心论点是什么?"趋同"和"离异"两个概念的含义分别是什么?
3. 第3段中,作者举了什么例子?这是为了说明什么观点?本段最后一句话与下面的第4—6段是什么关系?
4. 第4—6段中,各段的论点分别是什么?作者各举了哪些例子来说明?三段是按什么顺序排列的?
5. 第7段在内容和结构方面各起什么作用?

二、多元文化中的文学欣赏 03-02

8 多元文化中对不同文学的欣赏是比较文学的一个重要方面。它可以提供给我们多种多样的欣赏的快乐。如果只知道中国文学,那么范围是很窄的,就不知道外国文学也提供了很多很有意义、很有趣味的欣赏对象。如果把不同文化中写同样题目的作品放到一起来欣赏,就会得到不止是看一种作品的乐趣。

9 我可以举个例子,世界上所有的人都喜欢欣赏月亮。中国人对月亮很看重,有很多关于月亮的诗。中国的月亮诗多半是很富于哲理的。特别是李白的诗,他把月亮和很多哲理结合在一起,比如通过月亮把人生的短暂和自然的永恒加以对比。他写道:"今人不见古时月,今月曾经照古人。古人今人若流水,共看明月皆如此。"[13] 给人很多感慨。人世经过许多沧桑,而明月依旧如此!中国人看月亮,常常把月亮当作永恒的象征,咏叹人世的短暂!

10 日本人写月亮,就不太一样。日本有一个获得"月亮诗人"美称的大诗人明惠上人[14],生活年代相当于南宋。他写月亮,从不涉及哲理,而是动情地表达与月亮无猜的亲密。他写过一首诗,是很短的俳句[15]:"山头月落我随前,夜夜愿陪尔共眠。"和月亮一起睡觉,这在日本人看来非常美,可是中国人就会觉得对月亮多少有些亵渎,而不是一种虔敬的感觉。中国诗人通过月亮把短暂和永恒结合在一起,日本人却把自己和月亮本身结合在一起。像这首诗,后面又说"心境无翳光灿灿,明月疑我是蟾光",我的心境是那么清纯明亮,我和月亮是那么亲密,连明月都怀疑我就是月亮本身了!日本著名诗人川端康成[16]在获得诺贝尔奖发表演说时,认为"月亮诗人"讲得非常好,他非常喜欢这些诗,认为它们集中代表了日本民族的审美趣味。这是另外的一种欣赏方式。

11 再看希腊神话里对于月亮的欣赏。在希腊神话里,月亮是一个非常漂亮的少女,是一个女神。这个女神每天驾着好几匹白马拉的金车从东边到西边,每天都是一样。月亮每天这样走来走去觉得非常孤独,后来她就爱上了一个人间的少年。她非常爱他,可是凡人是要死的,不像月亮可以永恒。她就把这个美男子放在一个山洞里,每天经过山洞,她都亲吻他,拥抱他,然后再驾车走掉。这个少年由于月亮女神之爱,得到永恒,但他只能长年不醒,也不会说话,永远在睡眠中生存。这个神话告诉我们,人要得到永恒,就要付出代价,这代价就是离开尘世,永远孤独。中国的嫦娥,吃了长生不老药,就成仙升天到月亮上去了。那里只有她一人,还有一只玉兔,有一个砍树的吴刚,他砍的树砍下又复生,他永远在树上下不来,另外还有一个三只腿的宝蟾。所以嫦娥也很寂寞。唐代诗人李商隐的诗说,"嫦娥应悔偷灵药,碧海青天夜夜心"[17],日日夜夜都是一样寂寞。你要想和别人不一样,要想追求永恒,它的代价就是孤独。

12 欧洲的近代诗歌又不相同。法国诗人波特莱尔[18]的诗集《恶之花》中有一首非常有名的诗,题目是"月之愁",写得很美。它的特点是月亮和人完全是两分的,诗人完全把月亮拟人化了。在诗人笔下,月亮是一个忧愁的女人。这首诗说:"今晚月亮做梦有更多的懒意,像美女躺在许多垫子上。"月亮周围有许多白云,有如羽毛坐垫。诗歌描写月亮在漫不经心地抚摸着自己,在入睡之前,觉得很悲哀,她就面向地球,让她的眼泪一串串地悄悄地流向大地。这时,一位虔诚的失眠的诗人,面对着月亮把这苍白的泪水捧在手掌上,它好像乳白色的珍珠碎片,银光闪亮。他把它放在心里,那是太阳永远照不到的地方。这就和日本的月亮诗很不一样,日本的诗是人与月亮合为一体,这首诗是写人和月亮的两分。这首诗和中国的月亮诗、希腊的月亮神话也不一样,这不是对孤独与永恒的描写，而是写一种月亮和人的美好的世俗关系。由此可见，如果我们只欣赏中国的关于月亮的诗当然很好，但你也可以用别的欣赏方式，日本的方式、希腊的方式、欧洲的方式……那么你就会很丰富了。

13　这样的例子还有很多，比如关于镜子，各种文学对于镜子都有不同的描写。关于各种象征，全世界也是不一样的。例如在西方的象征系统里，蝙蝠是最坏的东西，因为它既是哺乳动物，又是鸟，所以它代表魔鬼。可是中国却认为蝙蝠是非常好的象征，大家看木梳上刻着蝙蝠，门窗上也有很多蝙蝠的形象。为什么中国人觉得蝙蝠是很美的呢？因为蝙蝠的"蝠"跟"福"同音，蝙蝠来了，就是"福"来了，所以中国人就很喜欢蝙蝠。有些象征也是一样的，比如狼，中外文学中都是坏的象征。外国文学中，狼总是贪婪、残忍的，中国也一样，"子系中山狼，得志便猖狂"[19]。但也有变化。大家看过杰克·伦敦[20]的《海狼》，在原始的森林里，狼嗥，代表一种原始的活力，对生命力的追求，这是另外一种象征。

14　千百年来，人类创造的精神文明实在是太丰富了。比较文学就是帮助大家找到一条在对比中欣赏各种文学的路径，使我们能够很好地去欣赏人类所创造的各种精神财富。

补充注释

[13] 这四句出自李白（701—762）《把酒问月·故人贾淳令予问之》一诗。

[14] 明惠上人：1173—1232年。日本高僧。

[15] 俳句：páijù，日本的一种古典律诗。三句为一首，为"五—七—五"字音格式，首句五音，次句七音，末句五音，共十七字音。

[16] 川端康成：1899—1972年。日本文学泰斗。1968年以《雪国》《千只鹤》《古都》三部小说获诺贝尔文学奖。在获奖演说《美丽的日本与我》中，川端康成借道元禅师（1200—1253）和明惠上人的诗，描述了日本传统的美学理念。

[17] 这两句诗出自李商隐（813—858）的七言绝句《嫦娥》。

[18] 波特莱尔：Charles Pierre Baudelaire（1821—1867）。法国诗人、翻译家。代表作包括诗集《恶之花》(*Les Fleurs du mal*) 和散文诗集《巴黎的忧郁》(*Le Spleen de Paris*)。

[19] 这两句话出自古典小说《红楼梦》人物贾迎春的判词。"中山狼"是一个典故，比喻忘恩负义的人。判词暗示贾迎春命运悲惨，丈夫是一个中山狼一样的人物。

[20] 杰克·伦敦：Jack London（1876—1916）。美国现实主义作家。

阅读提示（二）

1. 第 8 段中，作者提出了一个什么观点？
2. 第 9—12 段围绕一个什么中心来举例说明第 8 段提出的观点？
3. 第 9—12 段分别举了哪些国家的文学中的例子？这些国家的文学中和月亮有关的诗歌或神话分别反映了怎样的主题或审美趣味？
4. 第 13 段与第 8 段是什么关系？与第 9—12 段是什么关系？本段的第一句话具有怎样的作用？为了说明东西方象征系统的差异，作者举了哪些例子？
5. 第 14 段在文章的第二部分中起什么作用？

课文回顾与思考

1. 课文的两部分分别讨论了什么问题？从内容上看，两部分之间有什么联系？
2. 课文论证观点时用得最多的方法是什么？这种方法对你的写作是否有启发？
3. 你是否同意课文中提出的"文化不应该一体化"的观点？为什么？
4. 对于课文中提到的各国月亮诗和月亮神话的例子，你是否有补充？如果有，请按课文的方法，举例说明。
5. 课文举例涉及古今中外，哪些例子是你接触过的？哪些对你而言是完全陌生的？你对哪些例子最感兴趣？为什么？
6. 读了课文，你对比较文学有了哪些新的认识？

提要与提纲

写出课文的内容提要（250 字左右）和关键词（3—5 个），并完成提纲示例表。

【内容提要】_____

_____

_____

【关键词】_____ _____ _____ _____ _____

【提纲示例】

文章结构			论点	例证
一 （1—7）	（一） （1—2）			中国古代先贤名言。
	（二） （3—7）	3	文化的发展有"趋同"（纵向发展）和"离异"（横向开拓）两种方式。文化横向开拓又有三方面导向：外来文化影响、边缘文化的中心化及与原来互不相干的其他学科的汇合。	秦始皇统一六国，儒家文化"定于一尊"。
		4—6	外来文化的影响最重要。	
				中国文学形式"词"和"小说"的出现。
		7	总结文化的发展有"趋同"和"离异"两种倾向。	
二 （8—14）	（一） （8）		多元文化中的文学欣赏可以提供给我们多样的欣赏快乐。	
	（二） （9—12）			①李白的月亮诗。
				②
				③
				④欧洲近代波特莱尔的月亮诗。
	（三） （13）		还有很多例子可以说明这一观点。	
	（四） （14）		比较文学对于文学欣赏具有重要意义。	

词语表

🎧 03–03

序号	词语	拼音	词性	搭配举例
1	全球化	quánqiúhuà		经济/贸易/市场/金融/科技～；～背景/趋势/进程/程度；◇～浪潮
2	一体化	yìtǐhuà	动	教育/城乡/经济/货币/文化/全球～
3	古话	gǔhuà	名	◎老～
4	继○	jì	动/连	～……之后；～又
5	夫子	fūzǐ	名	◇老～；◎～庙
6	和而不同	hé'érbùtóng	成语	
7	甚至于○	shènzhì yú		
8	单一化	dānyīhuà		经营/产品/品种/功能/形式/结构～
9	多样化	duōyànghuà		经营/产品/品种/功能/形式/结构～；～发展/生产
10	相生相克	xiāngshēng-xiāngkè	成语	
11	并存	bìngcún	动	两种制度/多种方式/机遇与挑战～；◎多元～
12	趋同	qūtóng	动	文化/结构/方式～；日益/逐渐～
13	离异	líyì	动	夫妻/父母～；◎～家庭
14	纵向	zòngxiàng	形	～关系；～发展/研究/比较
15	一统	yìtǒng	动	◎～天下/江山；大～
16	定于一尊	dìngyúyìzūn	成语	
17	百家争鸣	bǎijiā-zhēngmíng	成语	
18	包孕	bāoyùn	动	～内涵/哲理/情感
19	代之以	dài zhī yǐ		
20	横向○	héngxiàng	形	～关系；～联系/联合/交流/研究/比较
21	开拓○	kāituò	动	～视野/思路/市场/新局面/新领域；～进取；勇于～；◎～精神/意识；～者

22	导向○	dǎoxiàng	名/动	市场/价值/政策/舆论～；以……为～；◎～功能/作用
23	相干	xiānggān	动	与……不～；毫不/互不/各不～
24	汇合○	huìhé	动	河流/溪水/泉水～；～成……；◇人员/力量～
25	官吏○	guānlì	名	各级/地方～；选拔/任免～
26	几何	jǐhé	名	～图形/图案；◎～学；平面/立体～
27	代数	dàishù	名	◎～学
28	造就○	zàojiù	动	～人才/英雄
29	靠拢○	kàolǒng	动	向（中心/传统/国际标准）～；相互～
30	次文化	cìwénhuà	名	
31	亚文化	yàwénhuà	名	◎～群
32	参差	cēncī	形	◎～不齐/不一
33	歌谣	gēyáo	名	民间/儿童/流行～；创作/收集～
34	就此	jiùcǐ	副	～开始/结束/中断/放弃/分手
35	说书	shuō//shū	动	～艺人/艺术；◎～人
36	话本	huàběn	名	◎～小说
37	不登大雅之堂	bùdēngdàyǎzhītáng	成语	
38	雕塑○	diāosù	名	大型/巨型～；◎～家/大师/品/作品/艺术；城市～
39	进化论	jìnhuàlùn	名	～学说/观念/思想/著作；◎生物/社会～
40	称得上	chēng de shàng		～优秀/合理/发达；～（是）奇迹/杰作/一流
41	刷新○	shuāxīn	动	～纪录；◇～内容/观念/形象
42	多种多样	duōzhǒng duōyàng		形式/办法/需求～
43	窄○	zhǎi	形	路/巷子/窗户/入口～；◇知识面/眼界～
44	看重○	kànzhòng	动	～亲情/品格/能力/学历/地位

45	富于	fùyú	动	~哲理/活力/爱心/同情心/感染力/想象力/创造力/幽默感/生命力
46	哲理	zhélǐ	名	人生/生活~；充满/富有/富于~；◎~诗
47	皆○	jiē	副	~认为/同意
48	沧桑○	cāngsāng	名	饱经/历尽/历经~；岁月/人世/世事~；◎~感
49	咏叹	yǒngtàn	动	~月亮/长江/美景；◎~调
50	美称	měichēng	名	享有/素有/拥有……~
51	动情	dòng//qíng	动	~（地）说/唱/描述；眼神/歌声/讲话/表演~
52	亵渎	xièdú	动	~道德/人性/法律/艺术/宗教/神灵；受到~
53	虔敬	qiánjìng	形	态度~
54	心境	xīnjìng	名	~平和/愉快/焦虑/恶劣
55	演说○	yǎnshuō	动/名	发表~；◎~家/词；就职/竞选/施政~
56	女神	nǚshén	名	◇幸运~；◎自由/胜利/智慧~
57	驾○	jià	动	~车/机
58	凡人	fánrén	名	~小事
59	山洞	shāndòng	名	开凿/钻~；~深/长
60	亲吻	qīnwěn	动	~人/土地
61	驾车○	jià chē		~出门/旅游
62	长年	chángnián	副	~工作/坚持/劳累；◎~累月
63	尘世	chénshì	名	留恋/摆脱/远离/忘却~；◇告别~
64	长生	chángshēng	动	◎~不老/之道
65	成仙	chéng xiān		修道/修炼/得道~
66	升天	shēngtiān	动	航天飞机/火箭/卫星~；◇灵魂/得道~；◎鸡犬~
67	玉兔	yùtù	名	~捣药
68	砍○	kǎn	动	~树/柴；~断/光；◎乱~滥伐

69	复生	fùshēng	动	难再/不再~；◎死而~
70	青天	qīngtiān	名	朗朗~；◎~白日
71	诗集	shījí	名	出版~
72	拟人	nǐrén	名	~手法；◎~化
73	忧愁○	yōuchóu	形	神情~；淡淡/无尽（的）~；排解/忘却/不知~；感到/充满~
74	垫子○	diànzi	名	草/棉/皮~；床/沙发~；铺~
75	有如	yǒurú	动	~天堂/梦境/地狱
76	坐垫	zuòdiàn	名	自行车/摩托车/汽车~
77	漫不经心	mànbùjīngxīn	成语	
78	抚摸○	fǔmō	动	~脸/头发/宠物/艺术品
79	入睡	rùshuì	动	安然/容易/难以/无法~
80	大地○	dàdì	名	~辽阔；~构造/构造学/测量/测量学；◇~母亲；◎中华/神州~
81	虔诚○	qiánchéng	形	信仰/信徒/教徒~；态度/表情/目光~；~祈祷/信奉
82	失眠○	shī//mián	动	彻夜/严重/常年~；◎~症
83	苍白	cāngbái	形	面色/脸色~；◇语言/内容/精神/人生~
84	捧○	pěng	动	（手）~书/鲜花；◇~演员/作家
85	手掌○	shǒuzhǎng	名	~纹路/颜色；◎~心
86	乳白	rǔbái	形	色泽~；◎~色
87	碎片	suìpiàn	名	玻璃/金属/炮弹~；裂成/撕成~
88	闪亮	shǎnliàng		眼睛/珍珠/星星~；◇名字~
89	一体○	yītǐ	名	融为/合为~；◎~化；浑然~
90	世俗	shìsú	名	~生活/社会/观念/偏见；◎~化
91	由此可见○	yóucǐ-kějiàn		
92	蝙蝠	biānfú	名	◎~衫/袖
93	哺乳动物	bǔrǔ dòngwù		
94	魔鬼○	móguǐ	名	◇~身材；~训练/教练

95	木梳	mùshū	名	
96	贪婪○	tānlán	形	本性/性格～；～索取/掠夺；◇～（地）学习/求知/阅读；◎～成性
97	得志	dé//zhì	动	不～；◎少年～；小人～
98	猖狂○	chāngkuáng	形	～进攻/作案/活动；罪犯～
99	嗥	háo	动	狼～

词语例释

1. 继

有动词、连词两个用法。

其一，动词。继续，接续。否定式为"不继"，表示中断，不能持续。如"气力不继"，表示气力不够。常见结构有"继……之后"，表示"在……之后"。成语"夜以继日"，表示晚上接着白天，日夜不停地工作。如：

（1）中国古话说"和实生物，同则不继"。

（2）虽然大家爬山的兴致很高，但刚爬到半山腰，不少人已经气力不继了。

（3）继老子之后，中国又出现了一位伟大的思想家——孔子。

（4）二十一世纪初，中国逐渐成为亚洲继日本之后的又一大经济体。

（5）交稿期限快到了，他夜以继日地修改，希望书稿能按时交给出版社。

其二，连词。继而。表示紧随某一情况或动作之后。使用中常跟"又"结合，形成"继又"短语，表示"继而又……"。如：

（6）小鸟常来他的阳台喝水。他喜欢看它们匆匆飞来，饮一口水，继又匆匆飞去。

（7）前年夏天她本科毕业，继又考上了研究生，今年已经准备写硕士论文了。

（8）他常常刚承诺一件事，继又反悔，现在大家都不敢相信他的话了。

2. 甚至于

用法与"甚至"相同。强调、突出某一情况。有两个用法。

其一，放在并列的名词、形容词、动词或相关短语的最后一项前，强调这一项所说的情况。如：

（1）当今的中国，不管哪里，城市、乡村，甚至于偏远的山区，都用上了网络。

（2）如果我们对新员工存在偏见，对他们不信任，歧视，甚至于排挤，那对公司的发展将极为不利。

（3）不同，才可以互相补充，互相启发，互相发展，甚至于互相冲突，冲突以后也可以发展。

（4）这次去南方实习，我们的合影拍得都很不错，有几张甚至于非常理想。

其二，用于递进复句的后一分句。与"不但/不仅……也……"等关联词配合使用。如：

（5）工作最忙的那段时间，我不但周末在加班，甚至于睡觉的时间也不能保证。

（6）纯素食者是这样一种人，不仅不吃肉类，甚至于蛋、奶、蜂蜜也不吃。

3. 由此可见

由：从。此：这，代表前面提到的情况。表示根据前面说的情况可以推出后面的某个结论。固定短语，一般作为插入语使用。如：

（1）这首诗和中国的月亮诗、希腊的月亮神话也不一样，这不是对孤独与永恒的描写，而是写一种月亮和人的美好的世俗关系。由此可见，如果我们只欣赏中国的关于月亮的诗当然很好，但你也可以用别的欣赏方式。

（2）这家川菜馆在此地已经开了几十年。由此可见，他们的饭菜很受欢迎。

（3）有些学生水平很高，但一进考场就容易紧张，发挥欠佳。由此可见，心理素质非常重要。

（4）在中国，喜鹊是好运、幸福的象征；而在有些国家，喜鹊却是一个小偷的形象。由此可见，不同文化中，动物的象征意义有所不同。

"由此可见"后面也可以接宾语，该宾语一般为名词性短语，也可以前置，位于"由此可见"之前。如：

（5）大凡在北京吃过烤鸭的外国人都会对这道名菜赞不绝口，由此可见"北京烤鸭"的魅力。

（6）快乐是生活中的阳光，不仅温暖我们的心灵，也赋予我们强健的体魄，心态的重要性由此可见。

成语运用

1. 和而不同

和：和睦，和谐。同：盲从，随便附和别人的意见。原指能够和谐地与人相处，但又不盲从别人。现多用于强调既能与别人和谐共处，也能保持自己的独立性。该成语一方面仍作为哲学概念被引用，另一方面，也可作为动词在句中做谓语和定语。如：

（1）中国古话说"和实生物，同则不继"，孔夫子说"君子和而不同，小人同而不和"。

（2）"和而不同"的思想产生于两千多年前的中国，至今仍有巨大的现实意义。

（3）只有坚持"和而不同"，才能真正做到学术自由，学派平等，百家并存。

（4）一个家庭也是一个社会，理想的状态是和而不同。家人彼此相亲，但自己的个性又不受压抑。

（5）不同的文化、不同的文明和谐共处而不是彼此取代，这样的社会是多元的，和而不同，充满生机。

（6）作为留学生，在一个不同的文化环境中生活，应学习与不同国家的人交往，学会彼此接纳，互相尊重，慢慢体会一种和而不同的境界。

2. 相生相克

中国古代五行学说的基本观念。"五行"指金、木、水、火、土五种物质。"相生相克"表示物质之间的关系。相生：相互促进。相克：相互制约。现在使用这个成语，除表示原有概念外，多用来比喻事物之间相互依存又相互制约的辩证关系。使用中相当于动词，多做谓语和定语。如：

（1）中国古代有五行"相生相克"的观念，具体来说，"相生"指木生火，火生土，土生金，金生水，水生木，"相克"指金克木，木克土，土克水，水克火，火克金。

（2）中医学将五脏与五行相对应，心、肺、肝、脾、肾分别对应于火、金、木、土、水。五脏之间的关系也遵循五行相生相克的规律。

（3）从生物界的食物链可以看出，自然万物相生相克，处于一种动态平衡的状态。

（4）大到人类社会，小到一个公司，也都像一个有机体。各部分相互依存，又彼此制约，相生相克，共同维持着有机体的存在。

（5）这和自然生态一样，没有树林的覆盖，没有多样化的自然发展，没有各种生物的相生相克，那就会变成一片自然的沙漠。

（6）人类是自然的一部分，人类与其他物种也是一种相生相克的关系。

3. 百家争鸣

原指先秦时期儒、道、法、墨等各思想流派自由争论，思想和文化所达到的一种空前繁荣的局面。争鸣：争论，争辩。现在使用这个成语，除表示原有概念外，多比喻学术或艺术领域不同学派、流派可以并存，研究或创作氛围宽松而自由。使用中相当于动词，多做谓语和定语。如：

（1）春秋战国时期，出现了儒、墨、道、法、名、农、杂、纵横、阴阳、小说等诸多学派，百家争鸣，文化空前繁荣，是中国学术史上的黄金时代。

（2）一个时代学术自由、文化繁荣的标志是百花齐放、百家争鸣。

（3）改革开放不仅是经济的改革，也是文化的开放。经济腾飞，文化领域百家争鸣，都是改革开放取得的成果。

(4) 秦始皇统一全国，儒家一统天下，汉文化"定于一尊"，结束了百家争鸣的局面。

(5) 提倡和坚持百家争鸣的方针，对不同观点采取包容的态度，鼓励自由讨论，这是学术和文化发展的前提。

4. 漫不经心

漫：不专注，随便。随随便便，不放在心上。形容对某事不重视，做事随意，不专注。多含贬义。使用中相当于形容词，常做状语、定语，有时也做谓语。如：

(1) 诗歌描写月亮在漫不经心地抚摸着自己，在入睡之前，觉得很悲哀，她就面向地球，让她的眼泪一串串地悄悄地流向大地。

(2) 她坐在走廊的椅子上等人，漫不经心地翻阅着一本杂志。

(3) 面对顾客提出的批评意见，他漫不经心地应答着，并没有打算做出实质性的改变。

(4) 他最近上班总是迟到，有任务也不能按时完成，这种漫不经心的工作态度引起了公司的注意。

(5) 面对主管严厉的批评，他仍是一副漫不经心的样子，这引起了主管更大的不满。

(6) 学习讲究专注、注意力集中，不能这样随随便便，漫不经心。

练 习

一、解释加点语素的意思，并根据拼音完成新词，同时说明其词义。

1. 并存（　　　　　）
   并 liè _____
   并 xíng _____

2. 趋同（　　　　　）
   趋 lì _____ 避害
   趋 guāng _____ 性

3. 纵向（　　　　　）
   héng _____ 向
   shuāng _____ 向

4. 争鸣（　　　　　）
   争 biàn _____
   争 chǎo _____

5. 次文化（　　　　　）
   次 dàlù _____
   次 shēngbō _____

6. 亚文化（　　　　　）
   亚 jiànkāng _____
   亚 rèdài _____

7. 进化论（　　　　）
　　wéiwù 论
　　xiāngduì 论

8. 哲理（　　　　）
　　哲 _rén_
　　哲 _sī_

9. 凡人（　　　　）
　　凡 _jiān_
　　凡 _xīn_

10. 复生（　　　　）
　　复 _huó_
　　复 _xīng_

二、词语搭配与填空。

神情	辽阔
大地	猖狂
信仰	忧愁
本性	虔诚
活动	贪婪

（1）我喜欢初夏时节的草原，_____的_____被鲜花覆盖，云卷云舒，风景如画。

（2）画中的老人安详地坐着，目光慈祥地注视着我们，但_____却是_____的。

（3）妈祖被称为海上女神，渔民对妈祖的_____自古就很_____。

（4）在这部为世人所称道的小说中，既有对人性光辉的赞颂，也有对_____而自私的_____的揭露。

（5）面对越来越_____的制造假币的犯罪_____，警方表示将采取严厉手段进行打击。

任免	纪录
造就	沧桑
刷新	宠物
历尽	官吏
抚摸	人才

（6）开放的社会思潮、先进的教育理念，_____了一大批各行各业的高质量_____。

（7）主人常常喜欢_____自己的_____，比如小猫小狗，这是生活中充满温馨的一刻。

（8）在_____人世_____、即将走向生命终点的时候，她依旧真诚地热爱着生活。

（9）她在本次射箭比赛中表现出色，不仅荣获冠军，还_____了世界_____。

（10）秦始皇统一六国后，实行郡县制，把全国分成36郡，郡下设县。中央和地方的重要_____均由皇帝直接_____。

（11）随着城市装饰和美化水准的提高，越来越多的_____出现在中心广场和特定的文化区域，极大地丰富了城市景观。

（12）公司希望新员工能够在实践中培养自己的_____ _____，提高创新能力，并不断增强责任心和事业心。

（13）人们常常羡慕同声传译等高端翻译职位的高薪收入，却忘记了翻译者所经历的_____ _____。

（14）所谓市场的_____ _____，指的是商品生产者和经营者要按照市场供求关系的变化来组织生产。

（15）他是第一次作为导游独立带旅游团，介绍旅行安排时好像总统发表_____ _____，十分紧张。

◎ 开拓　演说
　 导向　精神
　 雕塑　训练
　 就职　作品
　 魔鬼　功能

三、用指定词语完成句子或对话。

1. _____，中国又向火星发射了探测器。（继……之后）

2. A：在全球化的今天，对于文化是否应该一体化的问题，你有什么看法？
   B：_____（和而不同）

3. 在北京留学几年之后他告诉我，他对北京已经非常熟悉了，_____
   _____（甚至于）

4. A：你能否用中国古老的五行学说介绍一下什么是生态平衡？
   B：_____（相生相克）

5. A：你认为健康的文化环境应该是怎样的？
   B：_____（百家争鸣）

6. 对一个孩子学习情况的评价，_____，
   也要从纵向上看他的学习跟以前比有没有进步。（横向）

7. 明天的郊游我们不是一起出发，_____（汇合）

8. 目前我们的产品技术水平还比较低，_____（靠拢）

9. 跟他聊天你会发现，_____（窄）

10. A：你希望毕业后找到一份什么样的工作？
    B：_____（看重）

11. 关于推举谁参加翻译比赛的事情，_____（皆）

12. 退休以后有了时间，＿＿＿＿＿＿＿＿＿＿＿＿＿＿＿＿＿＿＿＿＿＿（驾车）
13. 森林是地球之肺，对生态平衡起着至关重要的作用，＿＿＿＿＿＿＿＿
＿＿＿＿＿＿＿＿＿＿＿＿＿＿＿＿＿＿＿＿＿＿＿＿＿＿＿＿（乱砍滥伐）
14. 这么重要的事情我可不敢交给他，＿＿＿＿＿＿＿＿＿＿＿（漫不经心）
15. A：最近工作忙，你一定要注意多休息。
    B：＿＿＿＿＿＿＿＿＿＿＿＿＿＿＿＿＿＿＿＿＿＿＿＿＿＿＿（失眠）
16. 我非常感谢我的朋友，答辩结束时，＿＿＿＿＿＿＿＿＿＿＿＿＿（捧）
17. 他热爱登山，＿＿＿＿＿＿＿＿＿＿＿＿＿＿＿＿＿＿＿＿＿（融为一体）
18. 自从开始系统阅读文学作品，老师已多次夸奖他写作有了可喜的进步，＿＿
＿＿＿＿＿＿＿＿＿＿＿＿＿＿＿＿＿＿＿＿＿＿＿＿＿＿＿＿（由此可见）

四、在文中画线处填写适当的关联词（如需要，可参考短文后提供的词语）。

中国古话说："人心不同，各如其面。"朝夕相处的人尚且各不相同，＿①＿远隔重洋，在完全不同的文化环境中成长起来的人呢？＿②＿，就是同一个人，从不同的角度、以不同的眼光来看，＿③＿全然不同。宋代大诗人苏轼（1037—1101）早就说过："横看成岭侧成峰，远近高低各不同。不识庐山真面目，只缘身在此山中。"的确，一个封闭的自我是不可能真正认识自己的；一个封闭的民族也不可能真正了解自己的长处＿④＿弱点，＿⑤＿得到发展。＿⑥＿"和实生物，同则不继"（《国语·郑语》），就是说，＿⑦＿参差不齐、各不相同的东西共存，才能够取长补短，产生新的事物，而如果是完全相同的东西聚在一起，＿⑧＿只能永远停留于原来的状态，不可能继续发展。＿⑨＿，孔子一贯强调必须尊重不同。他说："君子和而不同，小人同＿⑩＿不和。"有智慧的人总是善于使不同的因素和谐相处，最大限度地发挥其各自的特点，使之成为可以互相促进的有益的资源，这就是"和"。

| 从而 | 事实上 | 何况 | 只有 | 则 |
| 和 | 因此 | 而 | 也 | 所谓 |

五、将下面几段文字按正确的顺序排列成一篇短文，并画出在段落间起连接作用的语句。

A. 西方的龙也是一种传说中的生物，长有巨爪和翅膀，能游水，能飞行，还能喷火，凶猛异常，拥有强大的力量及魔法，种类很多，家族庞大。虽然在基督教时代以前，西方龙善恶兼有，形象各异，但到了《圣经》中，龙成了邪恶的象征。魔鬼，又叫撒旦，就是一条大红龙。它七头十角，戴着七个冠冕，与上帝对抗。从此，龙在西方文学中成了罪恶的象征、邪恶的代表。

B. 在中国文化中，龙是一种内涵丰富的象征符号。众多文学作品中的龙总是与超脱世俗的神仙同时出现。传说中的"龙"是造福万物的神物，它能兴云降雨，使人间风调雨顺，五谷丰登。因此，龙总是象征着威力、神圣和吉祥如意。

C. 龙在中西文学文化中具有不同的象征意义。

D. 总之，在中国文化中，被想象得无比强大的龙象征一种凡人无可企及的美和境界。而在西方文化里，龙的强大成了令人恐惧的事情。龙越强悍，人类越无法驾驭，龙就越走向了人的对立面，被妖魔化成了一种邪恶的东西。由此可见，中西文化存在很多差异，需要我们去理解和体会。

E. 虽然从唐朝起龙已成为皇帝的象征，但在生活中，龙基本一直代表着美好事物。凡逢年过节，人们总要舞龙灯、赛龙舟以求吉祥幸福、国泰民安。汉语中与"龙"有关的词语大都是褒义词，如"卧虎藏龙""龙腾虎跃""龙飞凤舞""生龙活虎"等。

文章段落顺序：☐-☐-☐-☐-☐

六、根据中心论点选择相关论述和合适的例证，并在方框中打钩。

【中心论点】越南文学家阮攸（1766—1820）的诗歌创作深受唐代大诗人杜甫（712—770）的影响。

☐ 在词语方面，杜甫诗中的高频词语在阮攸诗中频繁再现。杜诗中常出现"白头""白首""老""哭""泪""病""悲"等词，这些词反映了杜甫对时代和自身身世的悲叹。这些高频词语也被阮攸大量运用到自己的诗歌中，表达一种相似的情怀。阮诗体现出与杜诗相似的美学风格，绝不是偶然的事。

☐ 除了杜甫，阮攸也深受中国杰出的浪漫主义诗人屈原（约前340—约前278）的影响。比如屈原的诗歌常表现自己品格的美好高洁、超凡脱俗，同时也写自己的孤独。阮攸对屈原诗歌的这一主题产生了共鸣，也常借"孤""独""惟""只""一"等词，表达相同的情感。

☐ 从写作手法来看，杜甫长于叙事写实，创作了大量反映百姓疾苦的诗歌。阮攸也借鉴了这一叙事手法，用诗歌反映社会现实。比如《龙城琴者歌》一诗，记述了自己出使中国途中，在龙城遇到一位歌者的事，深刻揭示了战争对百姓生活的影响。

☐ 在漫长的中国文学史上，《诗经》、楚辞、诸子散文、唐诗、宋词、明清小说等，代表了后人难以企及的一座座高峰。中国古典文学的辉煌成就也影响了其他国家。其中，越南文学就有选择地吸收了中国文学的精华，并且以不断的创新来满足越南人的审美需求。

☐ 杜诗重情感，诗歌所包孕的感情极丰富，极深厚，也极深刻。以思乡怀人诗为例，"月是故乡明"的千古绝句就出自他的《月夜忆舍弟》。阮攸创作的汉诗中也有众多的怀乡诗句，如"遥忆家乡千里外""千里乡心夜共长"等，也表达了诗人思乡怀亲的深沉情感。

七、阅读理解。

1　目前是世纪转折时期，也是一个以横向开拓为特点的文化转型时期。在这一时期，东西文化的碰撞、冲突和相互吸取无疑将是一项十分重要的内容。这一特点必将为比较文学研究开辟更大的学术空间。比较文学的真义就在于跨学科、跨文化、跨时代（仅指跨文化状态，如中国比较文学与西方现代文学之研究），冲决一切人为的、曾经神圣不可侵犯的界限，在各种边缘关系的重叠交合之中，在不同文化的人们的视野融合的基础上，寻求新的起点，创造新的未来，这就是世纪之交一切比较学科和边缘学科所面临的挑战和应肩负的重任。

2　当前比较文学发展的一个重要特点就是和文化研究紧密结合在一起。例如最近在法国取得显著成就的<u>形象学</u>就是如此。这门学问主要研究在不同文化体系中，文学作品如何构造他种文化的形象。16世纪以来，如英国著名作家克里斯托弗·马洛（Christopher Marlowe）的名作《帖木儿大帝》、意大利作家阿利瓦本尼（Arrivabene）的戏剧《伟大的尧》、英国浪漫主义诗人柯勒律治（Samuel Coleridge）的《忽必烈汗》、法国作家格莱特（Gueullette）的《中国故事集：达官冯皇的奇遇》以及爱尔兰作家哥尔德斯密斯（Oliver Goldsmith）的《世界公民》等都曾夸张地描写了中国的强大、奢侈、专制和智慧。稍后的一些作品如沃尔波尔（Horace Walpole）的《象形文字故事集》、笛福（Daniel Defoe）的《鲁滨孙思想录》则着重写了中国的迷信、拘礼、墨守成规、懒惰和无法理解。这些作品多半来自传闻和想象，它们塑造的中国形象不是乌托邦就是借用或讽喻。20世纪以后，情况有了很大变化。许多描写中国的作家，或是来过中国，或是对中国有过较多研究，如法国的谢阁兰（Victor Segalen）写《勒内·莱斯》，马尔罗（Georges André Malraux）写《人的命运》，英国作家巴拉德（J. G. Ballard）写《太阳帝国》，等等。他们都是从自己的文化观念出发，对中国社会进行实地考察，并对他们所关注的人类问题进行了深入的思考。再有一些作品，如卡夫卡

（Franz Kafka）的《万里长城建造时》、卡内蒂（Elias Canetti）的《迷惘》、博尔赫斯（Jorge Luis Borges）的《小径分岔的花园》、布莱希特（Bertolt Brecht）的《四川好人》等则是把中国作为世界的一部分，探索善恶、意义、过去、未来等全人类都在苦苦思索的共同问题。以上这些跨文化的文学形象首先反映了西方文化自身的需要和问题，也反映了西方人对中国文化的误读，同时也是中国人从多方面了解自己的一种镜像。

3 当前比较文学的另一特点是越来越趋向于一种多文化的总体研究：围绕一个问题或一种现象，在不同文化体系中进行相互比照和阐释。近年来，由于全球意识的急剧增长，人们认识到如果一种理论只适用于某一地区或某种文化，那就很难说其具有普遍意义。同时，人类遭遇的许多共同问题，也很难只由某一地区或某种文化来解决。过去比较文学中的主题学就是研究不同文化体系中的文学如何对待和探索人类共同遇到的问题，如"德"与"欲"的冲突、自我与他人的矛盾、两代人之间的"代沟"等等。

4 多种文化相遇，最重要的是能够相互理解。人的思想感情都是一定文化的产物，要排除自身文化的局限，完全像生活于他种文化的人那样去理解其文化几乎不可能。但如果我们只用自身文化的框架去切割和解读另一种文化，那么我们得到的仍然只是一种文化的独白，而不可能真正理解两种不同文化的特点。要达到上述目的，就必须有一种充满探索精神的平等对话，为寻求某种答案而进行多视角、多层次的反复对谈。对谈必须有能相互沟通的话语。这里说的话语并不单指语言，而是双方为达到某种共识和理解而必须遵守的规则。例如打排球就必须遵守打排球的规则，一方用排球规则，另一方用足球规则，游戏（对谈）就不可能进行。这种话语的构成是一个非常复杂的过程，它需要自身文学体系的整理、术语的翻译介绍、双方历史发展的回顾、不同文化社会背景的探讨等等。不同文化体系中的文学对话的研究，为比较文学开拓了新的、广阔的研究空间。

5 最后，还可以看到一种动向，那就是20世纪50年代以来，许多新的文学理论往往都在比较文学领域或各大学比较文学系找到试验的场地。这些新理论的运用大大推动了比较文学的发展，又反过来证实了理论的合理性。例如<u>接受美学</u>是20世纪后半期的显学。比较文学将接受美学应用于考察不同文化接触时的某些现象，这就为传统的影响研究开辟了许多新的层面。首先由于文化不同，"接受屏幕"不同，一部作品在本国和在外国被接受的状况也就各异。通过作品中某种成分被接受，或被拒绝，或被改造的复杂过程，不仅可以充分发掘出作品的潜能，而且也可以了解不同文化体系中审美心理的差别。其次，人们总是按时代和社会的不同需要来挑选自己所要接受的外来作品。这种需要和挑选一方面丰富了作品可能被解读的层面，另一方面又反过来增强了人们对时代和社会的感性认识。再次，对另一文化系统的作品的接受，往往会使自己对原来文化系统中由于太熟悉而"熟视无睹"的东西产生一种"陌生化"的效果，也就是获得一种全新的观察和体验角度。另外，接受理论为比较文学研究者提供了完全不同于过去体例的新编文学史的可能。总之，接受理论使我们更深入地认识到由各个文化体系所解读的、潜在于作品的各种可能性，广泛开拓了文学与文化之间的各种联系，因而为影响研究带来了全面活泼的生机，同时也为接受美学本身增添了更丰富的含义。

6 总之，比较文学无非是一种文学的新视野，它的跨文化、跨学科、跨时代的根本性质必然使它在即将到来的新世纪得到更大发展，并为铸造未来的多元共存的世界新文化做出应有的贡献。

（节选自乐黛云《乐黛云学术叙录·比较文学新视野——〈多元文化语境中的文学〉代序》。北京大学出版社，2021年版。）

1. 请给本文拟一个题目，写在文前的横线上。

2. 写出本文的内容提要和提纲。

【内容提要】（150字左右）

_____
_____
_____
_____
_____

【关键词】（3—5个）

_____ _____ _____ _____ _____

【提纲】

3. **查资料，解释下列概念。**

   （1）形象学（第2段）

   （2）接受美学（第5段）

4. 画出文中所提到的欧美文学家的名字，并指出文章提到他们是为了说明什么观点。请选择其中的一位加注，注释内容包括其所处时代、身份、成就及历史影响。

论文设计与讨论

一、根据"课前准备"中的选题,确定一个你感兴趣的话题,并拟一个论文题目。也可以根据课文内容自己确定一个题目。

_____

二、根据论文题目,整理已有材料,并补充新的资料。列出其中有参考价值的论文或专著(各2种)(写出作者、论文名、杂志名/书名等基本信息)。

1._____
2._____
3._____
4._____

三、小组讨论。

1. 介绍你阅读的一篇重要论文的观点。按论文要点进行介绍。

_____
_____
_____
_____
_____

2. 介绍你的论文设想,同学发表意见,共同完成提纲。

_____
_____
_____
_____
_____
_____

第四课　男女平等观念和"她"字的际遇

黄兴涛

课文导览

【作者简介】

黄兴涛（1965—　），湖北人。中国人民大学教授。主要研究领域为近三百年中国思想史、社会文化史和中西关系史。其中，对近代中国所产生的新名词和新概念的研究视角多维，史料翔实，分析深入，引起的反响尤为热烈。主要论著有《文化怪杰辜鸿铭》《文化史的视野：黄兴涛学术自选集》《"她"字的文化史：女性新代词的发明与认同研究》《中国文化通史·民国卷》《重塑中华：近代中国"中华民族"观念研究》等，译著有《中国人的精神》《中国人自画像》《辜鸿铭文集》等，主编的著作有"西方视野里的中国形象"译丛、"文化名门世家丛书"、《新史学：多学科对话的图景》等。

【作品出处】

课文选自《"她"字的文化史：女性新代词的发明与认同研究》第五章第一节。有删减。课文题目为第五章副标题。福建教育出版社，2009 年版。

【文体说明】

课文节选自学术著作，可作为学术论文来学习。从内容来看，课文主要阐述了五四时期男女平等观念对"她"字的使用所造成的阻力，以及确立"她"字为女性第三人称代词的提案得以通过的过程。文章结构清晰，史料丰富，展示了"她"字极其曲折而生动的创用脉络。通过课文不仅能学习论文的基本写法，学习如何引用资料，同时还可以了解汉语在现代变革期所遇到的来自语言、文学、性别意识、思想观念等方面的挑战。

课前准备——口头／书面报告选题

1. 新文化运动与《新青年》杂志的深远影响；
2. 白话文运动与中国现代文学的诞生；
3. 五四新女性与新女性作家；
4. 刘半农、周作人与"她"字的提出；
5. 女性主义的概念；
6. 现代"社会性别研究"的基本状况。

课　文

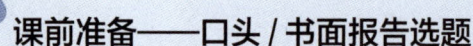 04–01

1　"她"字诞生于五四时期，最先孕育于《新青年》[1]同人内部，最早被追赶"新潮"的北大和其他高校那些致力于文学革命[2]的"新青年"们所大胆"尝试"，其得以运用之初，也正是国内"男女同校"[3]"妇女解放"的呼声响亮，国际上妇女参政运动处于高潮之际……凡此种种，都不难引发今人对现代"男女平等"观念与"她"字问世的正当性论证之间历史关系的无限联想。在今人眼里，至少在想象力并不发达的笔者看来，与"伊"字[4]那容易带给人的"小鸟依人"的感觉相比，"她"字与"他"同音近形，似乎也更能显现一种与男子平起平坐的"独立"而"解放"的妇女形象，并因此与历史记忆中的"五四新女性[5]"紧密地联系在一起。

2　然而，尽管从历史的背景去分析，"她"字的创用、流行与男女平等的现代意识之潜在作用，肯定有着密切而微妙的关联，这也是今人在解释"她"字诞生时，很容易想当然就得出的结论，但事实上，翻遍当年讨论有关问题的历史文献，我却从未见到直接从男女平等这一现代观念出发，公开为"她"字进行合法性论证的正式文字。恰恰相反，这一观念，倒成为当时不少人反对"她"字最重要而有力的思想根据之一。

补充注释

[1] 《新青年》：1915年9月由陈独秀（1879—1942）在上海创办。原名《青年杂志》，次年改称《新青年》。面向青年，宣传民主（Democracy，"德先生"）与科学（Science，"赛先生"），提倡新文学，反对旧文学，提倡白话文，反对文言文。许多思想家和文学家都在该刊发表文章。1918年5月15日第4卷刊发了鲁迅先生创作的现代文学史上第一篇白话小说《狂人日记》。1926年第5号出版后终刊。《新青年》的创刊标志着新文化运动的兴起。

[2] 文学革命：新文化运动的一个组成部分。以胡适（1891—1962）1917年在《新青年》第2卷发表《文学改良刍议》一文为开端。胡适在文章中提出新文学"须言之有物、不摹仿古人"等八项主张，提倡白话文，揭开了文学革命的序幕。

[3] 男女同校：男女同校读书，女性享有平等的受教育权。这是新文化运动中教育改革的一个重要方面。1916年，蔡元培（1868—1940）出任北京大学校长，推行"思想自由，兼容并包"的方针。1920年，北大首次招收女学生，这是近代以来男女同校的开端。

[4] "伊"字："伊"在古汉语中即有代词用法，表示第二人称或第三人称单数。新文化运动时期，开始流行用"伊"字表示女性第三人称单数。

[5] 五四新女性：在新文化运动时期，伴随着《新青年》1918年开始的关于妇女问题的大讨论，追求妇女解放的社会思潮开始涌现。这个时代的妇女开始要求在婚姻、家庭、教育、职业、政治等方面与男性享有相同的权利。1919年五四运动后，追求男女平等的妇女运动声势更为浩大。追求个性解放、教育平权，走出家庭，追求婚恋自由，积极参加社会活动，这是"五四新女性"的典型形象。

阅读提示（一）

1. "她"字是在什么背景下诞生的？
2. 在今人看来，"伊"与"她"哪个字更能体现妇女"独立"而"解放"的形象，更具有五四时代感？为什么？
3. 作者认为"她"字的创用与流行跟男女平等观念有无关系？他的根据是什么？

🎧 04-02

3 以男女平等观念反对"她"字有三种表现。

4 一种表现，是有人借男女平等观念，根本反对"第三人称"男女性别词的区分。这可以以1920年4月16日"她"字问题争论高潮中，有个叫壮甫的人发表在《觉悟》

上的一封公开信为代表。该信写道：

> 现在一般提倡新文化的人，对于妇女解放问题，不都是正在高声说什么"剪发""去裙""废装饰""男女交际公开""男女同校"的顶流行顶时髦的话吗？他们所以这样不遗余力地鼓吹，是什么缘故呢？无非是想将男女的阶级拆掉他，界限打破他，叫世界上的男女，除开生理的关系外，没有区别，一同走到"人"的地位去。既是这样，那我就有一件不可解的事了。
>
> "她"这个字，是不是指女的"他"字呢？如果是的，我就有点意见，发表在下面：
>
> （一）这"她"字或者仿效英文 she 意思；（二）或是我国文字里原有的。二者之中，无论如何，我都是极端不赞成。为什么呢？若说从外国学来的，那我敢说这番的学西人，就太没学好了！在这个竭力消灭男女行迹的时候，标出这样一个新式样的"她"字，把男女界限，分得这样清清楚楚，未免太不觉悟了。若说是我国文字里原有的，古书上本来不是这样解释，即使是这样解，几千年的旧礼教、旧习惯，都要废掉，难道一个无谓的事，不应该废掉的吗？[1]

5　持这种意见的人绝非少数几个，而是时有所见。如仅两个月之后，就又有一名叫忆萱的人给《民国日报》的编辑邵力子[6]写信，对《觉悟》杂志总好改"他"为"她"字来区分男女第三人称表示疑惑和不满。该信写道："觉悟栏内，不是主张不分男女界限吗？我记得以前还有人批评女子不应当有女士的称呼，说'男子不称男士女子为何要称女士？'。现在用这'她'字，不是异曲同工么？照这样分别起来，那么……凡有关于女性的代名词，都应加一女字偏旁才行，这种也算是新文化吗？是应当提倡的吗？"[2]

6　当然，这样一种意见也随即遭到了反驳。如前述那个"壮甫"的信发表后，主张男女第三人称单数词要加区分的大同[7]其人就很快回击道："现在我们是研究文字上混用男女两性的第三身单数的代名词，并不是主张男女要有区别。这是壮甫君误会了！照壮甫君底意思，要男女两个字都消灭，从新造一个男女兼性的字来代用。这个字或

---

[1] 壮甫，《"她"字的疑问》，可见《新人》杂志第 2 号全文转登。
[2] 忆萱、力子，《第三身女性代名词的讨论》，1920 年 6 月 27 日《觉悟》"通讯"栏。当时，表达相关意见的还有：陆元，《男女不必分得那么清楚》，1920 年 7 月 12 日《觉悟》"通讯"栏；天，《解放妇女问题该泯灭男女界限》，1922 年 10 月 30 日《觉悟》。

者可以造，但不过要世界上的人都变为男女兼性，是不能够造的。"³邵力子在给忆萱的公开回信中，也表达了类似的意思。他说："第三身的单数代名词，女性和男性不同，不过为文字上容易辨别，和男女不分界限的主张，没有妨碍。这个理由，说过的人已很多。第一身和第二身的女性代名词，不必加女字偏旁，也曾经多人讨论过了。……不过我们要认定这完全是文学上的问题，与男女界限是没有关系的。"⁴

7 五四时期男女平等观念影响"她"字问题的第二种表现，是当时有人主张把"他"字留作男女公用的符号，"他字下男性注男字，女性注女字"，也就是分别写作"他男"或"他女"。这种意见，故意与此前周作人[8]那种把"他"字留给男性、以"他女"代表女性的主张有所区别，显然也是基于男女平等的原则。但最终，此种与"她"字竞争的意见却被时人认为"笨拙"而遭到淘汰，影响很小。⁵

8 当时，借男女平等的理念反对"她"字的第三种表现，也是影响最大最长久的一种表现，则是拿"她"与"他"字的偏旁说事，以此拥护女性第三人称单数词使用"伊"字。有些女权运动[9]的实践者甚至因此长期公开地拒用"她"字。

9 率先从这个角度出发考虑问题而别出奇招的，还是那个带头公开反对"她"字的寒冰。1920年4月，他在《关于她字问题的申论》中，说明将"她"字读作"伊"音、不如"径用伊字"的时候，就曾指出："因为他字是人旁，伊字也是人旁，在男女平等的精神着眼，既属公平，还免了十分矫揉[10]的形式，比较上是好的。"只不过寒冰当时的主要争论点并不在此，没能就此展开发挥，也未见有人对此及时地做出回应而已。

10 实际上，从各种相关记载来看，当时流传在社会上的有关反对意见或情绪还是不少的。如1922年，《时事新报》的副刊《现代妇女》上就曾载文说："某报上有位先生，做了篇文章，中间用了许多'魤'字，累铸字房的工人忙得汗如雨下——据说是替'她'字复仇的。"⁶这当然也是男女平等的意识使然。

补充注释

[6]邵力子：1882—1967年。教育家、社会活动家。1916年与叶楚伧（1887—1946）共同担

---

3 见大同《"第三身代名词"底研究》一文。
4 见忆萱、力子《第三身女性代名词的讨论》。
5 此意见原为著名戏剧文学家陈大悲概括出来。大同认为："他字下男性注男字、女性注女字，我想世界上没有这种不怕麻烦的笨人。"见大同《"戏剧"里第三身女性代名词》。
6 友鸾，《"女士"和"她"》，1922年9月16日《现代妇女》。

任《民国日报》的主编。1919年又创办《民国日报》副刊《觉悟》，并担任主编。

[7] 大同：其有关"她"字的两篇文章，《"第三身代名词"底研究》载于1920年《新人》杂志第2号，《"戏剧"里第三身女性代名词》发表于《觉悟》1921年6月7日"通信"栏。

[8] 周作人：1885—1967年。散文家、翻译家，新文化运动的代表人物之一。鲁迅之弟。

[9] 女权运动：也称女性运动、妇女解放运动。不同历史时期有不同的理论流派和运动目标。

[10] 矫揉：意思是做作，不自然。

阅读提示（二）

1. 以男女平等观念反对"她"字有哪几种表现？其中哪一种表现文章介绍得最详细？
2. 第一种表现是什么？包括哪几段？文章中提到的反对者有几位？他们的依据是什么？反驳他们观点的人，文章中提到了几位？他们是怎么反驳的？
3. 第二种表现是什么？其影响如何？为什么？
4. 第三种表现是什么？包括哪几段？其影响如何？文章中以谁的观点作为例证？
5. 第10段的主要内容是什么？与第3—9段是什么关系？

04-03

11　1924年夏，中华教育改进社[11]专门开会讨论"采用他、她、牠"的提案。参加过这次讨论的朱自清先生[12]，曾以幽默的文学笔调记录下有关内容，也证明了上述观点的普遍存在。由于朱氏的记录极为生动，且别有寓意，我们有必要引述得长一点：

（此案）讨论的中心点是在女人，就是在"她"字。"人"让他站着，"牛"也让"牠"站着；所饶不过的是"女"人，就是"她"字旁边立着的那"女"人！于是辩论开始了。一位教师说："据我的'经验'，女学生总不喜欢'她'字——男人的'他'，只标一个'人'字旁，女子的'她'，却特别标一个'女'字旁，表明是个女人；这是她们所不平的！我发出的讲义，上面的'他'字，她们常常要将'人'字旁改成'男'字旁，可以见她们报复的意思了。"大家听了，都微微笑着，像很有味似的。另一位却起来驳道："我也在女学堂教书，却没有这种情形！"海格尔的定律[13]不错，调和派来了，他说："这本来有两派：用文言的欢喜用'伊'字，如周作人先生便是；用白话的欢喜用'她'字，'伊'字用的少些；其实两个字都是一样的。""用文言的欢喜用'伊'

字",这句话却有意思!文言里间或有"伊"字看见,这是真理;但若说那些"伊"都是女人,那却不免委屈了许多男人!周作人先生提倡用"伊"字也是实,但只是用在白话里;我可保证,他绝不曾有什么"用文言"的话!……于是又冤枉了周先生!——调和终于无效,一位女教师立起来了。大家都倾耳以待,因为这是她们的切身问题,必有一番精当之论!她说话快极了,我听到的警句只是:"历来加'女'字旁的字都是不好的字,'她'字是用不得的!"一位"他"立刻驳道:"'好'字岂不是'女'字旁么?"大家都大笑了。在这大笑之中,忽有苍老的声音:"我看'他'字譬如我们普通人坐三等车;'她'字加了'女'字旁,是请她们坐二等车,有什么不好呢?"这回真哄堂了,有几个人笑得眼睛亮晶晶的,眼泪几乎要出来;真是所谓"笑中有泪"了。后来的情形可有些模糊,大约便在谈笑中收了场;于是乎一幕喜剧告成。

"二等车""三等车"这一个比喻,真是新鲜,足为修辞学开一崭新的局面,使我有永远的趣味。……但这个"二三等之别"究竟也有例外;我离开南京那一晚,明明在三等车上看见三个"她"!我想:"她""她""她"何以不坐二等车呢?难道客气不成?——那位辩士的话应该是不错的![7]

12 朱自清上面的这段记述,令人咀嚼回味的地方委实不少。先拿站在女性立场反对"她"字的那位女教师来说,当她愤然指出古来凡带有"女"字旁的汉字都不是什么好字,因而遭到"'好'字岂不是'女'字旁么"的简单诘问时,竟然会变得无言以对!可见那时"女权主义"思想的传播及其引发的女性自卫意识的深刻程度还是相当有限。要是换了现代那些伶牙俐齿的女权主义者,她们一定会立马反驳道:"表面上看起来,'好''妙'这些字的确是好辞,但也不过都是拿女子当赏玩之物,它正好表明社会上看问题的男性眼光,反映出的也恰恰是男性主宰的社会特质与男性中心的文化立场,只是比较起'奸''妓'等字来,这些字要显得更具有隐蔽性和欺骗性罢了!"不知当时那些"她"字的维护者们,若是现场即遭遇到这一类反击,又将何以应答。

13 毫无疑问,朱自清的上述记录文字中,更令人玩味之处,还在于"让女人坐二等车,男人坐三等车"的奇妙比喻——那连朱氏本人也感慨不已,以为"修辞学"别开生面的新鲜创造之"苍老的声音"。正是它,使得与会者,包括最初的女性反对者,最终似乎都轻松地接受了"她"字提案。

---

7 朱自清,《旅行杂记》。收录于散文集《背影》,上海开明书店,1928 年。

补充注释

[11] 中华教育改进社：1921年12月成立，是当时中国最大的教育研究团体。以"调查教育实况，研究教育学术，力谋教育改进"为宗旨，有效地推进了新教育的研究与实践，促进了中国教育的现代化。

[12] 朱自清先生：1898—1948年。中国现代散文名家、诗人、学者。其散文既有白话文的质朴平易，又有古典诗词的深邃意境，文字清新秀美。代表作有《匆匆》《春》《背影》《荷塘月色》《桨声灯影里的秦淮河》等。其游记《欧游杂记》和《伦敦杂记》也有较大影响。

[13] 海格尔的定律：海格尔（Ernst Haeckel, 1834—1919），现译成"海克尔"，德国博物学家、进化论者。在1866年出版的《普通形态学》一书中提出了"生物发生律"，也叫"重演律"，中心观点是："个体发育史是系统发展史的简短而迅速的重演。"这也就是文章这里所说的"海格尔的定律"。朱自清使用这个概念是想表示同一现象的重复出现，即当出现矛盾时，总有调和派出现。

阅读提示（三）

1. 从第11段来看，1924年中华教育改进社讨论的第三人称单数代词的提案中，包括哪几个词？

2. 从朱自清先生的记录来看，会议讨论的"中心点"是什么？有几种意见？提出后分别有怎样的反应？与会者最后为什么接受了"她"字的提案？

3. 从第12、13段来看，作者认为朱自清先生的记述中，哪些地方"令人咀嚼回味"？为什么？"更令人玩味之处"又是什么？

课文回顾与思考

1. 对于课文中提到的使用"她"字的反对和支持意见，你的看法是什么？为什么？

2. 你认为"她"字提案获得通过是不是仅仅是修辞学的胜利？为什么？

3. 从关于"她"字的种种讨论来看，你对于五四时期的学术风气有什么认识？

4. 你认为是否应该用男女平等观念或女权主义思想来看文字学问题，比如"女"字旁的汉字与女性的关系？为什么？

5. 从课文所引用的 20 世纪 20 年代大量的文章来看,你认为那时的语言在句式、用词,还有汉字的使用方面,与现在有没有区别?你阅读时有没有遇到困难?请举例说明。

提要与提纲

写出课文的内容提要（250 字左右）和关键词（3—5 个）,并完成提纲示例表。

【内容提要】_____

_____

_____

_____

_____

【关键词】_____ _____ _____ _____

【提纲示例】

文章结构		论点	例证
一 （1—2）		男女平等观念是不少人反对使用"她"字最重要的思想根据之一。	
二 （3—10）	（一） （3）		
	（二） 4—6	第一种表现,反对"第三人称"男女性别词的区分。	①壮甫在《觉悟》上发表的公开信; ② ③
	（三） 7		陈大悲的意见。
	（四） 8—9		
	（五） 10		"男她"字的使用。
三 （11—13）		"她"字提案获得通过。	

词语表

🎧 04-04

序号	词语	拼音	词性	搭配举例
1	同人○	tóngrén	名	报界/史学界/文艺界/医学界/企业界～；◎学界～
2	新潮○	xīncháo	名/形	追赶/紧跟～；发型/服装/思想～
3	高校	gāoxiào	名	一流/重点/普通～；～教师/学生
4	致力于○	zhìlì yú		～研究/探求/发展/解决
5	呼声○	hūshēng	名	改革/正义/民主～；民众/社会～；～高/强烈；倾听～
6	响亮○	xiǎngliàng	形	声音/歌声/口号～；◇名字～
7	参政	cān//zhèng	动	妇女/人民～；～意识/水平；◎～权/党
8	今人	jīnrén	名	
9	问世○	wènshì	动	作品/著作/教材/电脑/网络/技术～
10	笔者	bǐzhě	名	
11	显现○	xiǎnxiàn	动	作用/功能/优势/才能～；逐步/日益～；～出/出来
12	平起平坐	píngqǐ-píngzuò	成语	
13	想当然	xiǎngdāngrán	动	～（地）认为
14	从未○	cóngwèi	副	～讲过/做过/承认/放弃/停止
15	恰恰相反○	qiàqià xiāngfǎn		
16	人称	rénchēng	名	◎～代词；第一/第二/第三～
17	公开信○	gōngkāixìn	名	写/发表～；致……的～
18	时髦○	shímáo	形	发型/服装/话题/词语/说法/行业～；赶/追求～
19	鼓吹	gǔchuī	动	～理论/观念/主张；极力/大肆/公开～
20	阶级	jiējí	名	～意识/斗争；◎统治/被统治～
21	界限○	jièxiàn	名	划定/突破/打破/划清～；行业/区域/身份/年龄～；～分明
22	除开	chúkāi	介	～……外/以外/之外

23	生理	shēnglǐ	名	~特点/现象/活动/需要；◎~学；~反应/机制/指标；~性别
24	仿效	fǎngxiào	动	~做法/行为/制度/他人
25	行迹	xíngjì	名	~可疑/不定；不露/掩藏/暴露~
26	标	biāo	动	~出/上
27	式样	shìyàng	名	新~；衣服/产品/建筑~；~新颖/陈旧
28	未免	wèimiǎn	副	~（太）可笑/片面/单调/夸张/天真
29	礼教	lǐjiào	名	传统/儒家~；◎旧/封建~
30	无谓	wúwèi	形	~（的）浪费/争论/竞争/牺牲
31	持	chí	动	~……意见/看法/观点/主张
32	民国	Mínguó	名	◎~政府/时期
33	栏	lán	名	◎工具/广告/书评/宣传~
34	偏旁	piānpáng	名	汉字/表音/表意~
35	单数	dānshù	名	第一人称~；~形式
36	回击	huíjī	动	~诽谤/嘲讽/（错误）做法；给予/予以/进行~；坚决/有力~
37	混用	hùnyòng	动	两者/新旧/多语种/繁简体~；不可/不宜~
38	两性	liǎngxìng	名	~关系/差异；男女~
39	辨别	biànbié	动	~方向/位置/色彩/声音/味道；~是非/真假/善恶/美丑；~出/出来；◎~能力
40	公用	gōngyòng	动	◎~经费/设施/电话/事业
41	有所	yǒusuǒ	动	~发展/提高/好转
42	时人	shírén	名	
43	笨拙	bènzhuō	形	动作/手脚/身体/家具/式样~；◇手段/方法~
44	淘汰	táotài	动	~旧设备/落后技术/不合格人员；被~；◎~率/制
45	理念	lǐniàn	名	树立/坚持……~；◎教育/教学/管理/经营/生活~
46	说事	shuōshì	动	拿……~

47	拥护○	yōnghù	动	~政党 / 政策 / 主张 / 做法;得到 / 受到~
48	女权	nǚquán	名	◎~运动 / 主义 / 主义者
49	奇招	qí zhāo		出 / 使出 / 各出 / 各有~
50	带头○	dài//tóu	动	~实行 / 遵守;起~作用;◎~人
51	申论	shēnlùn	动 / 名	~主张 / 观点
52	免○	miǎn	动	~门票 / 食宿费
53	副刊	fùkān	名	报纸 / 文艺 / 儿童~
54	累	lěi	动	~……受苦 / 受罪
55	铸	zhù	动	~钟 / 剑 / 兵器;◎~成大错
56	使然	shǐrán	动	制度 / 文化 / 环境 / 性格~
57	提案	tí'àn	名	提出 / 讨论 / 修改 / 通过 / 否决~
58	笔调	bǐdiào	名	~细腻 / 抒情 / 浪漫 / 风趣 / 幽默
59	上述○	shàngshù	形	~内容 / 问题 / 原因 / 观点 / 言论
60	寓意○	yùyì	名	~深刻 / 深奥 / 吉祥 / 丰富;富有~
61	引述	yǐnshù	动	~理论 / 观点 / 材料 / 古话
62	案	àn	名	旧~
63	饶○	ráo	动	~(某人)一回
64	讲义	jiǎngyì	名	教学 / 授课~
65	报复○	bàofù	动	~他人 / 社会;受到~;◎~心理 / 行动 / 行为
66	微微	wēiwēi	形 / 副	~细雨;~一笑 / 前倾 / 下垂 / 发福
67	驳	bó	动	~观点;◎不值一~
68	学堂○	xuétáng	名	办 / 进~;新式~;◎女 / 女子 / 洋~
69	定律	dìnglǜ	名	牛顿力学 / 能量守恒~
70	文言	wényán	名	◎~文 / 小说 / 词语
71	欢喜	huānxǐ	动 / 形	满心~;◎皆大~;空~
72	白话	báihuà	名	◎~文 / 小说;大~
73	间或	jiànhuò	副	~出现 / 听到 / 看到

74	冤枉○	yuānwang	动/形	～他人/好人；受～；◎～路/钱
75	倾耳	qīng ěr		～细听/静听
76	切身○	qièshēn	形	～利益/体会/体验/感受；～体会到/体验到/感受到
77	精当	jīngdàng	形	语言/论述/意见～
78	警句	jǐngjù	名	名言～
79	岂	qǐ	副	◎～料/有此理
80	哄堂	hōngtáng		◎～大笑
81	亮晶晶	liàngjīngjīng	形	眼睛/星星/水珠～
82	收场	shōuchǎng	动/名	草草/匆匆/早早～；以（失败/悲剧）～
83	于是乎	yúshìhū	连	
84	幕○	mù	量/名	一～喜剧/话剧；◇一～～场景/场面/情景/往事
85	告成	gàochéng	动	◎大功～
86	修辞学	xiūcíxué	名	
87	崭新○	zhǎnxīn	形	～（的）衣服/建筑/面貌/阶段/局面/时代
88	何以	héyǐ	副	～证明/辨别/报答；◎～知之
89	辩士	biànshì	名	
90	记述	jìshù	动	～历史/事件/事迹/过程
91	回味○	huíwèi	动/名	（讲话/电影/文章/生活）令人/值得～；～无穷
92	委实	wěishí	副	～不易/难得
93	愤然	fènrán	形	～离开/拒绝/辞职
94	诘问	jiéwèn	动	发出/面对～
95	无言以对	wú yán yǐ duì		
96	自卫○	zìwèi	动	正当/被迫～；～战争/行为/行动/意识；◎～权
97	伶牙俐齿	língyá-lìchǐ	成语	
98	立马	lìmǎ	副	～回答/答应/见效

99	赏玩	shǎngwán	动	~书画/艺术品
100	主宰○	zhǔzǎi	动/名	~自我/万物/自然/世界/命运
101	隐蔽○	yǐnbì	动/形	动作/手法~；◎~性
102	欺骗○	qīpiàn	动	~朋友/消费者/民众；~手段/行为；受~；◎~性
103	反击○	fǎnjī	动	~（敌人）入侵/进攻；奋起/英勇~；◎~战；自卫~
104	应答	yìngdá	动	随口/无人~；◎~自如
105	玩味	wánwèi	动	（诗词/哲理/道理）令人/值得~
106	不已○	bùyǐ	动	激动/兴奋/赞叹/感慨/愤怒~
107	别开生面	biékāi-shēngmiàn	成语	
108	与会	yùhuì	动	~人员/代表/国家；◎~者

词语例释

1. 从未

未：没有。从来没有。后接"动词+过/到"，或"这样/如此+形容词"。如：

（1）不管历史上两国政治关系如何，经济和文化的交流从未中断过。

（2）要把自己从未经历过的生活演好，对任何一个演员来说都是一个挑战。

（3）对于一个从未接触过汉字的学习者来说，一开始就写"谢、哪"这样的汉字难度是不小的。

（4）事实上，翻遍当年讨论有关问题的历史文献，我却从未见到直接从男女平等这一现代观念出发，公开为"她"字进行合法性论证的正式文字。

（5）每周我们都会碰面讨论一下工作情况，但争论从未像今天这样激烈。

（6）第一次一个人出门旅行，我一直担心有什么没有准备好，精神从未如此紧张。

2. 未免

副词。有两个义项。

其一，不能不说是……。后接动词性或形容词性成分，表示说话人不赞成某种行为。语气比较委婉。动词或形容词前常有程度副词"有点、不大、过于、太"修饰。如：

（1）他都成年了，一个人独立生活没有问题，你的担心未免多了些。

（2）因为搬家，有些家具不能带走，扔掉未免有点浪费，还是送给需要的人吧。

（3）聚会刚刚开始，你就急着走，未免不大礼貌，还是再坐一会儿吧。

（4）没有户外探险经验，出于好奇就要闯无人区，未免过于自信、过于乐观了。

（5）在这个竭力消灭男女行迹的时候，标出这样一个新式样的"她"字，把男女界限，分得这样清清楚楚，未免太不觉悟了。

其二，用法同"不免"，表示不能避免某种情况的发生。如：

（6）听说现在生态变好，郊外的山林野猪又出现了。一个人散步未免有点害怕。

（7）看到同屋在校园歌手大赛中获奖，我非常高兴，但同时未免有些遗憾，因为自己没有一点音乐细胞。

3. 岂

副词。表示反问，多用于书面语，意思相当于"难道、哪里、怎么"等。有两个基本用法。

其一，后接动词肯定式，"岂 + 动词"表示否定。常与"能、肯、有、知"等单音节动词连用，强调"不能、不肯、没有、不知"的意思。"岂"与"敢、可"结合构成动词"岂敢、岂可"，分别表示"哪里敢、怎么可以"的意思。成语"岂有此理"，意思是没有这样的道理，表示对某事的不满。如：

（1）留学的机会非常难得，岂能随意放弃？

（2）他品行高尚，岂肯做陷害朋友的不义之事？

（3）学无止境，岂有不努力就成功的道理？

（4）原以为古城不太，一天的参观时间绰绰有余，岂知值得细看的地方太多了，我们又待了一天。

（5）作为一名医生，我深知治病救人责任重大，岂敢有半点马虎？

（6）对于一个不讲信用的人，我们岂可轻易相信他的承诺？

（7）现在都什么年代了，还宣扬大男子主义，真是岂有此理！

其二，后接"不、不是、非"等表示否定的词语，"岂 + 不/不是/非"强调肯定意味。如：

（8）四月牡丹花开，公园里赏花的人络绎不绝，大家唯恐错过了花期。若辜负了美景，岂不遗憾？

（9）"好"字岂不是"女"字旁么？

（10）自己不讲道德，却要求别人做君子，岂非自相矛盾？

成语运用

1. 平起平坐

平等地起来或坐下。比喻双方处于同等的地位,权力相当,或待遇相同。使用中相当于动词,多做定语、谓语,常用"……与……平起平坐"的格式。用于口语。如:

(1)在今人眼里,至少在想象力并不发达的笔者看来,与"伊"字那容易带给人的"小鸟依人"的感觉相比,"她"字与"他"同音近形,似乎也更能显现一种与男子平起平坐的"独立"而"解放"的妇女形象。

(2)在中国,书法历史悠久,是与绘画平起平坐的一门艺术。

(3)在一些足球大国,足球已成为与许多重要行业平起平坐的支柱产业。

(4)一般来说,一国之内,首都的政治地位最高。哪座城市敢跟它平起平坐呢?

(5)联合国工作语言一共有六种:阿拉伯文、中文、英文、法文、俄文和西班牙文。就全球通用性来看,似乎还没有哪一种语言可以和英文平起平坐。

(6)他刚入职,还没做出一点成绩,就想跟老员工平起平坐,看来还不了解公司生态。

2. 伶牙俐齿

形容人口齿伶俐,会说话,反应快,善于辩论。用于口语,略含戏谑的口气。使用中相当于形容词,常做定语、谓语,有时也做状语。如:

(1)要是换了现代那些伶牙俐齿的女权主义者,她们一定会立马反驳。

(2)他从不跟伶牙俐齿的同事们争辩,真的辩论起什么问题来,他也占不了上风。

(3)看她伶牙俐齿、能言善辩的样子,老师和同学常常半真半假地建议她去做发言人。

(4)对门邻居家女儿才四岁,但伶牙俐齿,能说会道,问她什么都能讲出个一二三来。

(5)儿子内向,不善言辞,但偏偏想当律师,父母有点发愁,哪个律师不是伶牙俐齿的?有不需要说话的律师吗?

(6)还在幼儿园的时候,这孩子就能伶牙俐齿地反驳老师了。天生的好口才!

3. 别开生面

生面:新的面貌。比喻创造出一种新的形式或风格,开创一种新的局面,强调创新性。一般用于艺术创作或表演,以及活动的设计。使用中相当于动词,多做定语、谓语,有时也做状语。如:

(1)朱自清的上述记录文字中,更令人玩味之处,还在于"让女人坐二等车,男人坐三等车"的奇妙比喻——那连朱氏本人也感慨不已,以为"修辞学"别开生面的新鲜创造之"苍老的声音"。

（2）人们对1959年何占豪、陈钢创作的小提琴协奏曲《梁山伯与祝英台》至今仍赞不绝口。用小提琴协奏曲的形式表现一个带有剧情的故事，本身就是一种别开生面的尝试，并且取得了巨大的成功。

（3）最近有幸参加了一次动物园的园庆活动。活动主角除了动物园负责人及其他工作人员，还有大象、斑马、长颈鹿等贵宾。游客们都被这别开生面的园庆活动迷住了。

（4）今年学校组织的学生暑期活动别开生面，旅游的同时还结合实地考察进行学术讨论，学生们收获甚丰。

（5）作为公共图书馆的便民设计，24小时城市书房可谓别开生面，为全民阅读提供了珍贵的平台。

（6）在2017年杭州举办的首届中国国际茶叶博览会上，一场茶与咖啡的跨界对话别开生面地开始了。参展的既有主角茶叶，也有嘉宾咖啡。

练 习

一、解释加点语素的意思，并根据拼音完成新词，同时说明其词义。

1. 新潮（　　　　）
   rè____潮
   nù____潮

2. 参政（　　　　）
   参 jūn____
   参 yǎn____

3. 合法（　　　　）
   合 lǐ____
   合 pāi____

4. 混用（　　　　）
   混 biān____
   混 dā____

5. 认定（　　　　）
   pàn____定
   píng____定

6. 女权（　　　　）
   nán____权
   zhí____权

7. 拒用（　　　　）
   拒 bǔ____
   拒 qiān____

8. 奇招（　　　　）
   jué____招
   miào____招

9. 调和派（　　　　）
   lètiān____派
   xiāoyáo____派

10. 提案（　　　　）
    yì____案
    yù____案

97

二、词语搭配与填空。

声音	深刻
式样	分明
界限	响亮
寓意	隐蔽
手法	时髦

（1）我买电器，从来实用就行，_____是否_____我并不特别关注。

（2）寓言是一种用比喻性的故事来说明道理的文学体裁，虽然篇幅短小，但_____往往很_____。不少成语就是这样的寓言故事，如守株待兔、叶公好龙等。

（3）在一个等级森严的社会中，各阶层_____ _____，很难逾越。

（4）欺骗消费者的行为一直都存在，只是有些_____比较_____，不易发现罢了。

（5）在树林中，啄木鸟是很容易被发现的，它们敲击树木的_____非常_____，而且富于节奏。

追赶	真伪
显现	优势
发表	新潮
辨别	社会
报复	公开信

（6）为了获得同学们的支持，文化周组织者在学生群里_____了一封致全校学生的_____，呼吁大家积极报名参加活动，或做志愿者。

（7）这是一座时尚、浪漫的城市，一年一度的时装博览会充满了_____ _____的气息。

（8）他因酒驾被拘留了。我猜可能是因为一时心情不佳，说他因为失业想_____ _____，我是不太相信的。

（9）留学回国人员的学历可以向教育部留学服务中心申请认证。认证内容包括_____文凭的_____，以及所就读的学校是否被所在国认可。

（10）由于高铁带来的交通便利，该地区经济和旅游方面的_____已慢慢_____出来。

第四课 男女平等观念和"她"字的际遇

淘汰	命运
拥护	好人
冤枉	政策
主宰	公众
欺骗	技术

（11）乐观论者认为，人可以_____自己的_____，所以不必因一时的挫折而悲观失望。

（12）能给大家带来实惠的_____，大家才会真正_____。

（13）在科技飞速发展的今天，不仅是陈旧的_____，就连我们人本身，不合格也会被_____。

（14）明星代言，拍虚假广告，这是_____ _____的违法行为。

（15）如果没有证据，不要随便怀疑别人，更不能_____ _____。

◎

学界	设施
生理	理念
公用	性别
教育	学堂
女子	同人

（16）如今已经消失了的街头电话亭，曾经是便利全民的_____ _____，美丽街景不可或缺的一部分。

（17）在西方女性主义理论中，社会性别（gender）是一个中心概念，指有别于_____ _____的社会角色。

（18）天津南开大学的创办者张伯苓先生（1876—1951）被誉为"中国现代教育的一位创造者"，他重视体育、美育的_____ _____直至今天仍有借鉴意义。

（19）在中国近代史上，1898年创建于上海的"中国女学会书塾"被视为中国人自己创办的第一所_____ _____。

（20）论文发表以后，他很期待能得到_____ _____的认可。

三、用指定词语完成句子或对话。

1. A：请问您创办这家翻译机构的目的是什么？

   B：_____（致力于）

2. 面对越来越高的物价，_____（呼声）

3. 在多年的准备之后，_____（问世）

4. 他是乐坛最有影响力的音乐家，_____（平起平坐）

5. 大山深处的居民由于交通不便，_____（从未）

6. 我们提倡跟其他国家进行文化交流，并不意味着要抹去我们自己的民族特色，_____（恰恰相反）

7. 这是夏季音乐节的节目单，我们可以选几个去看，＿＿＿＿＿＿＿＿＿＿＿＿＿＿＿＿（标）
8. 每次考试，她不得优秀就不满意，＿＿＿＿＿＿＿＿＿＿＿＿＿＿＿＿（未免）
9. A：＿＿＿＿＿＿＿＿＿＿＿＿＿＿＿＿＿＿＿＿＿＿＿＿（持……看法）
    B：我认为人工智能有利有弊。
10. 经过一段时间的治疗，＿＿＿＿＿＿＿＿＿＿＿＿＿＿＿＿＿＿＿＿（有所）
11. 他是联欢会上最热情的观众，＿＿＿＿＿＿＿＿＿＿＿＿＿＿＿＿（带头）
12. 我们公司每年都要为周围社区的老人组织几次公益旅游，＿＿＿＿＿＿＿
＿＿＿＿＿＿＿＿＿＿＿＿＿＿＿＿＿＿＿＿＿＿＿＿＿＿＿＿＿＿（免）
13. 我刚才列举的是教学中存在的一些问题，＿＿＿＿＿＿＿＿＿＿＿＿＿＿
＿＿＿＿＿＿＿＿＿＿＿＿＿＿＿＿＿＿＿＿＿＿＿＿＿＿＿＿＿＿（上述）
14. A：你觉得留学的经历对你有哪些影响？
    B：＿＿＿＿＿＿＿＿＿＿＿＿＿＿＿＿＿＿＿＿＿＿＿＿＿＿＿（切身）
15. 作为他的朋友，＿＿＿＿＿＿＿＿＿＿＿＿＿＿＿＿＿＿＿＿＿＿（岂能）
16. 每当看到这张照片，＿＿＿＿＿＿＿＿＿＿＿＿＿＿＿＿＿＿＿（一幕幕）
17. 经过半年的维修改造，我们的教学楼又投入使用了，＿＿＿＿＿＿＿＿
＿＿＿＿＿＿＿＿＿＿＿＿＿＿＿＿＿＿＿＿＿＿＿＿＿＿＿＿＿＿（崭新）
18. 一部好电影或一部好小说，＿＿＿＿＿＿＿＿＿＿＿＿＿＿＿＿＿（回味）
19. 很多人以为只有人类或动物遇到侵害会抵抗，＿＿＿＿＿＿＿＿＿＿＿
＿＿＿＿＿＿＿＿＿＿＿＿＿＿＿＿＿＿＿＿＿＿＿＿＿＿＿＿＿＿（自卫）
20. 我可不敢跟她争论，＿＿＿＿＿＿＿＿＿＿＿＿＿＿＿＿＿＿（伶牙俐齿）
21. 对手的球技太好了，＿＿＿＿＿＿＿＿＿＿＿＿＿＿＿＿＿＿＿＿（反击）
22. 第一次看到北极光，＿＿＿＿＿＿＿＿＿＿＿＿＿＿＿＿＿＿＿＿（不已）
23. 我们班搞什么活动都不用发愁，有几位同学非常有创意，＿＿＿＿＿＿
＿＿＿＿＿＿＿＿＿＿＿＿＿＿＿＿＿＿＿＿＿＿＿＿＿＿＿＿（别开生面）

四、在文中画线处填写适当的关联词（如需要，可参考短文后提供的词语）。

　　＿＿＿①＿＿＿在汉语＿＿＿②＿＿＿西方语言中，大多数新词的创用前提是，新的事物要求创造新词和新概念。一个伟大时代的出现，往往会使语言成为巨大的实验场所，新词层出不穷。我们在文艺复兴时期法国的文学家拉伯雷（François Rabelais，约1494—1553）、龙萨（Pierre de Ronsard，1524—1585）和蒙田（Michel de Montaigne，1533—1592）那里能够看到这种现象，在中国近现代士人学子那里＿＿＿③＿＿＿能看到这种现象。在许多情况下，新词是＿＿＿④＿＿＿已经存在的词汇的新的解释和理解（词义更新），_____⑤_____ 是字或词的新的组合。中国近现代介绍西学的时候，很有一些概念是西方有_____⑥_____ 我们没有的，这_____⑦_____ 给准确翻译介绍带来了麻烦。针对"她"字创生之初的诸多非议，文学家、语言学家刘半农（1891—1934）指出，_____⑧_____ "她"字不能在汉语中最终确立并流行，仅仅作为西方语言的一个翻译词，它的存在_____⑨_____ 是有理的、有用的。_____⑩_____ 也可以说，创造新词还是一个需求的问题。

> 或者　因此　就　对　不管……还是……
> 也　而　即使……也……

五、将下面几段文字按正确的顺序排列成一篇短文，并画出在段落间起连接作用的语句。

A. 不过，中文里没有现成的合适的对应词，并不等于就全然无计可施。1870 年代中期以前，在对应"she"的问题上，无论是来华传教士还是中国人自身都一筹莫展，到了 1870 年代末的时候，却有一个中国人，找到了一种可贵的思路，做出了极富创造性的尝试。这个中国人名叫郭赞生。

B. 1823 年，马礼逊出版首部中文英语语法书——《英国文语凡例传》，再次将汉语里没有字与"she"相对应的困境凸显出来。他译 he、she、it 分别为"他男""他女"和"他物"，译 his、her、its 则分别为"他男的""他女的"和"该物的"。同时，译 I saw her 为"我见他（妇人）"，译 This is his 为"这个是他（男人）的"，译 That is hers 为"那个是他（妇人）的"。

C. 1822 年，第一个来华新教传教士马礼逊（Robert Morrison，1782—1834）在《华英字典》中已经明确触及无法用现成的中文准确对译"she"的问题。他用英语解释"she"说："女性指示代词，在汉语中没有对应词。英文中的 he、she 或 it，在汉语里都用'他'来表示。谈到曾经提及的某妇女时，称之为'该妇'。"

D. 郭赞生在 1878 年翻译出版的英文语法著作《文法初阶》一书中，对汉语原有的可以用来表示第三人称单数的词，如"他""伊""彼"等，分别进行了限定。在他那里，明确译 he、him 为"他"，译 she、her 为"伊"，译 it 为"彼"。以后的历史证明，郭氏这样的处理不仅聪明睿智，而且富于想象力，在传统"伊"字的女性专用限定方面，迈出了具有创造性的一步。

E. 1864 年，德国籍传教士罗存德（Wilhelm Lobscheid，1822—1893）在香港出版

《英话文法小引》一书。大概受到当时广东话或客家话影响，书中所有第三人称代词都用"佢"字。介绍英语中的性别区分知识时，罗存德译"gender"为"阴阳类字"，并分别称阳性、阴性和中性三类词为"男字""女字""白字"，或"阳类字""阴类字""白类字"，有时也称作"男属""女属"等。可见，面对中英语言在第三人称代词方面的差异，罗存德也无能为力。

文章段落顺序：☐-☐-☐-☐-☐

六、根据中心论点选择相关论述和合适的例证，并在方框中打钩。

【中心论点】《说文解字》中部分"女"部字反映了女性曾经拥有的崇高地位。

☐ 在母系氏族社会，人们按照母系血缘分为若干姓。从东汉许慎所著中国第一部字书《说文解字》对"女"部"姓"字的解释来看，"姓"的含义最初与女性生子有关："姓，人所生也。"这清楚地表明，人的血缘是由母亲决定的。

☐ "奸、妒、婪、嬾、妄"等《说文解字》"女"部字，或表示个性，或表示行为，无疑都带有贬义，因而使人比较明显地感受到对女性的偏见和歧视。

☐《说文解字》"女"部字中有许多描写女性外貌和品德的褒义字，比如"姝、娴、婉、嫥"等，这些字代表的是美丽、文雅、温柔、专一等特点。对于很多人来说，这些字立刻就能使人想到女性的美好形象。

☐ 据战国末年《吕氏春秋》一书记载，在远古社会，"其民聚生群处，知母不知父"，这句话点出了女性的至尊地位。在那个时代，女性是被崇拜和神化的对象。《说文解字》"女"部收录的"娲"字，就是那个创世、补天的伟大女神女娲："古之神圣女，化万物者也。"这虽然是神话，但真实地反映了母系社会中女性至高无上的地位。

☐《说文解字》"女"部收录的"姜、姬、姞、嬴、姚、妫、姺"等古老姓氏，反映出远古时代女性处于社会的中心，享有高贵的地位。众所周知，"姜"是神农的姓，"姬"是黄帝的姓。

七、阅读理解。

1 反映妇女和男子各方面状况的统计和指标，是促进男女平等的一个重要工具。<u>社会性别</u>统计在消除陈规陋习、制定政策法规、全面监测平等发展进程等方面发挥着重要作用。

一、什么是社会性别统计

2　最初，妇女组织和妇女活动家需要关于妇女状况的数据和指标来推动变化、制定新政策和改变不平等现象，这推动了妇女统计的产生。这种方法以妇女为统计对象，单独统计和展示妇女的数据，主要由妇女机构储存和提供。缺点包括：只能对妇女的今天与昨天做纵向比较，无法比较性别差异，不易发现性别不平等的问题；容易被边缘化，不利于将性别平等意识纳入立法决策主流。

3　后来，决策者们意识到在经济社会发展整体中解决性别问题的重要性，而不是为妇女采取个别的行动和措施，其关注重点和统计对象就从"仅是妇女"转向了"妇女和男子"，从进行妇女统计转向将性别问题纳入所有统计资料的生产之中，与这种认识相对应的社会性别统计应运而生。

4　社会性别统计是从性别平等和妇女发展的角度出发，对经济社会生活各个领域进行比较分析的一门科学，是推动性别平等和社会可持续发展的一种有效工具。社会性别统计把女性和男性作为社会整体进行比较研究，分析两者之间存在的差距，并在统计指标和变量设计中充分考虑两性的现实差异和不同需求，考虑所有产生性别偏见的因素，以充分、准确、完整、系统地反映社会中的性别问题，并对这些性别指标的完成情况进行监测和评估，其由官方统计系统负责并完成。社会性别统计数据的生产永无止境，它是一个不断将性别统计概念纳入官方统计体系的发展和改进的过程。

二、社会性别统计的主要指标

5　1975年第一次世界妇女大会，特别是1995年第四次世界妇女大会后，国际社会和各个国家已经开发出了不少具体的社会性别统计指标，用于了解和分析妇女和男人在社会中的状况和政策改革趋向。因篇幅所限，仅介绍两套主要指标。

1. 联合国开发计划署定期发布的三个社会发展与性别发展指标

6　1995年，联合国开发计划署开发了三个与性别相关的发展指标，已得到国际社会的广泛认可。

7　人文发展指数（Human Development Index，HDI）。人文发展指数测量一个国家在人类基本能力方面的平均成就。它由预期寿命、受教育水平和经济发展水平三组指标构成，表示人们是否过着长寿、健康的生活，是否受到教育并具有知识，是否享有体面的生活。人文发展指数强调全社会成员共同参与发展并共同分享发展成果，测定一个国家所有成员的平均状况。

⑧ 性别发展指数（Gender Development Index，GDI）。性别发展指数是指与性别相关的发展指数，测量与人文发展指数相同的基本能力与成就，但集中注意妇女与男人在成就方面的不平等状况。基本能力的性别差异越大，在一个国家中与其人文发展指数相比的性别发展指数就越低。

⑨ 妇女权力指数（Gender Empowerment Measure，GEM）。妇女权力指数也是性别不平等的度量，但它更加关注妇女和男人是否积极参与经济和政治生活以及参与决策。这些方面的性别差异越大，妇女权力指数值就越低。妇女权力指数是基于三个变量的指标，分别反映妇女的政治决策参与、获得职业的机会以及收入能力，显示了不同国家的妇女在主要发展领域中权力与能力的情况。

⑩ 通过上述发展指数的排名分析可见：第一，只有为数不多的国家已在性别平等方面取得重大进展；第二，男女平等不完全取决于社会收入水平，它所需要的是坚定的政治承诺而不仅仅是巨大的财富；第三，无论何种收入水平、政治理念、文化背景和发展阶段，均可以追求男女平等。对妇女权力指数国际排名的分析表明：在大多数国家，无论是工业化国家还是发展中国家，妇女仍未进入经济和政治权力的走廊。

⑪ 自2010年起，上述性别发展指数改为性别不平等指数（GII），反映了男性和女性在三个维度——生殖健康、赋权和劳动力市场方面存在的差异，以及这些不平等造成的潜在的人类发展的损失。

2. 联合国2013年颁布的按领域排列的最基本性别指标（52项量化指标）

⑫ 2013年3月，联合国秘书长关于"性别统计"的报告中，公布了联合国统计司和联合国妇女署在审查各国性别统计方案以及统计委员会讨论的基础上，商定的由52项量化指标和11项规范指标构成的一套最低指标。52项量化指标主要涉及：

（1）经济结构、参与生产活动的情况及获得资源的机会；

（2）教育；

（3）保健及相关服务；

（4）公共生活与决策；

（5）妇女和女童的人权。

三、社会性别统计在全球的发展与挑战

13 性别统计的发展是与性别平等意识被关注的程度同步的。1975年第一次世界妇女大会承认了改进妇女统计的重要性，号召各国政府重视妇女统计资料的建立。20世纪90年代开始，联合国在人类发展报告中就纳入了性别发展指数和妇女权力指数，使各国政府认识到男女两性的生存状况和社会地位差距，为其决策提供依据。1995年第四次世界妇女大会明确要求各国政府加强性别统计，将其纳入官方统计体系。1998年联合国建立了妇女指标和统计数据库，收集了206个国家和地区1970年以来在性别、人口和社会发展方面的详细统计数据。联合国统计司1993年、1995年、2000年、2005年、2010年和2015年先后出版了《世界妇女状况：趋势和统计数字》报告，逐步建立起性别统计机制，生产和发布国家和社会关注的分性别统计数据。

14 中国的性别统计始于20世纪80年代后期，国家统计局引进"社会性别""性别统计"等基本概念，探讨并开展社会性别统计。1995年、1999年、2004年、2007年和2012年，国家统计局与国务院有关部门合作，先后出版了5册《中国社会中的女人和男人：事实和数据》，标志着中国性别统计制度的初步形成。根据《中国妇女发展纲要》的要求，国家统计局自2008年开始，每年出版《中国妇女儿童状况统计资料》，并建立和完善分性别数据库。一些省市在推动性别统计方面也做出有益的尝试，一些地区性的性别统计手册先后出版，如上海、四川、江苏、山西等。

15 相较于国际社会的发展，我国的社会性别统计仍然面临挑战，主要是：对社会性别统计的理解和认识有待提高，充分反映性别差异的、系统性的、操作性强的、与国际接轨的指标较少，社会性别统计数据的利用存在不足，社会性别统计纳入决策主流有待推进。

(刘伯红《社会性别统计：促进性别平等的有力工具》。《中国妇运》，2015年第12期。有删减，章节序号有调整。)

1. 请参考原文标题，给本文拟一个新的题目，写在文前的横线上。

2. 写出本文的内容提要和提纲。

【内容提要】(150字左右)

【关键词】(3—5个)

_____ _____ _____ _____ _____

【提纲】

3. **查资料，解释下列概念。**

(1) 社会性别（第1段）

(2) 性别不平等指数（GII）(第11段)

4. **查阅与世界妇女大会、联合国 2013 年颁布的最基本性别指标（52 项量化指标）、《世界妇女状况：趋势和统计数字》等有关的资料，并选择其中一个加注。**

论文设计与讨论

一、根据"课前准备"的选题,确定一个你感兴趣的话题,并拟一个论文题目。也可以根据课文内容自己确定一个题目。

_____

二、根据论文题目,整理已有材料,并补充新的资料。列出其中有参考价值的论文或专著(各2种)(写出作者、论文名、杂志名/书名等基本信息)。

1. _____
2. _____
3. _____
4. _____

三、小组讨论。

1. 介绍你阅读的一篇重要论文的观点。按论文要点进行介绍。

_____
_____
_____
_____

2. 介绍你的论文设想,同学发表意见,共同完成提纲。

_____
_____
_____
_____
_____

名著欣赏

第五课　药[1]

鲁迅

课文导览

【作者简介】

鲁迅（1881—1936），浙江绍兴人。文学家、翻译家、思想家，中国现代文学的奠基人之一。原名周樟寿，1898年在南京江南水师学堂求学时改名周树人。1902年东渡日本留学，1909年回国。1918年在《新青年》杂志上首次以"鲁迅"为笔名发表了中国现代文学史上第一篇白话小说《狂人日记》，继而又有《孔乙己》《药》《阿Q正传》《祝福》等白话小说名篇问世，影响深远。鲁迅的作品涵盖小说、散文、杂文、译作等类别。1938年第一部《鲁迅全集》编辑出版，其后不同时期均有增补修订，由人民文学出版社出版的《鲁迅全集》迄今已有四版。

【作品出处】

课文及课后阅读文章均选自《鲁迅全集》（第一卷），人民文学出版社，1981年版。

【文体说明】

《药》是鲁迅短篇小说的经典之作，1923年收入作者的第一部小说集《呐喊》。作品以清末绍兴女革命家秋瑾（1875—1907）遭清政府杀害的事件为基本素材，同时结合其他反清志士的事迹创作而成，深刻反映了当时社会中民众的苦难与麻木，以及革命者的进步思想与行为无法得到理解与呼应的寂寞和悲哀。小说中华、夏两家的悲剧，正是中国时代命运的写照。今日重温经典，读者仍然可以体会到作者思想之深刻、技法之高超，以及语言精练含蓄之美，心灵仍会受到强烈的震撼。

---

[1] 本篇最初发表于一九一九年五月《新青年》第六卷第五号。
按篇中人物夏瑜隐喻清末女革命党人秋瑾。秋瑾在徐锡麟被害后不久，也于一九〇七年七月十五日遭清政府杀害，就义的地点在绍兴城内的轩亭口，街旁有一牌楼，匾上题有"古轩亭口"四字。

课前准备——口头／书面报告选题

1. 家庭与故乡绍兴在生命中的印迹——鲁迅的童年、少年时代；
2. 求学南京、留学日本与人生道路的选择——鲁迅的青年时代；
3. 鲁迅在文学创作（小说、杂文、散文）、翻译、学术研究等方面的成就；
4. 鲁迅的世界影响（结合你的国家对鲁迅作品的翻译和介绍）；
5. 清末革命者秋瑾的事迹与影响；
6.《药》中革命者夏瑜的形象与秋瑾的异同。

阅读建议

1. 对于生词、成语、俗语等，查词典了解其意义和用法。
2. 阅读中请注意以下问题：
   A. 修辞手法（比喻、夸张、双关等）的运用及其所要表达的含义；
   B. 通过对人物肖像、语言、动作、行为和心理的描写来刻画人物性格的方法；
   C. 颜色词的运用及色彩的象征意义；
   D. 景物描写对于气氛烘托的作用。

秋瑾摄于日本留学期间

绍兴轩亭口，秋瑾烈士纪念碑（后为秋瑾烈士雕像）（张志刚 摄）

课 文

一 🎧 05-01

1　秋天的后半夜，月亮下去了，太阳还没有出，只剩下一片乌蓝的天；除了夜游的东西，什么都睡着。华老栓忽然坐起身，擦着火柴，点上遍身油腻的灯盏，茶馆的两间屋子里，便弥满了青白的光。

2　"小栓的爹，你就去么？"是一个老女人的声音。里边的小屋子里，也发出一阵咳嗽。

3　"唔。"老栓一面听，一面应，一面扣上衣服；伸手过去说，"你给我罢。"

4　华大妈在枕头底下掏了半天，掏出一包洋钱[2]，交给老栓，老栓接了，抖抖的装入衣袋，又在外面按了两下；便点上灯笼，吹熄灯盏，走向里屋子去了。那屋子里面，正在窸窸窣窣的响，接着便是一通咳嗽。老栓候他平静下去，才低低的叫道，"小栓……你不要起来。……店么？你娘会安排的。"

5　老栓听得儿子不再说话，料他安心睡了；便出了门，走到街上。街上黑沉沉的一无所有，只有一条灰白的路，看得分明。灯光照着他的两脚，一前一后的走。有时也遇到几只狗，可是一只也没有叫。天气比屋子里冷得多了；老栓倒觉爽快，仿佛一旦变了少年，得了神通，有给人生命的本领似的，跨步格外高远。而且路也愈走愈分明，

---

2 洋钱：指银元。银元最初是从外国流入我国的，所以俗称洋钱；我国自清代后期开始自铸银元，但民间仍沿用这个旧称。

天也愈走愈亮了。

6 老栓正在专心走路，忽然吃了一惊，远远里看见一条丁字街[1]，明明白白横着。他便退了几步，寻到一家关着门的铺子，蹩进檐下，靠门立住了。好一会，身上觉得有些发冷。

7 "哼，老头子。"

8 "倒高兴……。"

9 老栓又吃一惊，睁眼看时，几个人从他面前过去了。一个还回头看他，样子不甚分明，但很像久饿的人见了食物一般，眼里闪出一种攫取的光。老栓看看灯笼，已经熄了。按一按衣袋，硬硬的还在。仰起头两面一望，只见许多古怪的人，三三两两，鬼似的在那里徘徊；定睛再看，却也看不出什么别的奇怪。

10 没有多久，又见几个兵，在那边走动；衣服前后的一个大白圆圈，远地里也看得清楚，走过面前的，并且看出号衣³上暗红色的镶边。——一阵脚步声响，一眨眼，已经拥过了一大簇人。那三三两两的人，也忽然合作一堆，潮一般向前赶；将到丁字街口，便突然立住，簇成一个半圆。

11 老栓也向那边看，却只见一堆人的后背；颈项都伸得很长，仿佛许多鸭，被无形的手捏住了的，向上提着。静了一会，似乎有点声音，便又动摇起来，轰的一声，都向后退；一直散到老栓立着的地方，几乎将他挤倒了。

12 "喂！一手交钱，一手交货！"一个浑身黑色的人，站在老栓面前，眼光正像两把刀，刺得老栓缩小了一半。那人一只大手，向他摊着；一只手却撮着一个鲜红的馒头⁴，那红的还是一点一点的往下滴。

13 老栓慌忙摸出洋钱，抖抖的想交给他，却又不敢去接他的东西。那人便焦急起来，嚷道，"怕什么？怎的不拿！"老栓还踌躇着；黑的人便抢过灯笼，一把扯下纸罩，裹了馒头，塞与老栓；一手抓过洋钱，捏一捏，转身去了。嘴里哼着说，"这老东西……。"

14 "这给谁治病的呀？"老栓也似乎听得有人问他，但他并不答应；他的精神，现在只在一个包上，仿佛抱着一个十世单传的婴儿，别的事情，都已置之度外了。他现在要将这包里的新的生命，移植到他家里，收获许多幸福。太阳也出来了；在他面前，显出一条大道，直到他家中，后面也照见丁字街头破匾上"古□亭口"[2]这四个黯淡的金字。

---

3 号衣：指清朝士兵的军衣，前后胸都缀有一块圆形白布，上有"兵"或"勇"字样。
4 鲜红的馒头：即蘸有人血的馒头。旧时迷信，以为人血可以医治肺痨，刽子手便借此骗取钱财。

补充注释

[1] 丁字街：两条相交呈"T"形的街道，因像汉字"丁"而得名。这里用"丁字街"暗示秋瑾就义的地方——绍兴城内轩亭口。下文"丁字街口""丁字街头""古口亭口"都是暗指这个地方。这里是明清两代绍兴的刑场。1907年7月15日凌晨4点左右，秋瑾在此就义。

[2] 古口亭口：此处故意将"轩"字隐去，不直接写出来，而是用"口"代替。"口"，文章里表示缺文的记号，可以读成"某"。

阅读提示（一）

1. 从第1—5段来看，故事起始于什么时间、什么地点？依次出现了哪几个人物？
2. 第1—5段中，哪些地方暗示了华老栓出门要做的事情？出门以后他的心情如何？作者用什么方法写出了他的心情？
3. 第6—11段中，作者写到了什么重要的地点？小说通过华老栓的眼睛，写到了哪几类人？通过他们的动作和行为，可以知道在这个地方正在发生什么事？
4. 第6—11段中，作者用了哪些不同的方法来揭示人物的不同身份？连续使用了什么修辞手法？从感情色彩来看，对这些人物是褒还是贬？
5. 第12—14段中，华老栓跟什么人进行了一场交易？"鲜红的馒头"与上文描写的事情有什么联系？小说从哪些角度来刻画卖主的形象？他有什么特点？
6. 小说是如何强调"鲜红的馒头"对于华家的意义的？

二 05-02

15　老栓走到家，店面早经收拾干净，一排一排的茶桌，滑溜溜的发光。但是没有客人；只有小栓坐在里排的桌前吃饭，大粒的汗，从额上滚下，夹袄也帖住了脊心，两块肩胛骨高高凸出，印成一个阳文[3]的"八"字。老栓见这样子，不免皱一皱展开的眉心。他的女人，从灶下急急走出，睁着眼睛，嘴唇有些发抖。

16　"得了么？"

17　"得了。"

18　两个人一齐走进灶下，商量了一会；华大妈便出去了，不多时，拿着一片老荷叶回来，摊在桌上。老栓也打开灯笼罩，用荷叶重新包了那红的馒头。小栓也吃完饭，他的母亲慌忙说：

"小栓——你坐着，不要到这里来。"

一面整顿了灶火，老栓便把一个碧绿的包，一个红红白白的破灯笼，一同塞在灶里；一阵红黑的火焰过去时，店屋里散满了一种奇怪的香味。

19 "好香！你们吃什么点心呀？"这是驼背五少爷到了。这人每天总在茶馆里过日，来得最早，去得最迟，此时恰恰蹩到临街的壁角的桌边，便坐下问话，然而没有人答应他。"炒米粥么？"仍然没有人应。老栓匆匆走出，给他泡上茶。

20 "小栓进来罢！"华大妈叫小栓进了里面的屋子，中间放好一条凳，小栓坐了。他的母亲端过一碟乌黑的圆东西，轻轻说：

21 "吃下去罢，——病便好了。"

22 小栓撮起这黑东西，看了一会，似乎拿着自己的性命一般，心里说不出的奇怪。十分小心的拗开了，焦皮里面窜出一道白气，白气散了，是两半个白面的馒头。——不多工夫，已经全在肚里了，却全忘了什么味；面前只剩下一张空盘。他的旁边，一面立着他的父亲，一面立着他的母亲，两人的眼光，都仿佛要在他身里注进什么又要取出什么似的；便禁不住心跳起来，按着胸膛，又是一阵咳嗽。

23 "睡一会罢，——便好了。"

24 小栓依他母亲的话，咳着睡了。华大妈候他喘气平静，才轻轻的给他盖上了满幅补钉的夹被。

补充注释

[3] 阳文：刻或铸在印章或器物表面的凸出的文字或花纹。与之相反，凹进去的则叫"阴文"。

阅读提示（二）

1. 第 15—18 段中，华老栓和华大妈是怎么处理人血馒头的？小栓正在做什么？从哪里能看出他的身体状况？
2. 第 19 段中出场的茶客有什么特点？
3. 从第 20—24 段对小栓吃药场景的描写，可以看出华家目前是怎样的一种处境？

三 🎧 05-03

25 店里坐着许多人，老栓也忙了，提着大铜壶，一趟一趟的给客人冲茶；两个眼眶，都围着一圈黑线。

26 "老栓，你有些不舒服么？——你生病么？"一个花白胡子的人说。

27 "没有。"

28 "没有？——我想笑嘻嘻的，原也不像……"花白胡子便取消了自己的话。

29 "老栓只是忙。要是他的儿子……"驼背五少爷话还未完，突然闯进了一个满脸横肉的人，披一件玄色布衫，散着纽扣，用很宽的玄色腰带，胡乱捆在腰间。刚进门，便对老栓嚷道：

30 "吃了么？好了么？老栓，就是运气了你！你运气，要不是我信息灵……。"

31 老栓一手提了茶壶，一手恭恭敬敬的垂着；笑嘻嘻的听。满座的人，也都恭恭敬敬的听。华大妈也黑着眼眶，笑嘻嘻的送出茶碗茶叶来，加上一个橄榄，老栓便去冲了水。

32 "这是包好！这是与众不同的。你想，趁热的拿来，趁热吃下。"横肉的人只是嚷。

33 "真的呢，要没有康大叔照顾，怎么会这样……"华大妈也很感激的谢他。

34 "包好，包好！这样的趁热吃下。这样的人血馒头，什么痨病都包好！"

35 华大妈听到"痨病"这两个字，变了一点脸色，似乎有些不高兴；但又立刻堆上笑，搭赸着走开了。这康大叔却没有觉察，仍然提高了喉咙只是嚷，嚷得里面睡着的小栓也合伙咳嗽起来。

36 "原来你家小栓碰到了这样的好运气了。这病自然一定全好；怪不得老栓整天的笑着呢。"花白胡子一面说，一面走到康大叔面前，低声下气的问道，"康大叔——听说今天结果[4]的一个犯人，便是夏家的孩子，那是谁的孩子？究竟是什么事？"

37 "谁的？不就是夏四奶奶的儿子么？那个小家伙！"康大叔见众人都耸起耳朵听他，便格外高兴，横肉块块饱绽，越发大声说，"这小东西不要命，不要就是了。我可是这一回一点没有得到好处；连剥下来的衣服，都给管牢的红眼睛阿义拿去了。——第一要算我们栓叔运气；第二是夏三爷赏了二十五两雪白的银子，独自落腰包，一文不花。"

38 小栓慢慢的从小屋子走出，两手按了胸口，不住的咳嗽；走到灶下，盛出一碗冷饭，泡上热水，坐下便吃。华大妈跟着他走，轻轻的问道，"小栓，你好些么？——你仍旧只是肚饿？……"

39 "包好，包好！"康大叔瞥了小栓一眼，仍然回过脸，对众人说，"夏三爷真是乖角儿，要是他不先告官，连他满门抄斩。现在怎样？银子！——这小东西也真不成东西！关在牢里，还要劝牢头造反。"

40 "阿呀，那还了得。"坐在后排的一个二十多岁的人，很现出气愤模样。

41 "你要晓得红眼睛阿义是去盘盘底细的，他却和他攀谈了。他说：这大清的天下是我们大家的。你想：这是人话么？红眼睛原知道他家里只有一个老娘，可是没有料到他竟会那么穷，榨不出一点油水，已经气破肚皮了。他还要老虎头上搔痒，便给他两个嘴巴！"

42 "义哥是一手好拳棒，这两下，一定够他受用了。"壁角的驼背忽然高兴起来。

43 "他这贱骨头打不怕，还要说可怜可怜哩。"

44 花白胡子的人说，"打了这种东西，有什么可怜呢？"

45 康大叔显出看他不上的样子，冷笑着说，"你没有听清我的话；看他神气，是说阿义可怜哩！"

46 听着的人的眼光，忽然有些板滞；话也停顿了。小栓已经吃完饭，吃得满身流汗，头上都冒出蒸气来。

47 "阿义可怜——疯话，简直是发了疯了。"花白胡子恍然大悟似的说。

48 "发了疯了。"二十多岁的人也恍然大悟的说。

49 店里的坐客，便又现出活气，谈笑起来。小栓也趁着热闹，拚命咳嗽；康大叔走上前，拍他肩膀说：

50 "包好！小栓——你不要这么咳。包好！"

51 "疯了。"驼背五少爷点着头说。

补充注释

[4] 结果：动词。将人杀死。

阅读提示（三）

1. 第25—35段中，新出场的人物有几位？分别是什么身份？根据哪些描写可以得出这样的结论？
2. 通过康大叔出场时的语言和行为，读者可以很快抓住这个人物的哪些性格特点？

3. 第 36、37 段中，从康大叔的嘴里可以知道今天被杀的犯人的哪些情况？对于犯人被杀，康大叔最关注的是什么事情？

4. 第 38—43 段中，康大叔还告诉茶客有关犯人在狱中的哪些事？犯人为什么被捕？牢头阿义又是怎样一个人？犯人挨打后说了什么？

5. 第 44—51 段中，花白胡子的人对犯人说的"可怜"有什么误解？众茶客对犯人挨打是什么反应？他们能否理解犯人为什么说阿义"可怜"？

6. 小栓在小说第三部分的出场对人物刻画和情节推进有什么作用？

四 05-04

52 西关外靠着城根的地面，本是一块官地[5]；中间歪歪斜斜一条细路，是贪走便道的人，用鞋底造成的，但却成了自然的界限。路的左边，都埋着死刑和瘐毙[6]的人，右边是穷人的丛冢。两面都已埋到层层叠叠，宛然阔人家里祝寿时候的馒头。

53 这一年的清明，分外寒冷；杨柳才吐出半粒米大的新芽。天明未久，华大妈已在右边的一坐新坟前面，排出四碟菜，一碗饭，哭了一场。化过纸5，呆呆的坐在地上；仿佛等候什么似的，但自己也说不出等候什么。微风起来，吹动他[7]短发，确乎比去年白得多了。

54 小路上又来了一个女人，也是半白头发，褴褛的衣裙；提一个破旧的朱漆圆篮，外挂一串纸锭，三步一歇的走。忽然见华大妈坐在地上看他，便有些踌躇，惨白的脸上，现出些羞愧的颜色；但终于硬着头皮，走到左边的一坐坟前，放下了篮子。

55 那坟与小栓的坟，一字儿排着[8]，中间只隔一条小路。华大妈看他排好四碟菜，一碗饭，立着哭了一通，化过纸锭；心里暗暗地想，"这坟里的也是儿子了。"那老女人徘徊观望了一回，忽然手脚有些发抖，跄跄踉踉退下几步，瞪着眼只是发怔。

56 华大妈见这样子，生怕他伤心到快要发狂了；便忍不住立起身，跨过小路，低声对他说，"你这位老奶奶不要伤心了，——我们还是回去罢。"

57 那人点一点头，眼睛仍然向上瞪着；也低声吃吃的说道，"你看，——看这是什么呢？"

58 华大妈跟了他指头看去，眼光便到了前面的坟，这坟上草根还没有全合，露出一

---

5 化过纸：纸指纸钱，一种迷信用品，旧俗认为把它火化后可供死者在"阴间"使用。下文说的"纸锭"，是用纸或锡箔折成的元宝。

块一块的黄土,煞是难看。再往上仔细看时,却不觉也吃一惊;——分明有一圈红白的花,围着那尖圆的坟顶。

59 他们的眼睛都已老花多年了,但望这红白的花,却还能明白看见。花也不很多,圆圆的排成一个圈,不很精神,倒也整齐。华大妈忙看他儿子和别人的坟,却只有不怕冷的几点青白小花,零星开着;便觉得心里忽然感到一种不足和空虚,不愿意根究。那老女人又走近几步,细看了一遍,自言自语的说,"这没有根,不像自己开的。——这地方有谁来呢?孩子不会来玩;——亲戚本家早不来了。——这是怎么一回事呢?"他想了又想,忽又流下泪来,大声说道:

60 "瑜儿,他们都冤枉了你,你还是忘不了,伤心不过,今天特意显点灵,要我知道么?"他四面一看,只见一只乌鸦,站在一株没有叶的树上,便接着说,"我知道了。——瑜儿,可怜他们坑了你,他们将来总有报应,天都知道;你闭了眼睛就是了。——你如果真在这里,听到我的话,——便教这乌鸦飞上你的坟顶,给我看罢。"

61 微风早经停息了;枯草支支直立,有如铜丝。一丝发抖的声音,在空气中愈颤愈细,细到没有,周围便都是死一般静。两人站在枯草丛里,仰面看那乌鸦;那乌鸦也在笔直的树枝间,缩着头,铁铸一般站着。

62 许多的工夫过去了;上坟的人渐渐增多,几个老的小的,在土坟间出没。

63 华大妈不知怎的,似乎卸下了一挑重担,便想到要走;一面劝着说,"我们还是回去罢。"

64 那老女人叹一口气,无精打采的收起饭菜;又迟疑了一刻,终于慢慢地走了。嘴里自言自语的说,"这是怎么一回事呢?……"

65 他们走不上二三十步远,忽听得背后"哑——"的一声大叫;两个人都竦然的回过头,只见那乌鸦张开两翅,一挫身,直向着远处的天空,箭也似的飞去了。

一九一九年四月。

补充注释

[5] 官地:属于官府的土地。

[6] 瘐毙:yǔbì。犯人因为用刑、饥饿、疾病等原因而死在监狱中。

[7] 他:早期白话文中,"他"兼表女性第三人称。

[8] 一字儿排着:排列起来像汉字的"一"。这里表示并排。

阅读提示（四）

1. 从第 52、53 段可以看出小说第四部分与前三部分的时间跨度是多少？地点转换到了哪里？华大妈的出场说明发生了什么事？
2. 第 54—56 段中，华大妈根据什么知道另一个"老女人"也是给儿子上坟？同样是给儿子上坟，这个女人与华大妈有什么不同？她的儿子跟小栓有什么不同？
3. 第 57—60 段中，那位"老女人"对什么感到吃惊和疑惑？为什么？小说通过她说的哪些话将她的儿子"瑜儿"跟前面提到的犯人相关联？
4. 第 59 段中，华大妈为什么"心里忽然感到一种不足和空虚，不愿意根究"？
5. 在第 61—65 段小说的结尾部分，作者是怎么描写坟场气氛的？乌鸦从"铁铸一般站着"到"箭也似的飞去了"，具有怎样的象征意义？

人物与结构

1. **完成小说人物表（按出场顺序排列），写出人物姓名、身份和基本性格特征。**

姓名	身份	基本性格特征
1. 华老栓	茶馆老板	慈爱、懦弱、愚昧

2. 概括小说四个部分的主要内容，注意明暗两条叙事线索分开叙述。

结构	明线（华家）	暗线（夏家）
一		
二		
三		
四		

作品回顾与思考

1. 作者在描写华老栓一家的遭遇时，笔端流露出怎样的感情？请用具体事例来说明。
2. 对康大叔、阿义这类刽子手、狱卒形象，作者的描写带有怎样的感情色彩？揭露了他们怎样的共性？
3. 作者借小说中的茶客群体，想揭示普通民众精神世界的哪些"痼疾"？
4. 小说对于革命者夏瑜的形象塑造，是通过作品中其他人物的介绍来完成的。这种写法在刻画人物方面有怎样的难度？又有哪些好处？请做简要分析。
5. 从小说取名来看，"药"有几层含义？与小说主题有什么关系？
6. 请从《药》的人物刻画、语言特点、思想内涵等角度，谈谈你对鲁迅小说艺术性的看法。

文章阅读与资料选择

阅读《呐喊》"自序"，并结合本课自己所选定的"口头/书面报告选题"，从中寻找可以作为直接引用资料的文字，并概括文章中叙述的重要事件。另外，文章原注释如果不能满足需要，可以自己做"补充注释"，列于文章之后。

自序[1]

1　我在年青时候也曾经做过许多梦，后来大半忘却了，但自己也并不以为可惜。所谓回忆者，虽说可以使人欢欣，有时也不免使人寂寞，使精神的丝缕还牵着已逝的寂寞的时光，又有什么意味呢，而我偏苦于不能全忘却，这不能全忘的一部分，到现在便成了《呐喊》的来由。

2　我有四年多，曾经常常，——几乎是每天，出入于质铺和药店里，年纪可是忘却了，总之是药店的柜台正和我一样高，质铺的是比我高一倍，我从一倍高的柜台外送上衣服或首饰去，在侮蔑里接了钱，再到一样高的柜台上给我久病的父亲去买药。回家之后，又须忙别的事了，因为开方的医生是最有名的，以此所用的药引也奇特：冬天的芦根，经霜三年的甘蔗，蟋蟀要原对的，结子的平地木[2]，……多不是容易办到的东西。然而我的父亲终于日重一日的亡故了。

3　有谁从小康人家而坠入困顿的么，我以为在这途路中，大概可以看见世人的真面目；我要到N进K学堂[3]去了，仿佛是想走异路，逃异地，去寻求别样的人们。我的母亲没有法，办了八元的川资，说是由我的自便；然而伊[4]哭了，这正是情理中的事，因为那时读书应试是正路，所谓学洋务[5]，社会上便以为是一种走投无路的人，只得将灵魂卖给鬼子，要加倍的奚落而且排斥的，而况伊又看不见自己的儿子了。然而我也顾不得这些事，终于到N去进了K学堂了，在这学堂里，我才知道世上还有所谓格

---

1 本篇曾发表于一九二三年八月二十一日北京《晨报·文学旬刊》。
2 平地木：紫金牛，常绿小灌木，根皮可入药。
3 到N进K学堂：N指南京，K学堂指江南水师学堂。作者于一八九八年至南京江南水师学堂肄业，次年改入江南陆师学堂附设的矿务铁路学堂，一九〇二年初毕业后，由清政府派赴日本留学。
4 伊：女性第三人称代名词。当时还未使用"她"字。
5 学洋务：在清朝末年的"洋务运动"中，创办了一些军事工业和其他工矿企业，并设立学习相关知识的学堂。这里说的"学洋务"，是指在这类学堂里学习西方国家的科学知识和军事技术。

致[6]，算学，地理，历史，绘图和体操。生理学并不教，但我们却看到些木版的《全体新论》和《化学卫生论》[7]之类了。我还记得先前的医生的议论和方药，和现在所知道的比较起来，便渐渐的悟得中医不过是一种有意的或无意的骗子，同时又很起了对于被骗的病人和他的家族的同情；而且从译出的历史上，又知道了日本维新[8]是大半发端于西方医学的事实。

4 因为这些幼稚的知识，后来便使我的学籍列在日本一个乡间的医学专门学校[9]里了。我的梦很美满，预备卒业回来，救治像我父亲似的被误的病人的疾苦，战争时候便去当军医，一面又促进了国人对于维新的信仰。我已不知道教授微生物学的方法，现在又有了怎样的进步了，总之那时是用了电影，来显示微生物的形状的，因此有时讲义的一段落已完，而时间还没有到，教师便映些风景或时事的画片给学生看，以用去这多余的光阴。其时正当日俄战争[10]的时候，关于战事的画片自然也就比较的多了，我在这一个讲堂中，便须常常随喜我那同学们的拍手和喝彩。有一回，我竟在画片上忽然会见我久违的许多中国人了，一个绑在中间，许多站在左右，一样是强壮的体格，而显出麻木的神情。据解说，则绑着的是替俄国做了军事上的侦探，正要被日军砍下头颅来示众，而围着的便是来赏鉴这示众的盛举的人们。

5 这一学年没有完毕，我已经到了东京了，因为从那一回以后，我便觉得医学并非一件紧要事，凡是愚弱的国民，即使体格如何健全，如何茁壮，也只能做毫无意义的示众的材料和看客，病死多少是不必以为不幸的。所以我们的第一要著，是在改变他们的精神，而善于改变精神的是，我那时以为当然要推文艺，于是想提倡文艺运动了。在东京的留学生很有学法政理化以至警察工业的，但没有人治文学和美术；可是在冷淡的空气中，也幸而寻到几个同志了[11]，此外又邀集了必须的几个人，商量之后，第一

---

6 格致：格物致知的简称，《礼记·大学》有"致知在格物，物格而后知至"的话。格是推究的意思。清末曾用"格致"统称物理、化学等学科。

7 《全体新论》：关于生理学的书，英国合信著，清末译成中文，一八五一年出版，广东金利埠惠爱医局石印。《化学卫生论》，关于营养学的书，英国真司腾著，清末译成中文，一八七九年出版，上海广学会刻本。

8 日本维新：指发生于日本明治年间（1868—1912）的维新运动。在此以前，日本一部分学者，曾大量输入和讲授西方医学，宣传西方科学技术，积极主张革新，对日本维新运动的兴起，曾起过一定的影响。

9 医学专门学校：指日本仙台医学专门学校。作者于一九〇四年至一九〇六年曾在这里学习医学。

10 日俄战争：指一九〇四年二月至一九〇五年九月，日本同沙皇俄国之间为争夺在中国东北地区和朝鲜的侵略权益而进行的一次帝国主义战争。

11 指许寿裳、袁文薮、周作人等。袁文薮随后转往英国留学，只剩鲁迅、许寿裳、周作人三人。

步当然是出杂志,名目是取"新的生命"的意思,因为我们那时大抵带些复古的倾向,所以只谓之《新生》。

6　《新生》的出版之期接近了,但最先就隐去了若干担当文字的人,接着又逃走了资本,结果只剩下不名一钱的三个人。创始时候既已背时,失败时候当然无可告语,而其后却连这三个人也都为各自的运命所驱策,不能在一处纵谈将来的好梦了,这就是我们的并未产生的《新生》的结局。

7　我感到未尝经验的无聊,是自此以后的事。我当初是不知其所以然的;后来想,凡有一人的主张,得了赞和,是促其前进的,得了反对,是促其奋斗的,独有叫喊于生人中,而生人并无反应,既非赞同,也无反对,如置身毫无边际的荒原,无可措手的了,这是怎样的悲哀呵,我于是以我所感到者为寂寞。

8　这寂寞又一天一天的长大起来,如大毒蛇,缠住了我的灵魂了。

9　然而我虽然自有无端的悲哀,却也并不愤懑,因为这经验使我反省,看见自己了:就是我决不是一个振臂一呼应者云集的英雄。

10　只是我自己的寂寞是不可不驱除的,因为这于我太痛苦。我于是用了种种法,来麻醉自己的灵魂,使我沉入于国民中,使我回到古代去,后来也亲历或旁观过几样更寂寞更悲哀的事,都为我所不愿追怀,甘心使他们和我的脑一同消灭在泥土里的,但我的麻醉法却也似乎已经奏了功,再没有青年时候的慷慨激昂的意思了。

11　S会馆[12]里有三间屋,相传是往昔曾在院子里的槐树上缢死过一个女人的,现在槐树已经高不可攀了,而这屋还没有人住;许多年,我便寓在这屋里钞古碑[13]。客中少有人来,古碑中也遇不到什么问题和主义,而我的生命却居然暗暗的消去了,这也就是我惟一的愿望。夏夜,蚊子多了,便摇着蒲扇坐在槐树下,从密叶缝里看那一点一点的青天,晚出的槐蚕又每每冰冷的落在头颈上。

12　那时偶或来谈的是一个老朋友金心异[14],将手提的大皮夹放在破桌上,脱下长衫,

12　S会馆:指设在北京宣武门外南半截胡同的绍兴会馆。原为山阴、会稽两县的会馆,称山会邑馆;一九一二年山阴、会稽合并为绍兴县,改称绍兴会馆。作者于一九一二年五月至一九一九年十一月曾在这里居住。

13　钞古碑:作者寓居绍兴会馆时,在教育部任职,常于公余搜集、研究中国古代的造像和墓志等金石拓本,后来辑有《六朝造像目录》和《六朝墓名目录》两种(后者未完成)。

14　金心异:指钱玄同(1887—1939)。曾任北京大学、北京师范大学教授。"五四"时期参加新文化运动,曾是《新青年》编者之一。一九一九年三月,复古派文人林纾在上海《新申报》上发表题名《荆生》的小说,攻击新文化运动。小说中有一个人物名"金心异",即影射钱玄同。

对面坐下了，因为怕狗，似乎心房还在怦怦的跳动。

13 "你钞了这些有什么用？"有一夜，他翻着我那古碑的钞本，发了研究的质问了。

14 "没有什么用。"

15 "那么，你钞他是什么意思呢？"

16 "没有什么意思。"

17 "我想，你可以做点文章……"

18 我懂得他的意思了，他们正办《新青年》，然而那时仿佛不特没有人来赞同，并且也还没有人来反对，我想，他们许是感到寂寞了，但是说：

19 "假如一间铁屋子，是绝无窗户而万难破毁的，里面有许多熟睡的人们，不久都要闷死了，然而是从昏睡入死灭，并不感到就死的悲哀。现在你大嚷起来，惊起了较为清醒的几个人，使这不幸的少数者来受无可挽救的临终的苦楚，你倒以为对得起他们么？"

20 "然而几个人既然起来，你不能说决没有毁坏这铁屋的希望。"

21 是的，我虽然自有我的确信，然而说到希望，却是不能抹杀的，因为希望是在于将来，决不能以我之必无的证明，来折服了他之所谓可有，于是我终于答应他也做文章了，这便是最初的一篇《狂人日记》。从此以后，便一发而不可收，每写些小说模样的文章，以敷衍朋友们的嘱托，积久就有了十余篇。

22 在我自己，本以为现在是已经并非一个切迫而不能已于言的人了，但或者也还未能忘怀于当日自己的寂寞的悲哀罢，所以有时候仍不免呐喊几声，聊以慰藉那在寂寞里奔驰的猛士，使他不惮于前驱。至于我的喊声是勇猛或是悲哀，是可憎或是可笑，那倒是不暇顾及的；但既然是呐喊，则当然须听将令的了，所以我往往不恤用了曲笔，在《药》的瑜儿的坟上平空添上一个花环，在《明天》里也不叙单四嫂子竟没有做到看见儿子的梦，因为那时的主将是不主张消极的。至于自己，却也并不愿将自以为苦的寂寞，再来传染给也如我那年青时候似的正做着好梦的青年。

23 这样说来，我的小说和艺术的距离之远，也就可想而知了，然而到今日还能蒙着小说的名，甚而至于且有成集的机会，无论如何总不能不说是一件侥幸的事，但侥幸虽使我不安于心，而悬揣人间暂时还有读者，则究竟也仍然是高兴的。

24 所以我竟将我的短篇小说结集起来，而且付印了，又因为上面所说的缘由，便称之为《呐喊》。

一九二二年十二月三日，鲁迅记于北京。

第六课　学术转向，移步变形

——答《南方都市报》记者李昶伟问

陈平原

课文导览

【作者简介】

陈平原（1954— ），广东人。北京大学教授。先后在国内外多所大学从事研究或教学工作。研究领域为二十世纪中国文学、中国小说史、中国散文史、现代中国学术史等。学术专著有《中国小说叙事模式的转变》《中国现代小说的起点：清末民初小说研究》《千古文人侠客梦：武侠小说类型研究》《中国现代学术之建立：以章太炎、胡适之为中心》《触摸历史与进入五四》《千年文脉的接续与转化》《左图右史与西学东渐：晚清画报研究》等。治学之余也撰写文化随笔，借以关注现实人生，出版有《学者的人间情怀》《北大精神及其他》《学术随感录》《大学何为》等随笔集。

【作品出处】

课文选自《阅读·大学·中文系》一书中"中文系"部分的第5篇。有删减。花城出版社，2017年版。文章初刊于2013年8月1日《南方都市报·大家访谈》，原题为《陈平原：每一次学术转向的背后，我都有内在理路在支撑》。

【文体说明】

课文是一篇以问答形式呈现的人物采访记录。中心议题为学术转向的内在理路，记者与作者的每一组问与答，都可视为对中心议题不同层次的阐述。记者之问揭示了论述范围，作者的回答则是观点与例证的组合。问答式的文章结构简洁明晰，语言所表现出的书面色彩则与作者的学者身份有一定的关联。通过课文，学习者可以了解采访提纲的设计，同时，也可以在规划研究方向方面获得启发。

课前准备——口头/书面报告选题

1. 1977年恢复高考的历史背景、考生来源及第一批被录取的大学生的特点;
2. 陈平原教授的求学经历(包括读大学前);
3. 陈平原教授的研究领域和学术成就;
4. "人间情怀"的概念及其在中国学者学术研究中的表现;
5. 中国现代大学的建立、发展过程、历史贡献与大学精神;
6. 武侠小说的定义、内容及风格;
7. 武侠小说作家或作品简介(以一位作家或一部作品为例)。

课 文

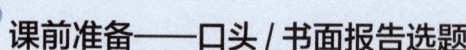 06–01

【采访手记】尽管还在暑假,陈平原的行程仍然排得很满。在北京采访陈平原时,他刚从拉萨回来,不是去旅游,而是忙西藏大学的援藏项目[1]。接下来几天他要去潮州参加饶宗颐[2]先生的国际学术研讨会,然后还要去香港,之后再去日本。陈平原这两年在香港、北京两地跑。除了担任北大中文系的教职外,陈平原也是香港中文大学中国语言及文学的讲座教授。

在香港的一个变化是,作为凤凰卫视[3]《锵锵三人行》[4]的嘉宾,陈平原2013年上了八次电视。对于做电视节目嘉宾,陈老师小心翼翼,说自己"还在评估以后能不能做这样的事情"。在节目中,陈平原侃侃而谈,谈大学、谈教育、谈武侠背后的人文等话题,但陈平原也有很多原则,譬如没准备的题目不说,八卦不说,不懂的问题不说。他说,不想让学生看到自己的老师在电视媒体上胡说八道。

补充注释

[1] 援藏项目:内地支援西藏的项目,涵盖经济、文化、教育、医疗、科技等各个领域。北京大学是对口支援西藏大学的主要高校之一。

[2] 饶宗颐：1917—2018年。广东人。杰出学者，在历史、考古、古文字学等领域成就卓著。此外，还擅长书法、绘画、诗词和古琴，且造诣极高。

[3] 凤凰卫视：全球性的华语卫星电视频道。1996年3月31日，凤凰卫视中文台正式开播。

[4]《锵锵三人行》：凤凰卫视中文台的谈话节目，1998年4月开播。内容包含时政、社会、娱乐、学术等话题，主持人为窦文涛。2017年12月停播。曾是华语媒体最受欢迎的节目之一，主持人和两位嘉宾在聊天氛围中自由交流观点，视角独到，见解多元，风趣幽默。节目名称取自《左传》"凤皇于飞，和鸣锵锵"。"凤皇"，即"凤凰"。"锵锵"，qiāngqiāng，形容凤凰的叫声清脆响亮，用于节目名称，暗指这是凤凰卫视的一档谈话节目。

阅读提示（一）

1. "采访手记"与课文正文是什么关系？
2. 从"采访手记"可以看出，陈平原在2013年暑假忙于哪些工作？
3. 作为凤凰卫视《锵锵三人行》的嘉宾，陈平原谈到了哪些话题？他对于"做这样的事情"是什么态度？有什么原则？
4. "采访手记"为什么要写陈平原做电视节目的"原则"？

06–02

1 《南方都市报》：您正式的学术训练是从什么时候开始的？

2 陈平原：正式的学术训练，一般都是在进大学之后才开始的。但我们这代人有点特殊，进大学前，在乡下待了好多年，那段自学的经历，对我们来说很重要。你这种提问方式，隐含了一个值得反省的问题，即我们是否太看重，也太强调"名门正派"了。现代大学制度建立以后，我们都特别倚重"正规训练"，看不起"野狐禅[5]"。在我看来，有些专业靠自学不行，比如原子物理或基因工程。但有些专业不一样，比如文史哲[6]，受过"正规训练"的，就不一定比"自学成才"的更精彩。

3 《南方都市报》：您的研究涉及范围很广，从20世纪小说研究，到学术史、散文史、图像研究，再到教育史，到城市文化，不同关注点演变的过程是怎样的？

4 陈平原：学生们不懂，以为老师真了不起，做了那么多研究，很羡慕。我告诉他们，那是因为我年纪大，读书时间长，且持之以恒。你们一开始不能这么做，还是要一个问题一个问题地解决。其实，我在某个特定时期，也是术业有专攻[7]的。只不过学术视野不断拓展，兴趣也有所转移，全部著作放在一起，才给人眼花缭乱的感觉。你得了解我80年代喜欢什么，90年代关注什么，新世纪在做什么，最近又有什么新动向，分解开来，就一点也不稀奇了。唯一可称道的是，不断挑战自己，而未曾死守自家的一亩三分地[8]。学问做到一定程度，我就会做出判断，是一直往前走好呢，还是另辟蹊径更精彩。这取决于课题本身的潜力，也取决于自己的兴趣。面对某个学术课题，有的人希望"彻底解决"，把所有的残渣碎片都打扫干净，不留一点遗憾；有的人做学问特别倚重"好奇心"，一看潜力不大，挑战不足，就开始转移阵地了。两种治学路径各有利弊，我明显属于后者。当然，如果有一天，我发现这老题目也能做出新文章，会杀个回马枪的。

5 《南方都市报》：您近十年的关注点是什么？

6 陈平原：2012年我发表过一篇文章，题为"'现代中国研究'的四重视野：大学·都市·图像·声音"，谈我近年比较关注的四个话题。第一是大学。因为，在我看来，现代教育制度的建立，决定了20世纪中国的基本面貌。对于现代中国教育的考察，我主要用力在大学。这方面的书籍，我已出版了好几种，也比较受关注。

7 第二是都市。传统中国文人即便长期住在都市，也都更向往山林与田园，这里蕴含着某种哲学趣味，但也不无"文化偏见"。今天回过头来看，不要说现代，即使在古代，城市的重要性也没有被充分认识。越来越多的中国人居住在城市，如何理解城市生活、城市文化、城市的历史以及城市的美感，是个有待开发的大课题。这一块，我做了一些工作，包括开课、出书、写文章，也包括组织讲座以及国际研讨会等。

8 第三是图像。我是中文系出身，对文字比较敏感，无论谈社会、历史、文化还是文学，基本上靠的是文字。对文字的感受、挑剔、辨析、欣赏的能力，那是中文系的拿手戏。但最近十多年，我还关注了图像。比如，我出版《图像晚清》以及《左图右史与西学东渐》[9]等著作。后者前几年由香港三联书店推出，学界反应很好，我还在修订与补充，准备明年交给北京的三联书店刊行。谈论晚清画报，我自认为下了很大的功夫，也有不少心得。所谓的"读书人"，在"读字"之外，必须兼及"读图"，方才不至于偏废。

9 最后一个问题，是关于声音的研究。文字寿于金石[10]，而声音则随风飘逝。中文系学生谈戏剧，基本上说的是文学剧本，很少理会声腔以及舞台演出。其实，声音很重要。而在录音设备出现之前，我们没办法永久保留前辈优美的声音，不管是唱腔、诵读还是演讲。我曾做过若干研究，比如晚清以降[11]的"演说"如何影响现代中国文章的体式，还有教师课堂上的"讲授"，是怎样超越具体的教材与课室，而成为学生们永远的记忆。这需要理论假设，更需要大量的实证研究，以便重建那已经永远消失了的"现场"，让当下的读者真正理解那曾经存在的"有声的中国"。

10 《南方都市报》：您曾经说过做学问要有性情，也强调学者专业研究要有人间情怀。您觉得就性情而言，它是如何影响您的治学方向的？情怀如何体现于学术研究？

11 陈平原：说实话，我很高兴自己很早就知道很多事情我做不了，因此，只好专心读书。毕业后，同学有的从政，有的经商，做得风风火火，我之所以沉得住气，是因为我知道自己能力及兴趣均不在此。很多人自恃才高，什么都想做。想要的东西太多了，也就很难集中精力做任何一件事情。我想要的不多，且觉得读书做学问挺有趣的，也适合我的脾性，就这么一直走下来。能力太强或机会太多时，容易歧路亡羊。这么多年读书做学问，我从不眼红这个朋友当了省长、部长，那个同学发了大财。一方面知道那不是我的长项，另一方面也是志不在此。这是我说的"情怀"的第一层意思。

12 第二层意思呢，是我常说的，做学问要有"压在纸背的心情[12]"。从事学术研究，有两种不同的取向，一是强调对社会、对整个人类都有意义，一是选择自己能做且真正感兴趣的。这两者之间常有矛盾，要学会很好地协调。有的人做学问喜欢标榜"国家需要"，显得责任重大，毋庸置疑；但如果你做不了，或不是你擅长的呢，怎么办？若自家的知识储备以及性情都不在那里，硬做是做不好的。在"为人之学"和"为己之学"中间[13]，最好能保持适当的张力。

13 我的学术转向，大都采取"移步变形"的办法，每一步迈出去，都有认真的考量。除思考此新课题在学术史上的意义，更多考虑的是自己的能力及兴趣。作为下乡知青[14]，我深知选择合适的担子很重要：明明能挑一百斤，你只选了五十斤的担子，那是存心偷懒，没出息；为了大众的喝彩，勉强挑起了一百五十斤，跟跟跄跄，既不可能走长路，且很容易把腰给扭了。做学术研究，并非一蹴而就，得学会"量力而行"，既不偷懒，也不充大头，这样才能走得比较远。

14 你问我学术的关注点为何转来转去？我不会随风转，每一次"移步"背后，都有内在理路[15]在支撑，若时间允许，可以讲出一堆有趣的故事来。在这过程中，有挣扎，有困惑,有得意,也有失落。并不是"一路凯歌"的,每跨出关键性的一步,我都知道自己将失去什么。

16 《南方都市报》:您无论是专著、学术文章,还是学者散文,所出成果让人叹为观止。有什么时间管理和工作方法上的秘诀吗?您是如何构建您的写作环境的?

16 陈平原:我曾经说过,诗人和学者是两回事。诗人激情洋溢,神游四海,其代表作往往是一挥而就,且流传千古。在那个特定时刻,诗人的生命之花得到彻底绽放,让时人及后代惊羡不已。而学者则很少有这样的机缘,尤其是人文学者,很大程度上是"千锤百炼"出来的。假如你有才华的话,经由长期的阅读、思考、积累、撰述,锲而不舍地走下去,基本上都能获得成功。我不敢说自己做得很好,聊以自慰的是,一路上左顾右盼,兴高采烈地做学问。有很多朋友才华横溢,但因某种偶然因素,没能获得好的舞台,或者过早地退场了。我是勤能补拙,几十年积累下来,因此就有了这么点小成绩。不过,内心深处我一直有一种困惑,我们这代人到底能走多远?借用鲁迅《过客》的话,前面是有召唤的声音,朋友们也都在往前赶,但大环境的限制不容忽视,同代人的水平也会制约你的思考及学问的格局。

17 还有一点我想说,那就是学生们期待的目光。别的地方我不知道,起码北大的学生很强。在他们殷切目光的注视下,你不好意思不努力往前走。我之所以不断地推进思路与变换话题,有一个技术性因素,那就是为了"应付"我的学生。北大允许优秀的本科生听教授们为研究生开设的专题课,而后他们很可能跟你念硕士、博士,一听就是十年,你总不好意思老讲那一套吧?学生都"天天向上"了,当老师的,不好意思原地踏步。

18 我的好多新想法,或者对某些新课题的关注,是被学生们逼出来的。当然,学生一旦跟上了,我就"光荣"地退出了,因为他们比我精力集中,一旦认准方向,心无旁骛,会做得比我好。起码在北大,"教学相长"不是空话。不断涌现的好学生,他们的提问,他们的作业,他们崇敬或疑惑的目光,会催促你往前走。

补充注释

[5] 野狐禅:佛教用语,指不正确的修炼方法。后泛指歪门邪道。课文这里用来表示不正规的学术训练,比如自学。

［6］文史哲：文学、历史、哲学三个专业的合称。

［7］术业有专攻：这句话出自唐代文学家韩愈（768—824）的《师说》。意思是，在技术和学业方面，每个人都有自己学习或研究的方向。

［8］一亩三分地：古代皇帝为了表示对农业的重视，每年春天都要举行亲耕仪式。皇帝亲耕的土地面积就是一亩三分。后来，这个词语用来比喻自己的利益或势力范围。

［9］该书的完整书名为《左图右史与西学东渐：晚清画报研究》。书名中的"左图右史"，指的是一种有插图的读物。"西学东渐"指从明朝后期开始，西方的学术思想向中国传播。渐，jiān，流，引申表示流传。"东渐"，向东流传。

［10］文字寿于金石："金石"指金属（青铜）和石头。文字的寿命比金石都长，指文字可以长久保存。

［11］以降：以后。

［12］压在纸背的心情：此语来自陈平原《压在纸背的心情》一书的书名。作者在"序"中写道："放长视野，我们这代人的'阅历''观察'以及'心情'，或许比我们做出来的'学问'还要有意义。"这里的"心情"，可以理解为学术情怀。"压在纸背的心情"，可以理解为在学问的背后学者们所进行的思考。

［13］这句话中的"为人之学"和"为己之学"出自《论语·宪问》："子曰：'古之学者为己，今之学者为人。'""为己"指学习是为了提高和完善自身。"为人"指学习是为了取悦他人，以学谋利。

［14］下乡知青：指20世纪50年代到70年代末，离开城市到农村劳动的中学生。"知青"是知识青年的简称，表示有文化的人。

［15］理路：方言词。道理。

阅读提示（二）

1. 第1、2段中，记者是从哪一个问题开始提问的？问题中哪个词最关键？陈平原认为记者的问题隐含了一个什么值得反省的现象？陈平原对这个现象有什么看法？陈平原为什么说"我们这代人有点特殊"？

2. 第3、4段中，记者的第二个问题想了解什么情况？陈平原是从几个方面来回答的？"两种治学路径"具体指哪两种研究方法？

3. 第5—9段中，记者的第三个问题跟上一个问题在内容上有什么关联？陈平原谈了几点？其中哪些方面陈平原已做了较多工作，也取得了不少学术成果？第6—9段是根据什么来分段的？

4. 第10—14段中，记者的第四个问题是关于性情与情怀的探讨，与前面的两个问题在内容上有什么关系？陈平原是怎么解释"情怀"一词的含义的？第13、14段中，陈平原讨论了什么问题？与"情怀"有没有关系？

5. 第15—18段中，记者的第五个问题跟学术研究有什么关系？在"时间管理和工作方法"上，陈平原的秘诀是什么？他为什么提到北大的学生？

同题问答 06-03

《南方都市报》：对您影响最大的书有哪几本？

陈平原：这个问题不好回答。因读书较多，不同时期兴趣不太一样，而且，还没到结账的时候。

《南方都市报》：您认为要做好学问最重要的是什么？

陈平原：志向、才华、学养、身体。

《南方都市报》：到目前为止，您个人最满意的著作是哪一本？

陈平原：1992年初版、日后多次重刊的《千古文人侠客梦：武侠小说类型研究》。因那本书的写作状态和当时的心境密切相关，对我个人来说，这既是一本不错的学术著作，也让我借以度过某种精神上的危机。

《南方都市报》：您的工作习惯是什么样的？

陈平原：我和妻子夏晓虹[16]都底子薄，所以，要格外珍惜自己的身体。既然懒得锻炼，那就改为不熬夜。我生活有规律，一般情况下，晚上十二点以前睡觉，早上七八点起床。

《南方都市报》：除了做学问外，还有些什么样的爱好呢？

陈平原：旅游。我们每年走很多地方，国内国外都去，一边讲学，一边游玩。

补充注释

[16] 夏晓虹：1953年生。北京大学教授，主要研究领域为近代中国的文学思潮、女性生活与社会文化。有《晚清北京的文化空间》《阅读梁启超：文章与性情》《晚清女性与近代中国》等多部专著问世。

阅读提示（三）

1. 采访中的"同题问答"是什么意思？
2. "同题问答"跟课文正文部分是什么关系？
3. 从文字记录来看，这一部分的"问"和"答"在语言上有什么特点？

课文回顾与思考

1. 作为一篇人物专访，采访问题是围绕什么中心展开的？你认为各个问题的设计是否恰当？顺序安排是否合理？请说明理由。
2. 根据陈平原教授的自述，你认为他的求学道路和治学风格有哪些特点？
3. 从课文来看，陈平原教授在回答记者的问题时，语言方面有哪些特点？请举例说明。
4. 你对陈平原教授提到的北大师生教学相长的实例有什么评价？你认为一位大学教师应该具有哪些素质？你对大学生应该具有的素质又有什么看法？
5. 作为一名学生，本文对你的专业学习有没有启发？如果有，请做简要的介绍。

提要与提纲

写出课文的内容提要（250字左右）和关键词（3—5个），并完成提纲示例表。

【内容提要】_____

_____

_____

_____

_____

【关键词】_____ _____ _____ _____ _____

【提纲示例】

文章结构		论点	例证
一 （1—2）		正规学术训练来自大学，但自学也很重要。	①"我们这代人"的特殊性； ②文史哲专业的特殊性。
二 （3—9）	（一） （3—4）	陈平原的研究范围很广，关注点一直在变化。	
	（二） （5—9）		①有关大学的研究出版了几本书； ② ③ ④
三 （10—14）			①兴趣在于读书； ②协调好做学问为社会和为自己这两种取向。
四 （15—18）		人文学者的成就需要"千锤百炼"，学术转向也与学生的"催促"有关。	① ②

词语表

🎧 06-04

序号	词语	拼音	词性	搭配举例
1	移步	yí bù		～向前/窗前/户外；◎～换形/换景
2	研讨○	yántǎo	动	～问题；学术/专业/专题～；对……进行～；◎～会/班
3	教职	jiàozhí	名	得到/担任/辞去～
4	凤凰○	fènghuáng	名	◎金～
5	卫视○	wèishì	名	～频道/直播/节目；地方～；◎凤凰～
6	侃侃而谈	kǎnkǎn'értán	成语	
7	武侠	wǔxiá	名	◎～小说/电影/迷
8	胡说八道	húshuō-bādào	成语	

9	乡下○	xiāngxia	名	在～；◎～人
10	隐含	yǐnhán	动	～意思/观念/规律/风险/危机
11	反省○	fǎnxǐng	动	～行为/错误；深刻/彻底～；◎自我～
12	名门正派	míngmén zhèngpài		
13	倚重	yǐzhòng	动	～（于）某人/某国；对……（很/十分/过度）～
14	原子	yuánzǐ	名	氢/氦～；◎～核/能/弹/物理
15	成才○	chéngcái	动	自学/立志/发愤～
16	关注点	guānzhùdiǎn		社会/舆论～
17	专攻	zhuāngōng	动	～历史/表演/绘画/(某)专业
18	拓展○	tuòzhǎn	动	～业务/市场/领域/空间/疆域/思路
19	眼花缭乱	yǎnhuā-liáoluàn	成语	
20	新世纪	xīn shìjì		走向/迎接/进入～；◇开创～
21	动向○	dòngxiàng	名	市场/需求/研究/学术/发展～；新～；了解/掌握/发现～
22	稀奇○	xīqí	形	事情/东西～；觉得～；不/毫不～；～古怪
23	称道	chēngdào	动	值得/令人/被人～
24	未曾	wèicéng	副	～考虑/研究/相信；～有过
25	死守	sǐshǒu	动	～阵地/防线/堤坝/岗位；◇～观念/规矩；◎严防～
26	亩○	mǔ	量	一～地；～产……（斤/公斤）
27	另辟蹊径	lìng pì xījìng		
28	残渣	cánzhā	名	食物/茶叶～
29	阵地	zhèndì	名	我军/敌军/前沿～；坚守/争夺/占领/放弃～；◇宣传/学术/文化～
30	治学○	zhìxué	动	～态度/方法；～严谨
31	利弊	lìbì	名	权衡/分析～；各有～；～得失
32	后者○	hòuzhě	名	
33	回马枪	huímǎqiāng	名	杀（个/一个）～

34	山林	shānlín	名	回归／归隐～
35	田园	tiányuán	名	～风光／生活／气息；◎～诗／诗人／～牧歌
36	蕴含	yùnhán	动	～趣味／意义／力量／感情
37	偏见○	piānjiàn	名	世俗／政治／性别／种族／文化～；抱有／带有／充满／不抱～；破除／消除～；～深
38	美感	měigǎn	名	富有／增添／失去／毫无～；艺术～
39	有待○	yǒudài	动	～提高／完善／解决／加强／证实
40	开课	kāi//kè	动	正式／正常／按时～
41	出书	chū shū		
42	出身○	chūshēn	动／名	～（于）（市民／教师／军人）家庭；社会／家庭～；工人／教师／军人／贵族／平民～；～高贵／卑贱
43	拿手戏	náshǒuxì	名	
44	左图右史	zuǒtú-yòushǐ	成语	
45	西学东渐	xīxué dōng jiān		
46	学界	xuéjiè	名	国内／国际～；～同人
47	刊行	kānxíng	动	初次／陆续／独家～
48	画报	huàbào	名	体育／旅游／时装～
49	心得○	xīndé	名	读书／学习／教学～；总结／交流～
50	读书人	dúshūrén	名	尊重／重视～
51	兼及	jiānjí		～（某）主题／领域／方面
52	方才	fāngcái	副	
53	偏废	piānfèi	动	（两者）不可～
54	飘逝	piāoshì	动	白云～；随风～；◇岁月／感情～
55	理会○	lǐhuì	动	不予／不加／毫不～
56	声腔	shēngqiāng	名	戏曲／京剧～；～体系
57	唱腔	chàngqiāng	名	～优美／婉转／奔放／独特；～流派
58	诵读	sòngdú	动	～文章／诗文／经典

59	体式	tǐshì	名	文字 / 文章～
60	课室	kèshì	名	
61	从政	cóngzhèng	动	学者～；～经验
62	经商○	jīng//shāng	动	下海 / 弃农～
63	自恃才高	zìshì cái gāo		
64	脾性	píxìng	名	深知 / 摸透～；～温和 / 暴躁
65	歧路亡羊	qílù-wángyáng	成语	
66	眼红○	yǎnhóng	形	～（他人）地位 / 财富 / 成功；令人～
67	省长	shěngzhǎng	名	
68	发财○	fā//cái	动	升官～；～致富；◎恭喜～
69	长项	chángxiàng	名	
70	取向	qǔxiàng	名	价值 / 政策 / 研究 / 审美～
71	标榜○	biāobǎng	动	～独立 / 自由 / 民主；◎自我～
72	毋庸置疑	wúyōng zhìyí		
73	擅长○	shàncháng	动	～运动 / 音乐 / 电脑 / 社交 / 逻辑思维
74	自家	zìjiā	代	～庭院；◎～人
75	储备○	chǔbèi	动 / 名	～粮食 / 药品 / 石油；外汇 / 黄金 / 粮食～；～增加 / 减少；～充足
76	担子○	dànzi	名	挑～；～重 / 沉重；◇生活 / 家庭 / 工作～
77	存心○	cúnxīn	动 / 副	～不良；～欺负 / 欺骗 / 找麻烦
78	偷懒○	tōu//lǎn	动	工作～；有意 / 时常～
79	出息○	chūxi	名	有 / 没有～
80	喝彩○	hè//cǎi	动	为……～；赢得 / 值得～
81	踉踉跄跄	liàngliàngqiàngqiàng		
82	一蹴而就	yícù'érjiù	成语	
83	量力而行	liànglì'érxíng	成语	
84	充○	chōng	动	◎～大头 / 好人 / 行家；以次～好
85	困惑○	kùnhuò	形	感到～；令人～；～不解 / 不已

86	失落○	shīluò	形	心情／心理／神情～；感到～；◎～感
87	凯歌○	kǎigē	名	◇高奏～；一路～；谱写（壮丽）～
88	专著○	zhuānzhù	名	学术／医学／语法～；出版～
89	叹为观止	tànwéiguānzhǐ	成语	
90	秘诀○	mìjué	名	成功／养生／长寿～；传授～
91	代表作	dàibiǎozuò	名	小说／诗歌／绘画～
92	一挥而就	yìhuī'érjiù	成语	
93	千古	qiāngǔ	名	～名句／美名／罪人；名扬／流传～
94	绽放○	zhànfàng	动	鲜花／烟火～；◇笑容／青春～
95	惊羡	jīngxiàn	动	令人～；～不已
96	机缘	jīyuán	名	～成熟／巧合；错失～
97	千锤百炼	qiānchuí-bǎiliàn	成语	
98	才华○	cáihuá	名	～出众／超群／卓越；艺术／文学／音乐～；富有／施展～；◎～横溢
99	经由	jīngyóu	介	～（某地）到达；～（方法／途径）完成／实现
100	撰述	zhuànshù	动／名	～历史／作品；～甚多
101	聊以自慰	liáoyǐzìwèi	成语	
102	兴高采烈○	xìnggāo-cǎiliè	成语	
103	过早	guòzǎo		～考虑／参加／放弃／衰老；◎为时／言之～
104	退场	tuì//chǎng	动	观众／记者／代表～；中途／提前／早早／纷纷～
105	勤能补拙	qínnéngbǔzhuō	成语	
106	借用○	jièyòng	动	～概念／理论／观点／方法／一个词／一句话
107	召唤	zhàohuàn	动	在……～下；◇时代／艺术／历史／理想（的）～
108	殷切	yīnqiè	形	～期望／盼望／希望／关怀
109	应付○	yìngfu	动	～情况／困难／压力；难以～；～自如；～差事／工作／考试

110	而后	érhòu	连	
111	踏步	tàbù	动	◇原地~；◎大~（前进）
112	认准	rènzhǔn		~方向/目标/道理/事情
113	心无旁骛	xīn wú pángwù		
114	教学相长	jiàoxué-xiāngzhǎng	成语	
115	空话	kōnghuà	名	说/讲~；少说/少讲~；◎~连篇
116	催促○	cuīcù	动	~（人）办理/处理/准备；在……~下；多次/一再/频频~
117	结账	jié//zhàng	动	现金~；年度~
118	学养	xuéyǎng	名	~深厚/不足
119	初版	chūbǎn	动/名	~于（某年）；◎~本
120	日后○	rìhòu	名	~（的）生活/工作/发展
121	重刊	chóng kān		~某书；◎~本
122	侠客	xiákè	名	~形象/情怀
123	借以	jièyǐ	连	
124	底子○	dǐzi	名	古文/外语/武功/工业~；~厚/好/扎实/雄厚/薄/差/薄弱；打下~
125	懒得○	lǎnde	动	~做/说/搭理/追究
126	熬夜○	áo//yè	动	~加班/写作/看比赛；通宵/长期~
127	讲学○	jiǎng//xué	动	义务~

词语例释

1. 有待

动词。要等待。表示某事做得不够，还需要进一步去做。必须带宾语。宾语一般是双音节动词。如：

（1）越来越多的中国人居住在城市，如何理解城市生活、城市文化、城市的历史以及城市的美感，是个有待开发的大课题。

（2）虽然我们的演出获得了成功，但客观地说，表演水平还有待提高。

（3）在教学方面我们还有很大的提升空间，教学方法有待改进，教材有待完善，师资力量有待加强。

宾语也可以是短语或小句。宾语中动词中心语常用"进一步"修饰。这种用法的"有待"也可以说成"有待于"。如：

（4）民族的定义，从学术上来说还有待深入的探讨。

（5）茫茫宇宙，还有无数的奥秘有待我们去探索。

（6）从法治建设方面来说，我们很多的法律法规还有待于进一步健全。

（7）新的教学法是否有效，还有待于我们通过教学实践去进一步验证。

2. 兼及

动词性短语。同时涉及（其他主题、范围、领域等）。用于表示并列关系。常与"在……之外／以……为主／在……的同时"配合使用。如：

（1）所谓的"读书人"，在"读字"之外，必须兼及"读图"，方才不至于偏废。

（2）我们的历史课以讲授历史知识为主，兼及一些具体的理论问题和研究方法。

（3）我们的杂志以发表散文为主，兼及对国内外散文名作的介绍。

（4）只有在进行经济建设的同时兼及生态建设，才能保护大自然，造福后人。

（5）著名国画家陈大羽（1912—2001）以花鸟画著称，尤其擅长画雄鸡，兼及山水画、书法和篆刻。

（6）作为世界上最古老的水利工程之一，都江堰（Dūjiāng Yàn）至今仍在为农田、工厂和城市生活供水，兼及防洪、发电、水产、旅游等多项综合服务。

3. 借以

连词。用在目的复句后一分句的开头，表示把前一分句所说内容作为凭借，以达到某种目的。如：

（1）孩子好动，一分钟也安静不下来。父母决定每天陪儿子练毛笔字，借以培养其耐性。

（2）岁末来临，各大商场都在开展一系列的促销活动，借以营造活跃的销售氛围。

（3）失业的日子，我除了买菜做饭、吃饭睡觉，其他时间都躺在床上看杂志，看小说，借以打发无聊的时光。

（4）一部分明星总是靠制造八卦吸引眼球，借以提高知名度，这不是什么新闻。

（5）成语"投石问路"原指夜间潜入某处前，先扔石子看看有无反应，借以探测情况。现比喻事前进行试探。

（6）因那本书的写作状态和当时的心境密切相关，对我个人来说，这既是一本不错的学术著作，也让我借以度过某种精神上的危机。

例（6）为课文中的例子。"借以"所凭借的对象可以理解为"写那本书"。那本书即《千古文人侠客梦：武侠小说类型研究》。

成语运用

1. 侃侃而谈

侃侃：kǎnkǎn，形容说话理直气壮，不慌不忙。指谈话时胸有成竹，从容不迫。使用中相当于动词，一般做谓语，有时也做定语。如：

（1）在节目中，陈平原侃侃而谈，谈大学、谈教育、谈武侠背后的人文等话题。

（2）提起自己第一次到中国旅游的经历，她侃侃而谈，很多细节都记得很清楚。

（3）坐火车常能遇到一些爱聊天的乘客，什么话题都能聊，见谁都能侃侃而谈。

（4）他是林业专家，说到森林资源的利用和保护现状自然是侃侃而谈。

（5）能用汉语分析中国文学作品、面对现场观众可以侃侃而谈的外国学者，为数并不多。

（6）今天会议的效果不佳，台上是侃侃而谈的报告人，台下是昏昏欲睡的听众。

2. 眼花缭乱

缭乱：纷乱。形容事物复杂纷繁，使人看不清楚，无法辨别。使用中相当于动词，可做谓语、定语和补语。常说成"令人/使人眼花缭乱"。如：

（1）大商场商品丰富，种类齐全，我走了五分钟已经眼花缭乱，感觉像进了迷宫。

（2）有人喜欢武打片，就是喜欢那些惊险的武打场面，令人眼花缭乱。

（3）展览大厅的工艺品琳琅满目，使人眼花缭乱，大家看得如痴如醉。

（4）我喜欢参观海洋馆，五彩缤纷的热带鱼，自由漂游的海龟，还有很多使人眼花缭乱的海洋生物，给人带来了无穷的乐趣。

（5）只不过学术视野不断拓展，兴趣也有所转移，全部著作放在一起，才给人眼花缭乱的感觉。

（6）新买的手机功能实在太多，她看得眼花缭乱。

3. 一蹴而就

蹴：cù，踏。就：成功。踏一步就能成功，比喻很容易就能成功。使用中相当于动词，常做谓语，有时也做定语。如：

（1）做学术研究，并非一蹴而就，得学会"量力而行"。

（2）一种新观念要成为全民共识，是不能一蹴而就的，短时间内不能实现。

（3）理想是美好的，理想的实现却需要付出艰辛，不可能一蹴而就。

（4）论文写作想一蹴而就是一个不切实际的梦想。

（5）良好的生活习惯不可能一天养成，这不是一蹴而就的事情。

（6）一个国家的现代化不是一蹴而就的事情，需要几代、十几代人，甚至几十代人的努力。

4. 量力而行

量：估量，估计。行：做事。估量自己的能力，然后去做事。指在自己的能力范围内去做事情。使用中相当于动词，常做谓语和定语。如：

（1）做学术研究，并非一蹴而就，得学会"量力而行"，既不偷懒，也不充大头，这样才能走得比较远。

（2）给自己订学习计划时要量力而行，不要给自己太大压力。

（3）居民区绿化是好事，但资金有限，要量力而行。

（4）运动会欢迎每位同学参加，但大家要量力而行，没练过长跑的最好不要报3000米。

（5）帮助别人是美德，但需要遵循量力而行的原则。

（6）借鉴发达地区成功经验的同时，也要坚持量力而行的方针，科学制定本地区经济发展规划。

5. 兴高采烈

兴：兴致。采：神采，精神。形容做一件事情兴致高昂，精神振奋。使用中相当于形容词，常做状语，也可做定语和谓语。如：

（1）我不敢说自己做得很好，聊以自慰的是，一路上左顾右盼，兴高采烈地做学问。

（2）除夕之夜，吃完年夜饭，大家一边兴高采烈地聊天，一边等着看零点的烟火表演。

（3）一到狂欢节花车游行这一天，街道两旁早早地就会挤满兴高采烈地等待看表演的市民。

（4）看到叔叔兴高采烈的样子，我知道他今天又钓到了不少鱼。

（5）在城市有名的旅游景点，每天都能看到兴高采烈、一脸好奇的游客。

（6）当游行的花车驶过，街道两旁挤满了欢呼的人群，个个兴高采烈。

（7）一听说郊游的内容有采蘑菇，大家兴高采烈，恨不得马上出发。

练　习

一、解释加点语素的意思，并根据拼音完成新词，同时说明其词义。

1. 教职（　　　　）
   　guān　　职
   　jūn　　职

2. 嘉宾（　　　　）
   　guì　　宾
   　lái　　宾

3. 隐含（　　　　）
   　àn　　含
   　bǎo　　含

4. 专攻（　　　　）
   　专　fǎng
   　专　mài

5. 另辟（　　　　）
   另 móu　　　　
   另 zhǎo　　　　

6. 偏见（　　　　）
   chéng　　　　见
   yuǎn　　　　见

7. 从政（　　　　）
   从 yī　　　　
   从 yǐng　　　　

8. 长项（　　　　）
   长 chù　　　　
   长 jì　　　　

9. 转向（　　　　）
   转 háng　　　　
   转 xíng　　　　

10. 凯歌（　　　　）
    sòng　　　　歌
    zàn　　　　歌

二、词语搭配与填空。

事情　卓越
担子　稀奇
神情　雄厚
才华　沉重
底子　失落

（1）看到自己喜爱的球队输了球，孩子的脸上流露出_____的_____。

（2）对儿童来说，科幻片讲的都是_____古怪的_____，有一种神秘的吸引力。

（3）一个城市只有有了_____的经济_____，才能在市政设施方面投入更多的资金。

（4）还在大学读书的时候，她已经在文学创作方面显示出了_____的_____。

（5）面对野生物种的不断减少，每位野生动物保护者都感到身上的_____分外_____。

反省　动向
拓展　偏见
掌握　心得
消除　业务
交流　行为

（6）我们的书友会定期活动，总结、_____读书_____。

（7）她最爱八卦，人人都躲着她。她觉得大家对她抱有偏见，从不_____自己的_____。

（8）男女平等是我们的理想，社会应该进一步_____性别方面的_____。

（9）作为一名企业家，应该关注并力求_____市场发展_____，这是有关企业生存的大事。

（10）健康稳定的经济环境能使投资者拥有安全感，吸引他们_____新_____，开辟新市场。

143

储备	喝彩
赢得	专著
出版	方法
传授	药品
借用	秘诀

（11）众所周知，杂技表演动作惊险，难度极大。精彩的杂技节目总能_____全场_____。

（12）现代中医看病也_____了西医的部分治疗_____。

（13）对一个家庭来说，常用_____应该_____一点，也应该了解其用法。

（14）我的导师是一位治学严谨的学者，同时异常勤奋，退休以后还_____了多部_____。

（15）大家都羡慕我做饭做得好，今天我就来_____一点烹调小_____。

专题	成才
自学	研讨
存心	讲学
通宵	偷懒
义务	熬夜

（16）作为一名优秀的中学教师，他常利用假期到其他中学进行_____ _____，传授教学经验。

（17）不管在科技界还是艺术界，都有_____ _____的典型例子。当然，不能据此就否认正规学校教育的必要性。

（18）事情做得这么差，倒不是他_____ _____，完全是因为水平不够。

（19）不可否认，_____ _____是对自己健康的犯罪。

（20）学校每学期都会组织教师对教学问题进行一次_____ _____。

三、用指定词语完成句子或对话。

1. 他向留学生朋友介绍中国的时候，_____（侃侃而谈）
2. 春节前的商场是最热闹的地方，_____（眼花缭乱）
3. 王老师常常告诫他的学生，如果将来从事学术研究，_____（治学）
4. 表扬和批评作为教育的两种手段，_____（后者）
5. 你的论文初稿还存在一些问题，_____（有待）
6. A：你能否用一个例子来说明什么是平等？
   B：_____（出身）
7. 我的导师研究领域较广，_____（兼及）

8. 他做旅游计划的时候，只考虑旅游能不能给自己带来新的知识，＿＿＿＿＿＿
＿＿＿＿＿＿＿＿＿＿＿＿＿＿＿＿＿＿＿＿＿＿＿＿＿＿＿＿＿＿＿（理会）
9. 虽然他是一个公务员，＿＿＿＿＿＿＿＿＿＿＿＿＿＿＿＿＿＿＿（经商）
10. ＿＿＿＿＿＿＿＿＿＿＿＿＿＿＿＿＿＿，要成功只有靠自己的努力。（眼红）
11. ＿＿＿＿＿＿＿＿＿＿＿＿＿＿＿＿＿＿，其实他从不听取别人的意见。（标榜）
12. 他是儿童文学作家，＿＿＿＿＿＿＿＿＿＿＿＿＿＿＿＿＿＿＿＿（擅长）
13. 望子成龙，＿＿＿＿＿＿＿＿＿＿＿＿＿＿＿＿＿＿＿＿＿＿＿＿（出息）
14. A：你知道俗语"一口吃不成个胖子"是什么意思吗？
    B：＿＿＿＿＿＿＿＿＿＿＿＿＿＿＿＿＿＿＿＿＿＿＿＿＿＿（一蹴而就）
15. 健身是好事，＿＿＿＿＿＿＿＿＿＿＿＿＿＿＿＿＿＿＿＿＿（量力而行）
16. 他水平有限，＿＿＿＿＿＿＿＿＿＿＿＿＿＿＿＿＿＿＿＿＿＿＿＿（充）
17. 当书本上讲的道理在社会中行不通的时候，＿＿＿＿＿＿＿＿＿＿（困惑）
18. 高铁通车的那一天，＿＿＿＿＿＿＿＿＿＿＿＿＿＿＿＿＿＿（兴高采烈）
19. 到目前为止，我们的工作还比较顺利，但是，＿＿＿＿＿＿＿＿＿（过早）
20. 他是守时、守约、守信的人，＿＿＿＿＿＿＿＿＿＿＿＿＿＿＿（催促）
21. 一开始学习汉字的时候就要重视笔顺，＿＿＿＿＿＿＿＿＿＿＿＿（日后）
22. 工作累了的时候，他总喜欢听听音乐，＿＿＿＿＿＿＿＿＿＿＿＿（借以）
23. 他很自负，总认为自己比别人能力强，＿＿＿＿＿＿＿＿＿＿＿＿（懒得）

四、在文中画线处填写适当的关联词（如需要，可参考短文后提供的词语）。

不能说武侠小说仅仅在华人世界流传，在韩国、日本等同属汉字文化圈的国家，也有不少金庸（1924—2018）以及武侠小说的读者。＿①＿，金庸小说英文译本少，在西方社会影响不大，却也是事实。这与武侠小说非同寻常的翻译和阅读难度有关。你当然可以通过增加注释的办法，＿②＿读者逐步进入那个若有若无、半真半假的江湖世界。可本以娱乐性见长的武侠小说，必须一本正经地学习，＿③＿失去了很多趣味。我相信，译金庸的小说＿④＿译鲁迅的小说更难。难就难在那些＿⑤＿带虚拟性，＿⑥＿有深厚历史文化根基的"江湖"与"武功"。

不止一个外国学生抱怨，武侠小说中的打斗场面，全都一个样。＿⑦＿任何一个中国的金庸迷都会告诉你，每场精彩的打斗，都是不可复制的。对于中国读者来说，金庸小说越长越好看。这种欣赏趣味的差异，根源于不同的教育＿⑧＿知识背景，短期内不可能消除。不过，还是有少数外国学生打算研究武侠小说，究其原因，

⑨_____大众文化研究潮流的影响，还有就是⑩_____迷恋中国的武侠电影而对武侠小说产生了兴趣。

> 因　让　不过　除了　比
> 而　就　和　既……又……

五、将下面几段文字按正确的顺序排列成一篇短文，并画出在段落间起连接作用的语句。

A. 20世纪90年代中期以后，陈平原还突入了一个既相异又相关的领域——教育史研究。他力图将教育、思想、学术熔为一炉，来探讨20世纪中国文化和历史的另一侧面。这一方面的研究成果有《中国大学十讲》《大学何为》等。

B. 陈平原是1977年恢复高考后的第一批大学生，在80年代走上了学术道路。他出身中文系，1985年与其他学者一道提出了对现代文学史研究影响巨大的"二十世纪中国文学"的命题。之后他又完成了博士论文《论传统文学在小说叙事模式转变中的作用：从"新小说"到"现代小说"》，进一步展示了他的学术功力。在其后的小说研究领域，他又多次尝试不同的角度和方法，酝酿学术上的转变和突围。

C. 从文学到学术再到教育，陈平原既不是越走越远，渐渐离题，也不是没有系统地四面出击。那么，为什么陈平原能够不断地找到新的方向，敏锐地捕捉到新的问题？除了个人的学术积累之外，陈平原认为，保持身处学科前沿，多与国内外的同行交流对话，是获得灵感、碰撞出新思路的最有效的途径。

D. 自1991年起，陈平原开始了关于"中国现代学术之建立"的研究。1998年初，陈平原的专著《中国现代学术之建立：以章太炎、胡适之为中心》由北京大学出版社出版。这部花费了作者六年多心血的著作为学术史研究奠定了极为厚实的基础。之后又有几部著作从不同侧面讨论了现代学术形成和发展的历史。

E. 北京大学中文系陈平原教授在其二十多年的学术研究中，以开阔的视野和敏锐的眼光，不断开拓研究的新领域：从现代到晚清，从文学史到学术史、教育史、思想史、文化史等，其治学思路和方法不仅具有启发性，同时也反映了学术界的发展进程。与其说他是在跨越学科边界，不如说他是在用自己的理解开拓"文学"的疆域。

文章段落顺序：☐-☐-☐-☐-☐

六、根据以下论述或例证总结中心论点，并将其写在横线上。

【中心论点】

_____

_____

_____

［一］学哲学最不好的毛病是说自己都懂。问你，柏拉图懂吗？懂。佛家懂吗？懂。老子、阳明也懂，康德、罗素、柏格森……全懂得。说起来都像自家熟人一般。一按其实，则还是他未经锻炼的思想见地；虽读书，未曾受益。病源都在不虚心，自以为没什么不懂的。

［二］对于前人之学总要存一"我不懂"之意。人问柏拉图你懂吗？不懂。柏格森懂吗？不懂。阳明懂吗？不懂。这样就好了。自己觉得不懂，就可以除去一切浮见，完全虚心先求了解它。这样，书一定被你读到了。

［三］遇着不同的意见、思想，我总疑心他比我高。疑心他必有为我所未及的见闻在，不然，他何以不和我做同样的判断呢？有两句话希望大家常常存记心间。第一，"担心他的出乎我之外"；第二，"担心我的出乎他之下"。有这担心，一定可以学得上进。

［四］"学然后知不足"，真是不错。只怕你不用心，用心之后就自知虚心了。自己当初一点见解之肤浅不足以解决问题，学习之后才知道。

七、阅读理解。

1　城市文化的哲学本质，是一种密集空间里的心理共享。城市的密集空间，在文化上促成了公共审美。

2　公共审美的要求，使城市文化肩负了很多艰巨的具体任务。在这儿不妨做一个比较：在今天，我们可以不必理会那些自己不喜欢的作品，但对于建筑和街道来说就不一样了。那是一种强制性的公共审美，所谓"抬头不见低头见"，眼睛怎么也躲不过。因此，它们构成了一个庞大的审美课堂，市民天天都在上课。如果"课本"优秀，那么全城的市民也就获得了一种正面的审美共识；相反，如果"课本"拙劣，那么一代代市民也就接受了丑的熏陶，一起蒙污，造成文化上的沦落。

3　作为一种公共审美，城市文化的主要方面应该是可视的。城市里各所大学、研究所里的学术成果，严格说来并不是城市文化，至多只能说是"城市里的文化"。城市文化以密集而稳固的全民共享性作为基础，因此也必须遵守其他文化不必遵守的规矩。

4 公共审美必须遵守的一条重要规矩就是"免惊扰"。"惊扰"分两类，一类是内容上的惊扰，一类是形式上的惊扰。

5 何谓内容上的惊扰？由于是公共审美，审美者包括老人、小孩、病人，以及带有各种精神倾向的人，因此必须把暴力、色情、恐怖、恶心的图像删除。上海一个现代派艺术家曾把一具仿造的骷髅悬挂在窗下，直对街道，这就对很多市民造成惊扰。同样，巨蟒、软虫、蜥蜴的巨幅视频也不能出现在闹市。过于暴露的性爱镜头出现在公共场所，也会使很多领着孩子的家长、扶着老人的晚辈尴尬。

6 何谓形式上的惊扰？那就是艳色灼目、厉声刺耳、广告堵眼、标语破景。有人说，这一切是"现代自由"。其实，现代社会人人平等，任何人都不能享有惊扰他人自由的自由。这就像在一个安静的住宅社区，半夜里突然响起了意大利男高音，虽然唱得很美，却违反了现代公共空间的规矩。

7 公共审美的"免惊扰"原则，必然会使一座城市在图像上删除烦冗，删除缤纷，删除怪异，走向简约，走向朴素，走向本真。到那时，我们又可以在白墙长巷里打伞听雨声了，又可以在深秋江堤边静坐数远帆了。优秀的建筑设计也可以不受干扰、不被拥塞地呈现它们完整的线条了。

8 公共审美的最后标准，是融入自然。城市里如果有山有水，人们必须虔诚礼让，即所谓"显山露水"。这还不够，应该进一步让自然景物成为城市的主角和灵魂。不是让城市来装饰它们，而是让它们以野朴的本相揳入城市精神。柏林的城中森林，伯尔尼不失土腥气的阿勒河，京都如海如潮的枫叶，都表现了人类对自然的谦恭。这样，前面所说的"免惊扰"原则，有了更重要的含义，那就是，既不惊扰市民，也不惊扰自然。

9 只要是公共审美，再小也不可轻视。例如我很看重街道间各种招牌上的书法，并把它看成是中国千年书法艺术在当代最普及的实现方式，比开办书法展、出版书法集更为重要。我在很多城市的街道上闲逛时曾一再生出疑问：这些城市的书法家协会，为什么不在公共书法这样的大事上多做一点事呢？

10 除此之外，街道上的路灯、长椅、花坛、栏杆、垃圾桶等，全都是公共审美的载体，也是城市文化的重要元素。想想吧，我们花费不少经费举办的演唱晚会一夜即过，而这些元素却年年月月都安静地存在，与市民构建着一种长久的相互适应。这种相互适应一旦建立，市民们也就拥有了共同的审美基石。如果适应的是高等级，那么，对于低等级的街道就会产生不适应。这种适应和不适应，也就是城市美学的升级过程。

11 一切美丽都是和谐的，因此总是浑然天成、典雅含蓄。反之，一切丑陋都是狞厉的，因此总是耀武扬威、嚣张霸道。如果没有审美公德的佑护，美永远战胜不了丑。正像美好是一所学校，丑陋也是一所学校；正像美好会传染，丑陋也会传染。这就雄辩地说明，审美是一种公德。

（节选自余秋雨《大美可追：余秋雨的文化美学·城市文化与公共审美》。北京联合出版公司，2020年版。）

1. 请参考原文标题，给本文拟一个新的题目，写在文前的横线上。

2. 写出本文的内容提要和提纲。

【内容提要】（150字左右）

【关键词】（3—5个）

_____ _____ _____ _____ _____

【提纲】

3. **查资料,解释下列概念。**

(1) 现代派(第5段)

_____

_____

_____

(2) 显山露水(第8段)

_____

_____

_____

4. 请查阅相关资料,给第8段中"柏林的城中森林,伯尔尼不失土腥气的阿勒河,京都如海如潮的枫叶"一句加注。注释内容需要体现它们都"表现了人类对自然的谦恭"。

_____

_____

_____

_____

_____

论文设计与讨论

一、根据"课前准备"中的选题,确定一个你感兴趣的话题,并拟一个论文题目。也可以根据课文内容自己确定一个题目。

_____

二、根据论文题目,整理已有材料,并补充新的资料。列出其中有参考价值的论文或专著(各2种)(写出作者、论文名、杂志名/书名等基本信息)。

1. _____

2. _____

3. _____

4. _____

三、写出论文提纲，并进行小组讨论。

四、收集老师和同学的意见，并对原提纲进行修改，写出新提纲。

第七课　茶的起源及饮茶习俗的全球化

刘馨秋

课文导览

【作者简介】

刘馨秋（1982—　），辽宁人。南京农业大学副教授。主要研究领域为农业史、农业文化遗产保护和传统村落保护，对茶叶的历史和茶文化尤有较为深入的研究。专著有《江苏茶文化遗产调查研究》《中国传统村落记忆·江苏卷》《茉莉窨香：福建福州茉莉花种植与茶文化系统》等，合作主编的论文集有《中国近现代经济与社会转型研究》《中国传统村落：记忆、传承与发展研究》等。

【作品出处】

课文选自论文集《丝绸之路中外科技文化交流探索》，王思明、李昕升、[美]雷·道格拉斯·赫特（R. Douglas Hurt）主编，中国农业科学技术出版社，2018年版。有删减。

【文体说明】

课文属于学术论文，包含摘要、关键词、正文、注释和参考文献等基本组成部分。题目揭示论文探讨的基本问题，全文围绕茶的起源和饮茶习俗的传播这个中心分为四个部分。各部分内容相对独立又互有关联，论证层层深入。论文中的章节编号采用的是汉字和阿拉伯数字的组合形式，这种形式从一级标题到四级标题分别以"一""（一）""1""（1）"表示。本文只出现了前两个层次。这两个层次的标题，从内容来看都表示论述的对象或范围。章节编号加标题的形式使得论文结构极为清晰。从论证过程来看，本文使用了丰富的例证，包括引用原始资料来说明观点。通过课文，学习者不仅能对茶文化有一个比较全面的了解，还能学习论文的典型结构。

课前准备——口头/书面报告选题

1. 世界三大无酒精饮料之咖啡和可可（选择一个进行介绍，内容可以包括产地、传播、制作与所形成的文化等）；
2. 中国古代的茶马贸易制度/茶马古道；
3. 遣唐使和茶向日本的传播；
4. 日本茶道形成过程中的重要人物，日本茶道的概念及其蕴含的哲学、美学思想；
5. 英式下午茶文化；
6. 学生本国的饮茶习俗或传统饮料。

课 文

 07–01

【摘要】茶树的原产地位于中国西南地区，饮茶文化的起源地位于中国西南的四川地区。从以四川为中心的地方性饮料发展成为世界三大无酒精饮料（可可、咖啡、茶）之一，茶与饮茶习俗的全球化大致经历了三个阶段：从四川向长江流域及黄河中下游部分地区传播阶段（公元前316年至魏晋南北朝，公元前316—581）、从长江流域向全中国及亚洲普及阶段（隋唐宋元时期，581—1368）、从中国向全球普及阶段（明清时期，1368—1911）。茶在传播过程中与传入地的文化相互融合，形成了丰富多彩的饮茶习俗。其中，日本茶道传承了中国古典茶文化的核心内容，可谓东方饮茶习俗之代表；英式下午茶则将欧洲，尤其是英国本土文化带入茶饮之中，是西方饮茶习俗的精髓。

【关键词】茶；茶文化；起源；传播

阅读提示（一）

1. 从论文题目来看，论文主要讨论什么问题？
2. "摘要"部分一共概括了几个要点？与论文的四个部分是什么关系？
3. 本文的"关键词"与论文题目存在怎样的关联？

一、茶的起源 07-02

1　茶树，Camellia sinensis (L.)，是山茶科山茶属的一种多年生常绿木本植物[1]，性喜温热湿润和偏酸性土壤，耐阴性强，在亚热带、边缘热带和季风暖温带均有分布[2]。从目前已知的野生大茶树分布情况来看，中国西南地区是野生大茶树种类最多、数量最大、分布最集中的区域。[1] 苏联学者吴鲁夫[3]在《历史植物地理学》中指出，许多属的起源中心在某一地区集中，就表明该地区是这一植物区系的发源中心。依据这一观点判断，中国西南地区（包括与之接壤的东南亚部分地区）最可能是茶树的原产地。而这一论断也分别从野生茶树和茶树近缘植物的地理分布、古地质学、古气候学、细胞遗传学等多个方面得到证明。

2　产茶地可以是最早的饮茶地，但产茶地和饮茶地却并不一定是饮茶文化的发祥地。饮茶文化的形成需要社会发展至一定程度才能实现，因此即使茶树广泛分布于中国西南和东南亚等地，但在距今2000多年的先秦时期，有条件和能力发现、利用茶叶，并将其发展成为一种文化和事业的，只能是已进入农耕文明的中国西南巴蜀[2]地区的先民。"荆巴间采叶作饼，叶老者，饼成以米膏出之。欲煮茗饮，先炙令赤色，捣末置瓷器中，以汤浇覆之，用葱、姜、橘子芼之。"[3][4] 这是一条三国时期（220—280）的史料，从其所载内容以及同时代的其他历史文献来看，这一时期如此详细的制茶技术和饮茶方法已经从巴蜀传播至长江中下游的荆楚、吴越地区[5]。据此推测，巴蜀先民在秦代甚至先秦时期不仅具备发明制茶技术的条件，而且很可能已经发明了制茶技术和饮茶方法。因此，朱自振[6]先生提出的"巴蜀是中国茶业与茶文化的摇篮"这一观点已得到普遍认同。

补充注释

[1] 本句中的"科"和"属"是植物分类等级中较低的两个等级。植物分类等级从高到低依次为"界、门、纲、目、科、属、种"。

---

1 王平盛、虞富莲，《中国野生大茶树的地理分布、多样性及其利用价值》，《茶叶科学》，2002年，22卷第2期，第105～108页。关剑平，《文化传播视野下的茶文化研究》，北京：中国农业出版社，2009年，第10～11页。
2 巴蜀，在今重庆和四川境内。
3 [北魏] 张揖，《广雅》（文渊阁四库全书本）。

［2］本句涉及地球温度带的概念。地球温度带大体上有五个：热带、南温带、北温带、南寒带、北寒带。"亚热带"指的是温带靠近热带的地区，"边缘热带"则指靠近亚热带的热带部分。"季风"是一个气象学概念，指在大陆和海洋之间随着季节变化而有规律地改变方向的风。"季风暖温带"可以理解为受季风支配的暖温带。

［3］吴鲁夫：Е. В. 吴鲁夫（Евгений Владимирович Вульф，1885—1941）。植物学家和植物地理学家。代表作 Историческая география растений / Historical Geography of Plants 的中译本《历史植物地理学》1964 年由科学出版社出版，仲崇信、陆定安、沈祖安等翻译。

［4］这里所引用的这段文字的意思是："荆州、巴州地区，采摘茶叶来做茶饼，那些叶子较老的，茶饼做好后还要掺入米膏。假如要煮茶饮用，需先将茶饼烤成红色，然后捣成碎末放在瓷器中，加入沸水，再把葱、姜、橘子放进去。""炙"，zhì，烤。"赤色"，红色。"芼"，mào，这里指将葱、姜、橘子跟茶饼碎末拌在一起，做成一种茶汤。

［5］"荆楚"指现在的湖北、湖南一带，"吴越"主要指江苏南部、上海、浙江等地区。

［6］朱自振：1934—2021 年。茶史专家，南京农业大学中国农业遗产研究室研究员。长期从事茶史研究，对发掘和整理中国茶史文献、推进茶文化研究有重要贡献。与陈祖椝合编的《中国茶叶历史资料选辑》（1981 年出版）是研究茶文化的史料基石。

阅读提示（二）

1. 第 1 段的论点是什么？作者引用了什么观点进行证明？它出自什么学科的著作？
2. 第 2 段的论点是什么？位于第 2 段的什么位置？其中最重要的一条证明材料是什么？
3. 把第 1 段和第 2 段的观点结合起来，可以怎么解释第一部分的标题"茶的起源"？

二、茶在中国国内的传播 07-03

3 传播可以是从一个地域横向传至另一个地域，也可以是从一个时代纵向传递到另一个时代，茶的传播也有这两种基本的方式。因此，茶在传播过程中会吸收传入区域的精神文化内涵，形成丰富多彩的地域茶文化，茶文化也会随着时代的推移而产生一系列的发展、变化，甚至消亡。

4 从巴蜀先民发明饮茶直至秦人灭蜀[7]期间，茶是"以四川为中心的地方性饮料"4。

---

4 关剑平，《文化传播视野下的茶文化研究》，北京：中国农业出版社，2009 年，第 8 页。

自秦惠王[8]后元九年（公元前316年）"秦人取蜀"之后，"茗饮之事"5开始慢慢发展，并向巴蜀以外的地区传播开来。以巴蜀为中心的传播路线主要有两条：一是向北，向当时的政治、经济和文化中心，即陕西、河南、山东一带的中原地区传播；一是沿长江向东，向湖北、江西、安徽及江浙沿海地区扩散。

5 秦汉时期（公元前221—220），虽然北方黄河流域在经济文化等多方面条件上均优于地广人稀的长江流域，但茶的传入却并未引起黄河流域的重视。相较而言，茶在长江流域一线的传播则显得更为顺畅，至汉代已传至中游地区，而在魏晋南北朝时期的下游江浙一带，茶已被作为商品出售，并用于招待客人、郊外宴游、庆典祭祀等活动。

6 唐代（618—907）是中国封建经济发展的一个高峰期，因此，在唐代，特别是唐中期以后，随着社会经济的发展，茶由原本仅限于南方的地区性的生产和文化现象普及、发展到北方黄河流域。由《茶经》[9]和唐代其他文献记载来看，唐代茶叶产区已遍及今长江流域和黄河中下游的10余个省区。饮茶区域则更加广阔，不仅遍及长江、黄河流域，而且已传至西北少数民族地区以及朝鲜半岛和日本，饮茶成为一种全国性甚至东亚性的产业和文化。

7 宋代不仅延续了茶在中晚唐时期的蓬勃发展趋势，而且还将茶的生产、贸易和文化带入一个更加繁盛的发展阶段。与前朝不同的是，除了作为生活、文化元素和税收来源以外，茶在宋代还被当成一种重要的战略物资用于维系与边疆少数民族之间的和平稳定。一方面，少数民族地区已形成"夷人不可一日无茶以生"的局面，对茶叶的需求量大大增加；另一方面，宋朝立国中原，与辽、夏[10]等民族战火连年不断，需要大量战马充实国防。因此，宋朝政府建立了较为健全的茶马制、榷茶制[11]以确保官府对茶马贸易的垄断，满足政治及军事的需求。可以说，宋代茶马贸易是从属于政治、军事利益的。但无论目的如何，茶马贸易的繁荣带动了北方游牧民族饮茶习俗和茶文化的发展，并为蒙古族茶文化的形成以及元代茶叶借由蒙古帝国向外传播，最终由陆路传至中西亚和欧洲创造了条件。

8 总的来说，截至宋元时期，茶在中国国内的传播已基本完成，而中国古典茶文化也在这一时期发展到了极致。

---

5 [清] 顾炎武撰，[清] 黄汝成集释，秦克诚点校，《日知录》，长沙：岳麓书社，1994年，卷7第267页。

补充注释

[7] 秦人灭蜀：公元前316年，秦惠文王（前356—前311）派张仪、司马错等人率军攻灭了蜀国和巴国。

[8] 秦惠王：秦惠文王。

[9]《茶经》：世界上第一部有关茶的专著。唐人陆羽（733—约804）所著。成书于760—780年之间。作者详细收集历代茶叶资料，记述亲身调查结果和实践经验，对唐代及唐代以前有关茶的历史、产地、功效、栽培、采制、煎煮、饮用等方面的知识都有阐述，极大地推动了中国茶文化的形成和发展。

[10] 辽、夏："辽"指辽朝（907—1125），由契丹族建立的王朝。"夏"指西夏（1038—1227），由党项族建立的王朝。

[11] 茶马制、榷茶制："茶马制"指中原王朝用茶叶跟周边民族交换马匹的制度，起源于唐代，兴盛于宋代和明代，清代衰落。"榷茶制"指唐代开始的茶叶专卖制度。具体来说，指政府对茶叶实行征税、管制、专卖等措施。榷，què，专营，专卖。

阅读提示（三）

1. 根据第3段可以知道，第二部分标题所说的"茶在中国国内的传播"具有什么特点？
2. 第4—7段是根据什么来分段的？每段的第一句话或第一个词起什么作用？
3. 从第4—7段来看，茶的横向地域传播路线是什么？茶的经济作用和文化功能又是如何发展的？
4. 第6段中最重要的材料依据是什么？
5. 从第7段来看，茶在宋代有什么不同于前朝的功用？
6. 第8段在结构和内容上各有什么作用？

三、茶在世界范围内的传播 07-04

（一）向东亚传播

9　茶与饮茶习俗在中国魏晋南北朝时期（581年以前）即传入朝鲜半岛，并由朝鲜半岛转口输入日本，而朝鲜半岛和日本的茶文化真正获得繁荣发展，则是在唐宋时期（618—1279）。

10 朝鲜半岛与中国接壤，因此与中国在政治、经济、文化等方面的交流较为密切。三国时代[12]（公元前37—668）晚期，朝鲜半岛积极吸收中国文化，并将茶籽引入本国种植。成书于1145年的《三国史记》[13]对此有所记载，"（兴德王三年，828年）冬十二月，遣使入唐朝贡。文宗召对于麟德殿，宴赐有差。入唐回使大廉，持茶种子来，王使植地理山。茶自善德王时有之，至于此盛焉"[6][14]。此后，朝鲜半岛的饮茶习俗逐渐在社会各个阶层普及，至高丽王朝[15]统治时期（918—1392），茶产业与茶文化的发展均达到繁盛阶段。

11 茶叶最初传入日本是经朝鲜半岛转口，至平安时代[16]（794—1185），日本政府为了直接接触并学习中国文化，分别在804年、838年两次派遣使者、学生和僧人进入中国，更加完整地将包括饮茶习俗在内的中国传统文化引入了日本。在空海、永忠、最澄[17]等遣唐僧人的推广之下，唐代茶文化逐渐在日本上层社会普及。例如，成书于840年的《日本后纪》[18]载，"大僧都永忠手自煎茶奉御"[19]。[7] 嵯峨天皇[20]在接受永忠献茶的两个月后（弘仁六年六月，815年），便下令在畿内[21]、近江（今日本大阪、京都，以及奈良、和歌山、滋贺三县的一部分）等地种植茶树，并将茶叶作为每年的贡品。然而，传入日本的唐代茶文化却因当时日本社会尚未具备将中国茶文化"日本化"的能力，而未能普及至日本民间。[8] 至镰仓时代[22]（1185—1333），日本与中国的民间往来愈发频繁，中国茶文化再次被引入日本。1191年，荣西和尚[23]将茶籽带回日本种植，大力宣传佛教与茶饮，并为日本留下了第一部茶书《吃茶养生记》[9]，这部茶书在日本茶史上的地位相当于中国茶圣陆羽所著《茶经》。此后，日本茶文化正式进入繁荣发展阶段。

（二）向欧洲传播

12 1607年（明万历三十五年），被称为"海上马车夫"的荷兰人首次将茶由澳门运销至巴达维亚（今印尼雅加达），后又于1610年运至欧洲，开创了西方饮茶之风和中西海上茶叶贸易之先河，使茶由亚洲一地传播至欧洲，进而发展成为一种洲际的、全球

---

[6][高丽王朝]金富轼，《三国史记·新罗本纪》，"兴德王三年"条，引自关剑平，《文化传播视野下的茶文化研究》，北京：中国农业出版社，2009年，第161页。

[7][日]藤原绪嗣等，《日本后纪》，吉川弘文馆，1972年，引自关剑平，《文化传播视野下的茶文化研究》，北京：中国农业出版社，2009年，第57页。

[8]关剑平，《文化传播视野下的茶文化研究》，北京：中国农业出版社，2009年，第48～89页。

[9]关剑平，《文化传播视野下的茶文化研究》，北京：中国农业出版社，2009年，第87页。

性的文化和事业。

13　1699年（清康熙三十八年），英国东印度公司[24]的船只第一次抵达广州，开启了与中国直接贸易的通道，茶叶开始大规模输入欧洲。据统计，英国东印度公司每年购买的茶叶几乎占据总货值的50%以上，有的贸易季度甚至能达到90%以上。进入19世纪后，茶叶几乎成为该公司来中国购买的唯一商品。除了英国之外，荷兰、美国、法国、瑞典、丹麦、奥斯坦德、普鲁士、热那亚、托斯卡纳（位于意大利中西部）等众多国家和地区[25]，也把与广州的茶叶贸易作为主要贸易来经营。19世纪80年代以后，英属印度[26]、锡兰（今斯里兰卡），以及荷属爪哇[27]等地的茶产业逐渐发展起来，欧洲拥有了属于自己的茶叶货源，其饮茶习俗也因融合了自身的文化精髓而独具魅力。

补充注释

［12］三国时代：指公元四世纪到七世纪之间，高句丽（Gāogōulí）（前37—668）、百济（前18—660）和新罗（前57—935）三国鼎立的历史时期。课文中所注三国时代的时间是高句丽存在的时间，而三国鼎立的状况直到公元四世纪才形成。

［13］《三国史记》：高丽王朝（918—1392）历史学家金富轼（1075—1151）于1145年编撰完成的正史。用纪传体史书体例记述了新罗、高句丽、百济三国的历史。共50卷，约27万字。

［14］这段引文的意思是："新罗兴德王（826—836年在位）三年（828年）冬12月，派遣使者到唐朝朝贡。唐文宗（827—840年在位）在麟德殿（皇帝接见外国使节、宾客的宫殿）接见他们，并赏赐了不同的物品。派到唐朝的使者金大廉带回了茶种，兴德王让人种在地理山（今'智异山'）。茶在新罗善德王（？—647）时期已有，到兴德王时期开始兴盛。"

［15］高丽王朝：又称王氏高丽。朝鲜半岛古代王朝。

［16］平安时代：日本古代的一个历史时期。"平安"之名来自当时的首都"平安京"。平安京即今日本京都。平安时代的开始时间有784年与794年两种说法，结束时间也有1185年和1192年两说。

［17］这三位遣唐的僧人中，空海（774—835）是日本佛教真言宗的创始人。804年到达中国，806年回国。在学习佛教教义的同时，也学习煮茶之法。永忠（743—816）是最早来中国学习佛法的僧人，在中国生活时间也最长，775年到达长安，805年回国。相传他将制茶之法带回了日本。最澄（767—822）是日本天台宗的创始人。804年到达中国，805年回国。回日本时除了带回大量的佛教经典，还带回了茶叶、茶籽。

［18］《日本后纪》：平安时代初期由藤原冬嗣、藤原绪嗣编纂的史书，记录了从792年到833

年共四十二年的日本历史。

［19］这句引文的意思是："大和尚永忠亲自煎茶，献给天皇喝。""大僧都"是僧官之名。

［20］嵯峨天皇：日本第52代天皇（786—842）。推崇唐朝的文化，能写汉诗，擅长书法。

［21］畿内：jīnèi，古代首都管辖内的地区。

［22］镰仓时代：以镰仓为政治中心的武家政权时代。武家政权指武士通过幕府实行的政治统治。"幕府"指将军。镰仓现为日本著名古都之一。

［23］荣西和尚：1141—1215年。禅宗流派之一临济宗的创始人，也有日本"茶祖"之称。1168年和1187年两次入宋学习佛法。回国时不仅带回了禅宗，还带回了宋代种茶、饮茶的理念和技法。这也是日本"禅茶一味"的根源。所撰《吃茶养生记》一书1214年问世，这是日本第一部系统论述茶的功效和制作方法的著作。

［24］英国东印度公司：British East India Company，简称BEIC。1600年创立，1858年撤销。是商业公司，也拥有军队、司法和行政特权。

［25］这里提到的国家和地区中，奥斯坦德（Ostende）是比利时港口城市；普鲁士（Preußen/Prussia）是欧洲的一个王国，1871年统一德意志各邦国；热那亚（Genova）是意大利西北部港口城市。

［26］英属印度：British Raj 或 British India。指英国在1858年至1947年于南亚建立的殖民统治区，其领地覆盖今印度、孟加拉国、巴基斯坦以及缅甸。

［27］荷属爪哇：荷属东印度，Netherlands East Indies。指1800年至1949年荷兰人统治的印度尼西亚。爪哇是印尼大岛，荷兰东印度公司的贸易中心巴达维亚（今雅加达）就在爪哇岛。

阅读提示（四）

1. 第三部分"茶在世界范围内的传播"分了哪几部分来介绍茶的传播路线？
2. 第9段和第10、11段在内容和结构上是什么关系？
3. 第10段的主要内容是什么？引用了什么史料作为证明？
4. 第11段主要介绍了什么内容？提到了哪些重要的人物和历史资料？
5. 根据第12、13段，茶是怎么传入欧洲的？欧洲跟中国直接进行的茶叶贸易有什么特点？

四、世界饮茶习俗的形成和发展 07–05

——以日本茶道和英式下午茶为例

（一）日本茶道

14 虽然茶在6世纪以前即从中国经朝鲜半岛转口进入日本，但日本茶文化的发展却从9世纪初期才开始。而且当时茶作为一种昂贵的饮料，仅流行于日本贵族阶层，并未普及至民间。原因是当时日本正处于弘仁、贞观文化[28]时期，而这一时期的日本文化是以贵族文化为主导的，武士、庶民文化尚未发展起来，因此，当日本政府派出的遣唐僧人将饮茶习俗引入日本之后，饮茶仅停留于日本上层社会，而普通民众尚无能力接受这一新兴文化。

15 在日本的"中国热"随大唐王朝一同终结以后，日本的饮茶文化也随之衰退。直到镰仓时代，确切地说是在12世纪末，日本以民间往来的形式再次吸收中国文化，茶与饮茶习俗才被大规模引入，从而又一次掀起了茶文化的发展热潮。这次茶文化热潮促使茶从宫廷走向民间，成为社会各阶层享乐与游戏的形式和内容。

16 至15世纪，被誉为"茶道之祖"的村田珠光[29]（1422—1502）将饮茶的精神性从娱乐性中剥离出来，开创了以闲寂质朴为中心理念的日本茶道。16世纪晚期，千利休[30]（1522—1591）集茶道之大成，提炼出"和、敬、清、寂"四规，构建了完整的茶道体系并将其发扬光大。此后，日本茶道虽然衍生出多个流派，且各具特色，但"和、敬、清、寂"始终是日本茶文化的核心内容。

17 日本茶道在精神上融入了佛教思想，而在形式上则延续了中国宋代的饮茶方式。如前文所述，茶与饮茶习俗在12世纪末被大规模引入日本，并掀起了日本茶文化的发展热潮。12世纪末正值中国南宋时期，因此，当时引入日本的茶及其饮用方法是南宋社会普遍使用的末茶及点茶法[31]。从15世纪茶道创立至16世纪形成完整体系，将茶叶研成粉末并用开水点泡的方式始终未曾有较大改变。而中国的茶叶加工和品饮方法则从明朝建立之初就彻底放弃传统形式，转而追求品种更多样的芽茶、叶茶和程序更简捷的冲泡方法了。

18 日本茶道传承了中国古典茶文化的核心内容，可以说是东方饮茶习俗的代表。因此，从日本茶道中，我们或许可以再度领略中国古典茶文化的极致之美。

（二）英式下午茶

19 茶叶初入英国之时仅作为新兴商品在咖啡馆出售，英国社会并不了解这种神秘且昂贵的"中国饮料"到底该如何饮用，直到嗜好饮茶的葡萄牙公主[32]嫁入英国以后，茶叶在英国不被了解的沉寂状态才被打破。

20 1662年（康熙元年），查理二世（Charles Ⅱ）与葡萄牙国王若昂四世的女儿凯瑟琳（Catherine）公主联姻。人称"饮茶皇后"的凯瑟琳公主不仅喜欢饮茶，而且还懂得"在小巧的杯中啜茶"[10]。在她嫁到英国时所带的嫁妆中，就包括221磅中国红茶和精美的中国茶具。成为王后的凯瑟琳公主经常在王宫中招待贵族们饮茶，于是贵族阶层争相效仿，饮茶很快成为英国宫廷的一种礼仪，茶也成了豪门贵族社交活动中风行的饮料。但当时茶叶价格非常昂贵，每磅约16～60先令[11]，所以茶只能局限在上流社会，作为富人的饮料。

21 至17世纪末，关于茶叶的种类和冲泡方法，英国人已经有了一定认识，即加入糖来调味。例如，泰特[33]（Tate）在《茶诗》（*A Poem upon Tea*, London, 1702）中详细介绍了松萝茶、珠茶和武夷茶的特性，并且谈到前两种绿茶可以不加或加少量糖，而武夷茶则"必须加入较多的糖"以更好地调和茶汁的颜色与味道。[12]在17世纪葡萄牙独霸巴西蔗糖生产的时期，英国的砂糖还需仰赖进口，其昂贵程度可想而知，因此向昂贵的茶中加入昂贵的糖，也可以说是皇家奢华的一种表现。

22 随着东印度公司与广州茶叶贸易的大规模展开，英国国内茶叶价格大幅下降，在英国市民阶层巨大的购买力和对高雅时尚追捧心理的推动下，茶在18世纪末期"几乎普及到一般民众""甚至于成为农业工人的经常性饮品"[13]。与此同时，茶在英国的饮用方法也经历了本土化的磨合过程，浸染了浓郁的英国特色。

23 英国人的饮茶方式虽然受到荷兰和葡萄牙的影响，但在吸收欧洲饮茶礼仪的同时，也进行了一定程度的改造和创新，其中最具意义的改变是在茶汤中加入大量的糖和牛奶。在荷兰人创制的欧式饮茶礼仪中，只在茶汤中加少量红糖以去除苦涩味，而英式

---

10 刘章才.《十八世纪中英茶叶贸易及其对英国社会的影响》，北京：首都师范大学，2008年，第47页。
11 ［英］Jane Pettigrew. *The Tea Companion*（《茶鉴赏手册》），上海：上海科学技术出版社，2005年，第16页。
12 刘章才.《十八世纪中英茶叶贸易及其对英国社会的影响》，北京：首都师范大学，2008年，第50页。
13 刘章才.《十八世纪中英茶叶贸易及其对英国社会的影响》，北京：首都师范大学，2008年，第58、60页。

饮茶礼仪则加入大量的糖。虽然当时荷兰莱顿大学的科尼利斯·邦提柯耶博士（Dr. Cornelius Bontekoe）[34]认为，在茶汤中加入糖的做法"是一种不可思议的荒唐"，但基于英国充足的糖料来源，喝茶加糖顺理成章地成为英式饮茶习俗中最具特色的形式。除了与糖结盟之外，红茶的兼容性还不止于此，它还能够与牛奶完美结合，成为香气浓郁、滋味醇厚的奶茶。由于牛奶是英国人的传统饮食，所以英国人很自然地首创了在饮茶时添加牛奶的方法，这种方式使英式饮茶文化极具浓郁的英伦本土特色，同时也在18世纪逐渐普及并细化起来。

24 在英式饮茶习俗中，最具特色的莫过于英式下午茶（afternoon tea）。18世纪时，英国人沿袭了中世纪[35]把早餐作为正餐，且早餐时间较晚而食物较丰盛的习惯，晚餐则在晚上八九点钟才开始，并忽略中餐。人们通常在下午感到饥饿难耐，于是开始在午餐和晚餐之间的时段吃些茶点充饥，也就形成了最初的"茶点时间"（tea time）。不过，尽管人们已经养成在下午喝茶的习惯，但还没有形成一定的规范礼仪，因此至19世纪初期，茶仍然可以在任何时间饮用。直到维多利亚时代[36]（1837—1901），由贝德福德公爵夫人安娜·玛丽亚[37]（Anna Maria, Duchess of Bedford）引领的、在下午4点左右邀请朋友喝茶聊天的举动在贵族阶层风靡之后，下午茶的概念才正式被命名，并且逐渐成为上层人士提高生活品味的象征。因下午茶定名于维多利亚时代，所以又被称为"维多利亚下午茶"（Victorian afternoon tea）。

25 "当时钟敲响四下时，世间的一切瞬间为茶而停"，这句英国民谣充分肯定了下午茶在英国社会生活中所占据的重要地位和具有的重大意义。罗兰·巴特[38]（Roland Barthes）认为，茶是英国人的"图腾饮料"（totem-drink），这种说法赋予了英国人独特的饮茶方式一种超越现实的民族魅力。"茶之所在，即是希望之所在"，剧作家皮内罗[39]（Arthur Pinero）的一句话概括了英式下午茶的独特气质，它不仅以丰富的内涵和优雅的形式享誉世界，而且成为英式典雅生活方式和文化精神的象征。

补充注释

[28] 弘仁、贞观文化：指平安时代前期（9世纪）文化。属于以首都平安京为中心的贵族文化，深受唐文化影响。"弘仁"是嵯峨天皇年号（810—824），"贞观"是清和天皇年号（859—877）。

[29] 村田珠光：僧人。完成了茶的民间化、茶与禅的结合、贵族茶与民间茶的结合等关键性

工作，对茶道的形成和发展具有重要影响。

[30] 千利休：茶道宗师，在日本被尊为"茶圣"。他发展了村田珠光的"草庵茶"，提出了"和敬清寂"的茶道精神，也使自然、简朴、优雅成为一种美学、一种世界观。

[31] 末茶及点茶法："末茶"指制成细末的茶粉。"点茶法"是宋代流行的饮茶方法。简单地说，就是用少量沸水冲泡茶末，使成乳状，在加水的同时进行搅拌，形成一种茶汤。

[32] 葡萄牙公主：即下文提到的凯瑟琳公主（Catherine of Braganza，1638—1705）。其父为葡萄牙国王若昂四世（John IV，1604—1656）。凯瑟琳公主嫁给英王查理二世（Charles II，1630—1685）后成为英国王后。

[33] 泰特：纳厄姆·泰特（Nahum Tate，1652—1715）。爱尔兰剧作家。

[34] 科尼利斯·邦提柯耶博士（Dr. Cornelius Bontekoe）：1647—1685年。荷兰医生。倡导饮茶。

[35] 中世纪：欧洲历史中，从约5世纪末到15世纪中这一千年的时间。

[36] 维多利亚时代：Victorian era。英国维多利亚女王（Alexandrina Victoria，1819—1901）1837—1901年在位。这个时期是英国工业革命和国力的巅峰时期。

[37] 贝德福德公爵夫人安娜·玛丽亚：1783—1857年。英国贵族。维多利亚女王的好友，宫廷女官。首创"下午茶"这种饮食文化。

[38] 罗兰·巴特：1915—1980年。法国哲学家、作家和文学评论家。

[39] 皮内罗：Arthur Wing Pinero（1855—1934）。英国剧作家。

阅读提示（五）

1. 第四部分的标题有什么特点？与第四部分的结构有什么关系？
2. 从第14—16段来看，饮茶习俗在日本的发展经历了哪几个阶段？村田珠光和千利休对日本茶道的建立起了什么样的作用？
3. 从第17、18段来看，日本茶道与中国古典茶文化有什么联系？为什么说日本茶道是"东方饮茶习俗的代表"？
4. 从第19—23段来看，茶叶从被英国社会认识到成为经常性饮品，大致经历了怎样的过程？在这一部分作者采用了什么资料来说明其观点？英国人的饮茶方式有哪些改造和创新？
5. 第24、25段中，"下午茶"的概念是怎么建立起来的？与谁有关？"下午茶"与以往的"茶点时间"有什么不同？作者采用了什么方法来突出"下午茶"在茶文化中的独特魅力和崇高地位？

课文回顾与思考

1. 学完全文后再读"摘要",你认为"摘要"对全文内容的概括是否全面?观点表达是否清晰?请说明原因。
2. 关于茶叶原产地问题,是否存在其他观点?请查资料,说明不同观点的来源和依据。
3. 从茶在中国国内和国外传播的历史来看,你认为有哪些因素推动了茶和茶文化的传播与发展?
4. 日本茶道和英式下午茶相比,你认为有什么异同?
5. 你认为论文四个部分的排列顺序是否合理?四部分的标题有什么共性?如果请你来拟新的标题,你会怎么写?
6. 从论文的原始注释来看,引文主要有几种来源?请举例说明。

提要与提纲

写出课文的内容提要(250字左右)和关键词(3—5个),并完成提纲示例表。

【内容提要】_____

_____

_____

_____

_____

【关键词】_____ _____ _____ _____ _____

【提纲示例】

文章结构			论点	例证
一 （1—2）			目前已知野生大茶树主要分布于中国西南地区，巴蜀地区是中国茶业与茶文化的摇篮。	①吴鲁夫《历史植物地理学》中的观点； ② ③
二 （3—8）	（一） （3）			
	（二） （4—7）		从巴蜀先民发明饮茶，经秦汉、唐代至宋，茶的传播方式主要有两种。	①顾炎武《日知录》中的记载； ②
	（三） （8）			
三 （9—13）	（一） （9—11）		向东亚传播到朝鲜半岛和日本。	①《三国史记》对于入唐使将茶籽引入朝鲜半岛并进行种植的记载； ② ③
	（二） （12—13）		向西传播到欧洲，英国等国家和地区开启与中国的茶叶贸易。	① ②
四 （14—25）	（一） （14—18）	14—16	从茶传入日本到日本茶道形成，经历了几百年的历史。	①村田珠光开创茶道； ②千利休建立完整的茶道体系。
		17—18		
	（二） （19—25）	19—23		凯瑟琳公主对茶的喜爱。
		24—25		公爵夫人安娜·玛丽亚引领下午茶风尚。

词语表

🎧 07–06

序号	词语	拼音	词性	搭配举例
1	习俗○	xísú	名	传统 / 社会 / 文化 / 春节 / 婚嫁 / 饮食 / 饮茶~；~保留 / 消亡
2	摘要	zhāiyào	名	论文 / 报告 / 发言 / 谈话~；◎内容~
3	产地○	chǎndì	名	茶叶 / 大米 / 石油~；◎原~
4	茶道○	chádào	名	~艺术 / 表演；日本~
5	传承○	chuánchéng	动	~文化 / 文明 / 历史 / 知识 / 经验；世代~
6	英式	yīngshì	形	~建筑 / 足球 / 教育 / 花园 / 早餐
7	下午茶	xiàwǔchá	名	英式~；喝~；~时间
8	精髓○	jīngsuǐ	名	文化 / 艺术 / 思想 / 理论~；掌握~
9	多年生	duōniánshēng	形	~植物 / 灌木 / 野草
10	常绿	cháng lǜ		~乔木 / 灌木；◎~树
11	木本	mùběn	形	~植物
12	土壤○	tǔrǎng	名	酸性 / 碱性~；~肥沃 / 贫瘠 / 退化 / 沙化 / 流失；改良~；◇文化 / 艺术~
13	耐○	nài	动	~热 / 旱 / 高温
14	区系	qūxì	名	植物 / 动物 / 生物 / 文化~
15	发源	fāyuán	动	（河流 / 文化 / 运动 / 技术）~于……；◎~地
16	接壤	jiērǎng	动	与……~；~地区；◎~处
17	论断	lùnduàn	名	科学 / 重要 / 著名 / 错误~；提出 / 证实 / 支持 / 推翻~
18	近缘	jìnyuán	形	~植物 / 物种；◎~种
19	发祥地	fāxiángdì	名	文明 / 民族 / 帝国 / 工业~
20	农耕	nónggēng	动	~文明 / 文化 / 社会 / 经济 / 时代；◎~区
21	先民	xiānmín	名	古代 / 原始 / 汉族~
22	史料	shǐliào	名	珍贵 / 重要 / 丰富 / 有限~；搜集 / 掌握 / 利用 / 研究~

23	制○	zhì	动	~茶/药/衣
24	据此○	jùcǐ	动	~认为/推断/制定;~看来
25	推测○	tuīcè	动/名	~结果/结局;证实~;据/根据~
26	摇篮○	yáolán	名	◇文化/文明/民族/生命~;◎~曲
27	推移○	tuīyí	动	（随着）时间的~
28	一系列○	yíxìliè	形	~作品/政策/措施/问题/变化
29	消亡	xiāowáng	动	国家/制度/语言~;自然/逐渐~
30	直至○	zhízhì	动	~今日/毕业/结束
31	扩散○	kuòsàn	动	气体/污染物/病毒/病情/信息~;向……~
32	地广人稀	dìguǎng-rénxī	成语	
33	相较而言	xiāng jiào ér yán		
34	顺畅○	shùnchàng	形	呼吸/水流~;交通/沟通/销路~
35	招待○	zhāodài	动	~客人/亲友;◎~会/费
36	郊外○	jiāowài	名	城市/北京~
37	庆典	qìngdiǎn	名	策划/参加~;~活动/仪式
38	祭祀○	jìsì	动	~祖先/神灵;~活动/仪式;举行~
39	封建○	fēngjiàn	名/形	头脑/思想~;◎~社会/制度/家长制
40	高峰期○	gāofēngqī	名	上下班/生长/发展/旅游/人口出生~
41	原本○	yuánběn	副	~打算/以为
42	限于○	xiànyú	动	~水平/能力/时间/篇幅;~（某个）地区/范围
43	产区	chǎnqū	名	茶叶/粮食/棉花/淡水鱼/石油~;◎主~
44	遍及	biànjí	动	~全国/亚洲/世界/全球
45	半岛○	bàndǎo	名	◎辽东/山东/朝鲜/中南/阿拉伯~
46	蓬勃○	péngbó	形	~发展/兴起/生长;◎朝气~
47	繁盛	fánshèng	形	花草/植物/生物~;经济/商业~;~时期/阶段/景象
48	前朝	qiáncháo	名	~皇帝/贵族/历史
49	税收○	shuìshōu	名	~政策;增加/减免~

50	物资○	wùzī	名	救援/军用/战略/国防~；~充足/丰富；采购/运送/分配~
51	维系	wéixì	动	~关系/生命/感情
52	立国	lìguó	动	◎教育/科技~；~之本
53	战火	zhànhuǒ	名	~纷飞/连绵/蔓延/平息；卷入/躲避~
54	连年	liánnián	动	~增长/亏损/丰收
55	国防○	guófáng	名	建设/加强/巩固~；~力量/技术/工业/建设；◎~军/部/部长
56	官府	guānfǔ	名	各级/地方~；不满/反抗~
57	垄断○	lǒngduàn	动	~市场/销售；~力量/势力/地位；◎~行业
58	从属	cóngshǔ	动	~关系/地位；~于……
59	游牧	yóumù	动	四处~；◎~区/民族/部落
60	帝国○	dìguó	名	◇商业~；◎~主义；罗马~
61	陆路	lùlù	名	~交通/运输；走~
62	总的来说○	zǒngde lái shuō		
63	转口	zhuǎnkǒu	动	从（某国）~到（某国）；◎~贸易/货物
64	晚期○	wǎnqī	名	19世纪/明代/疾病~；（某朝代/某艺术家）~作品
65	引入○	yǐnrù	动	~知识/概念/观念/机制/人才；~（某）国/领域
66	成书	chéngshū	动	~于（某年）
67	赐○	cì	动	~酒/宴；◎天~良机
68	阶层○	jiēcéng	名	◎社会/上流~；工薪/白领/中产~
69	派遣○	pàiqiǎn	动	~使者/代表团/留学生/工作人员；◎劳务~
70	使者○	shǐzhě	名	派遣~；外交~；◇和平/友好~
71	僧人○	sēngrén	名	佛教~
72	上层	shàngcéng	名	~社会/领导/人物；◎~建筑
73	煎○	jiān	动	~蛋/饼/鱼/茶/药
74	下令○	xià//lìng	动	~进攻/停火

75	贡品	gòngpǐn	名	交纳~
76	尚未○	shàng wèi		~开始/完成/结束
77	愈发	yùfā	副	~激烈/沉重；~觉得/感到
78	运销	yùnxiāo	动	~北方/全国/东南亚；~水果/茶叶/木材
79	先河	xiānhé	名	开创（贸易/合作/改革）~
80	洲际	zhōujì	形	~合作/贸易/比赛；◎~导弹
81	货源	huòyuán	名	~充足/不足/紧缺；组织/争抢~
82	昂贵○	ángguì	形	价格/费用/房租~；◇代价~
83	贵族○	guìzú	名	~阶层/文化；◇精神/单身~
84	庶民	shùmín	名	~阶层；~百姓
85	衰退○	shuāituì	动	经济/（身体）机能/听力/记忆力~；◎~期
86	确切○	quèqiè	形	消息/数据/事实/含义~；（更）~地说
87	掀起	xiānqǐ	动	◇~浪潮/高潮/热潮/运动/革命
88	热潮○	rècháo	名	◇旅游/投资/发展~；掀起~
89	宫廷○	gōngtíng	名	~学校/教育/礼仪/音乐/建筑；◎~政变
90	享乐	xiǎnglè	动	贪图/追求~；◎~主义
91	剥离	bōlí	动	从……（中）~出来
92	提炼○	tíliàn	动	~金属/玫瑰油；◇~主题/规律/方法
93	敬○	jìng	动	~茶/酒/烟
94	体系○	tǐxì	名	教育/思想/工业/商业~；建立/形成~；~完整
95	发扬光大○	fāyáng-guāngdà	成语	
96	衍生○	yǎnshēng	动	由/从……~出；◎~物
97	再度○	zàidù	副	~发生/流行/合作/赢得
98	嗜好○	shìhào	名/动	个人~；不良~；◇~饮茶/饮酒/读书
99	嫁○	jià	动	~人；~女儿
100	沉寂	chénjì	形	竹林/山野~；打破~；◇市场/文坛/岁月~

101	元年	yuánnián	名	康熙/乾隆～
102	联姻	liányīn	动	家族/贵族～；◇企业与大学～
103	皇后○	huánghòu	名	◇体操/跳水～
104	小巧	xiǎoqiǎo	形	身材/外形～
105	啜	chuò	动	～茶
106	嫁妆○	jiàzhuang	名	～丰厚；置办～
107	磅○	bàng	量	
108	茶具	chájù	名	陶瓷/玻璃～
109	效仿○	xiàofǎng	动	～模式/做法/行为；纷纷/盲目～
110	豪门	háomén	名	～贵族/子弟；出身～
111	风行	fēngxíng	动	歌曲/理论/思潮～；～校园/全国/世界；◎～一时
112	上流○	shàngliú	名	◎～社会/阶层
113	调味	tiáo//wèi	动	加（盐/胡椒）～；◎～品
114	谈到○	tándào		～……事情/话题/内容
115	少量○	shǎoliàng	形	～调料/工作/费用
116	独霸	dúbà	动	～市场/影坛/泳坛/亚洲/世界/天下
117	蔗糖	zhètáng	名	
118	砂糖○	shātáng	名	◎白/赤～
119	需○	xū	动	只/仅～
120	仰赖	yǎnglài	动	～他人/技术/设备/贷款/进口
121	皇家	huángjiā	名	～园林/寺庙/建筑
122	奢华	shēhuá	形	生活/婚礼/宫殿～
123	大幅	dàfú	副	～上涨/提高/下降/减少
124	高雅○	gāoyǎ	形	气质/谈吐/举止/品味～；～艺术
125	时尚○	shíshàng	形/名	～品牌/服饰；新/消费/生活/社会～；追求～
126	末期	mòqī	名	19世纪/原始社会/清代～
127	饮品	yǐnpǐn	名	绿色/保健/天然～
128	磨合○	móhé	动	◇性格/心理/战术/关系～；◎～期

129	浸染	jìnrǎn	动	被（文化／艺术／传统）(所)~
130	浓郁○	nóngyù	形	香气／色彩／气氛／风格／特色／生活气息~
131	创制	chuàngzhì	动	~文字／规则／唱腔
132	欧式	ōushì	形	~家具／建筑／风格
133	去除○	qùchú	动	~异味／杂质／皱纹／病根；~偏见／杂念
134	苦涩	kǔsè	形	（中药／咖啡）味道~；◇表情／回忆／生活~
135	不可思议○	bùkě-sīyì	成语	
136	荒唐	huāngtáng	形	事情／行为／观点／生活~；~可笑
137	顺理成章○	shùnlǐ-chéngzhāng	成语	
138	结盟	jié//méng	动	与……~；◎不~国家
139	兼容○	jiānróng	动	相互／互不~；◎~性；~并包
140	醇厚○	chúnhòu	形	香味／滋味／味道~；◇韵味~
141	首创○	shǒuchuàng	动	~制度／概念／标准；◎~精神
142	添加○	tiānjiā	动	~材料／内容；◎~剂
143	细化	xìhuà	动	~规则／分工
144	莫过于○	mòguòyú	动	
145	沿袭	yánxí	动	~制度／传统／观点／做法
146	正餐	zhèngcān	名	
147	时段○	shíduàn	名	避开……~；◎高峰／黄金／广告~
148	风靡	fēngmǐ	动	（歌曲／小说／电影／新产品）~全国／世界／一时
149	品味	pǐnwèi	名/动	~高雅／不俗；生活／审美~；有／没有／提高~；◇~人生／生活
150	定名	dìng//míng	动	~为……
151	世间	shìjiān	名	~万物
152	图腾	túténg	名	~崇拜／文化／符号
153	剧作家	jùzuòjiā	名	
154	享誉	xiǎngyù	动	~全国／海内外／世界
155	典雅	diǎnyǎ	形	风格／用词／装饰~

词语例释

1. 据此

依据这个或这些,"此"指代前面提到的内容。"据此"用于修饰动词或动词短语,"据此 + 动词 / 动词短语"这一结构可以做谓语,也可作为插入语使用。多用于书面语。如:

(1) 地衣这种植物耐寒性和耐旱性都很强,但不耐大气污染。在大城市或工业园区很少见到它。科学家可以据此来监测大气污染状况。

(2) 该墓出土了文字材料与印章,考古学家据此准确推断出了古墓年代和墓主人身份。

(3) 学习电脑打字法的"盲打",有人练几天就会了,而他练了几个月还不行。不过,我们也不能据此就认为他永远学不会。

(4) 这是一条三国时期(220—280)的史料,……据此推测,巴蜀先民在秦代甚至先秦时期不仅具备发明制茶技术的条件,而且很可能已经发明了制茶技术和饮茶方法。

(5) 今年的黄金周,高速公路上又是大堵车。据此来看,我没有选择假期出游是对的。

2. 直至

动词。一直到。强调时间跨度长,距离远,或程度高。多用于书面语。如:

(1) 中国古代的科举制度创立于隋朝,历时1300年,直至清末(1906年)才废除。

(2) 从巴蜀先民发明饮茶直至秦人灭蜀期间,茶是"以四川为中心的地方性饮料"。

(3) 常州中华恐龙园利用高科技,"复活"了古老的化石,生动地再现了恐龙从生存、繁衍、演化直至毁灭的发展历程。

(4) 中国5G网络覆盖的目标不仅是城市,而且要向乡镇扩展,直至偏远的山村。

(5) 明代早期1405年至1433年间,郑和(约1371—约1433)和他的船队七下西洋,跨越了东亚地区、东南亚地区、印度次大陆、阿拉伯半岛,直至红海和非洲东海岸,是当时世界上规模最大的远洋航行。

(6) 树木如果得了黄化病,叶片会由绿变黄、由厚变薄,继而全叶发白、叶片凋落,严重时则树枝枯死,直至整株死亡。

3. 总的来说

总括起来说。表示后面是总结的话。一般作为插入语使用,可以用逗号将其与后面的句子隔开。也可以直接放在后面一个句子的开头,或谓语动词的前面。多用于口语。如:

(1) 总的来说,根据加工方法的差异,中国茶叶可以分为六大类:绿茶、红茶、青茶(乌龙茶)、白茶、黄茶和黑茶。

(2) 总的来说,截至宋元时期,茶在中国国内的传播已基本完成,而中国古典茶文化也在这一时期发展到了极致。

（3）谈判虽然艰难，但总的来说，气氛是友好的。

（4）我们两队实力相近，在各类比赛中多次交手，总的来说我们队胜多负少。

（5）自建交以来，两国的政治、经济关系总的来说都得到了稳步的发展。

4. 尚未

还没有。表示事情还没有完成，或某种状态还没有出现。修饰动词或动词短语。如果后面只跟一个动词，动词不能是单音节的。多用于书面语。如：

（1）传入日本的唐代茶文化却因当时日本社会尚未具备将中国茶文化"日本化"的能力，而未能普及至日本民间。

（2）改革开放之初，中国尚未形成完整而健全的工业体系，但对劳动力却有着巨大而持续的需求。

（3）孩子尚未出生，父母已开始绞尽脑汁为他/她取名字。名字要雅，要独特，要有吉祥美好的寓意。

（4）我们不必马上采取行动，因为局势尚未明了。

（5）我原本打算2个月前交论文，但至今尚未写完。

5. 再度

副词。第二次，又一次。句中常出现提示第一次或上一次情况的内容。修饰动词或动词短语。如果后面只跟一个动词，动词不能是单音节的。多用于书面语。如：

（1）从日本茶道中，我们或许可以再度领略中国古典茶文化的极致之美。

（2）史蒂芬·斯皮尔伯格（Steven Allan Spielberg）是现代电影史上最具影响力的导演之一，继1994年凭借《辛德勒名单》获得奥斯卡最佳导演奖之后，1999年再度获得同一奖项。

（3）对地球人来说，哈雷彗星大名鼎鼎。它上一次回归是1986年，想与它再度相逢，就需要等到2061年了。

（4）1991年6月15日，菲律宾沉寂了几百年的皮纳图博火山（Mount Pinatubo）再度喷发。它所释放的烟雾和灰烬形成了30多公里高的云团，对地球气候产生了重大影响，使1991—1993年间全球平均气温下降了约0.5℃。

（5）对于落后地区的帮扶，如果不在当地兴办教育，不帮助他们发展经济，只是送救济款，那么钱用完了，那个地区还会再度陷入贫困。

6. 莫过于

莫：无，没有。过：超过，超出。于：后接比较对象。表示在提到的某个范围中，"莫过于"后面所讲的是程度最高的。一般与"最"搭配使用，组成"最……的（事情/人物/情况等），莫过于……"结构。其中，"的"后面的词语经常省略。多用于书面语。如：

（1）世界上最高、最纯洁的快乐，莫过于欣赏艺术，更莫过于欣赏自己孩子的手和心传达出来的艺术。

（2）世界各国人民最强烈的愿望，莫过于拥有和平。

（3）人类给地球带来的最大灾难，莫过于森林砍伐所造成的生态失衡。

（4）在英式饮茶习俗中，最具特色的莫过于英式下午茶。

（5）在佛教诸神中，最受中国民间崇拜的，莫过于观音菩萨。

（6）世界上最温暖的，莫过于母亲的心。

成语运用

1. 地广人稀

土地广阔，人烟稀少。一般用于对草原、高原、沙漠等地区自然状况的描述。使用中相当于形容词。常做谓语，有时也做定语。如：

（1）西藏自治区地广人稀，面积120余万平方公里，截至2022年底，人口只有360余万。

（2）青海地处青藏高原，自然条件恶劣，地广人稀，是一个经济欠发达省份。但青海拥有丰富的矿产资源，高原动植物资源和旅游资源也很丰富。

（3）冰岛紧靠北极圈，地广人稀，荒凉神秘，到此仿佛到了另一个星球。

（4）骆驼拥有其他动物不可比拟的耐力，能穿越地广人稀的沙漠地区，被誉为"沙漠之舟"。

（5）秦汉时期，虽然北方黄河流域在经济文化等多方面条件上均优于地广人稀的长江流域，但茶的传入却并未引起黄河流域的重视。

2. 发扬光大

发扬：发展、提倡。光大：使盛大。表示使好的传统、精神、事业等得到弘扬和发展。常组成"将/使……发扬光大"结构。使用中相当于动词。一般做谓语。如：

（1）16世纪晚期，千利休（1522—1591）集茶道之大成，提炼出"和、敬、清、寂"四规，构建了完整的茶道体系并将其发扬光大。

（2）作为五四传统的继承者，我们有责任将科学精神、民主思想发扬光大。

（3）作为年轻的一代，我们要努力使两国传统友谊发扬光大，人民世代友好。

（4）书法是我国最古老的艺术形式之一，希望有志者继承传统，并发扬光大。

（5）前辈们无私、敬业、奉献的精神值得我们学习，我们应努力使之发扬光大。

3. 不可思议

原为佛教用语，指语言、思想所不能表达和理解的境界。后多用于形容某一现象或事物无法想象，难以理解。有时也用来形容水平、境界很高，褒义。使用中相当于动词。可以做谓语、状语、定语和补语等各种成分。如：

（1）我相信除了地球，一定还有别的星球存在生命。宇宙很大，只有地球存在生命，这不可思议。

（2）高铁是中国交通的奇迹，发展之迅猛不可思议。

（3）在沙漠这个"死亡之海"，一般植物根本无法生存，骆驼刺却不可思议地把这里当作生长繁衍的乐园。

（4）我一个朋友的奶奶，从小心脏不好，医生断言她活不过60岁，结果她不可思议地活到了100岁，是当地第一位由社区举办寿宴的百岁老人。

（5）虽然当时荷兰莱顿大学的科尼利斯·邦提柯耶博士认为，在茶汤中加入糖的做法"是一种不可思议的荒唐"，但基于英国充足的糖料来源，喝茶加糖顺理成章地成为英式饮茶习俗中最具特色的形式。

（6）芭蕾舞的美常常使人感到，这不是人世间的美。美得超凡脱俗，美得不可思议。

4. 顺理成章

理：条理。章：文章。指写文章或做事情遵循一定的逻辑顺序、有条理就能做好。现多用来比喻在某种情况下，自然会产生某种结果。在使用中相当于动词。多做定语、状语，有时也做谓语。如：

（1）他读了八年医学，毕业后进入医院工作是顺理成章的选择。

（2）冰糖的生产比白砂糖和红糖都要复杂，所以价格高一点也是顺理成章的事情。

（3）虽然当时荷兰莱顿大学的科尼利斯·邦提柯耶博士认为，在茶汤中加入糖的做法"是一种不可思议的荒唐"，但基于英国充足的糖料来源，喝茶加糖顺理成章地成为英式饮茶习俗中最具特色的形式。

（4）出身贵族，他顺理成章地成了上流社会的一员。

（5）按照封建王朝的皇位继承制度，皇帝去世，传位太子。太子继位顺理成章。

练　习

一、解释加点语素的意思，并根据拼音完成新词，同时说明其词义。

1. 原产地（　　　）
   fāyuán ___ 地
   mùdì ___ 地

2. 茶道（　　　）
   qí ___ 道
   yī ___ 道

3. 耐阴（　　　）
   耐 hàn ___
   耐 rè ___

4. 制茶（　　　）
   制 tú ___
   制 yī ___

5. 推测（　　　）
   推 duàn ___
   推 dìng ___

6. 产区（　　　）
   产 néng ___
   产 zhí ___

7. 税收（　　　）
   税 lǜ ___
   税 zhǒng ___

8. 洲际（　　　）
   xiào ___ 际
   xīng ___ 际

9. 简捷（　　　）
   biàn ___ 捷
   xùn ___ 捷

10. 调味（　　　）
    调 sè ___
    调 wēn ___

二、词语搭配与填空。

思想	浓郁
沟通	封建
租金	高雅
品味	顺畅
特色	昂贵

（1）如果教练与队员之间_____ _____，教练的意图将能得到更好的贯彻，球队进步也会更快。

（2）如果你到云南旅游，一定会被具有_____民族_____的白族建筑所吸引。

（3）这是一座清末的私家花园，从建筑到花木栽种，都能看出主人_____的艺术_____。

（4）位于市中心的房子_____比较_____，一般家庭承担不起。

（5）在男女不平等的时代，_____比较_____的家长一般不送女孩去读书。

高级中文综合教程 3

178

习俗	扩散
土壤	衰退
参加	庆典
污染物	退化
经济	消亡

（6）经过科学灌溉、合理耕种、植树造林等多方面综合治理，_____ _____的问题终于得到了缓解。

（7）今年夏天，他作为杰出校友_____了母校建校100周年的盛大_____。

（8）一般来讲，_____ _____时期，社会对劳动力的总需求会下降，失业率上升不可避免。

（9）随着经济和社会的发展，传统节日中的一些_____正在逐渐_____。

（10）风速和风向决定了_____在空气中_____的速度和范围。

传承	杂质
祭祀	概念
引入	祖先
派遣	文化
去除	使者

（11）根据中国史料《后汉书》的记载，在汉顺帝永建六年（公元131年），爪哇（当时名为叶调国）已_____ _____来到中国。

（12）在中国的传统习俗中，_____ _____是一项非常隆重的活动。最重要的日子有清明、冬至和除夕。

（13）每个民族都有自己的传统_____需要_____。比如中国的纳西族所创造的象形文字"东巴文"就是民族珍宝。

（14）所谓纯净水，是指_____了_____的水，可直接饮用。

（15）在日本文化史上，茶道和禅宗都占有非常重要的地位。不难发现，日本茶道_____了不少禅宗的_____。茶道即茶与禅的融合。

◎

商业	阶层
垄断	社会
工薪	时段
上流	帝国
高峰	行业

（16）当改革进一步推进时，电力、铁路、邮政等_____ _____也将面临市场化的挑战。

（17）一个出身底层的人想要挤进_____ _____是何等艰难，我们在许多小说中都可以看到这样的故事。

（18）专卖是一种现代营销理念。不过，专卖店不能一味追求高档，也应该引进一些比较大众的名牌，使价格能为_____ _____所接受。

（19）如果不是赶着上班，出行请尽可能避开上下班交通_____
　　　 _____。

（20）星巴克（Starbucks）不仅是全球最大的咖啡连锁品牌，更
　　　 是一个集咖啡生产、加工、烘焙、销售及其他咖啡服务为
　　　 一体的咖啡_____ _____。

三、用指定词语完成句子或对话。

1. A：你认为儒家文化最核心的思想是什么？
   B：_____（精髓）
2. 对我校非中文专业本科生阅读习惯的问卷调查结果已经公布，_____
   _____（据此）
3. 根据他的口音和说话方式，_____（推测）
4. _____，几十年来已培养了许多音乐家。（摇篮）
5. _____，原本不理解的事情也会慢慢理解。（推移）
6. A：中国的传统节日中，你说最喜欢端午节，为什么？
   B：_____（一系列）
7. 活到老学到老，_____（直至）
8. A：你在加拿大生活过，对这个国家有什么印象？
   B：_____（地广人稀）
9. 虽然老同学又请她吃饭又陪她逛公园，_____（招待）
10. _____，酒店价格是淡季的好几倍。（高峰期）
11. _____，在老师的鼓励下终于有了信心。（原本）
12. 这次运动会的项目不多，_____（限于）
13. 地震发生以后，_____（物资）
14. 虽然这篇文章还存在不少问题，_____（总的来说）
15. _____，还需要进一步磨合。（尚未）
16. 听说图书馆假期要延长开放时间，_____（确切）
17. 每个民族都有自己的优秀文化，_____（发扬光大）
18. 第一次合作非常愉快，_____（再度）
19. A：跟他做了这么多年同学，我觉得他只喜欢看书。
    B：_____（嗜好）

20. 现在"躺平"一词风行全国，_____（效仿）
21. _____，大家都觉得非常成功。（谈到）
22. 虽然敦煌莫高窟有几百个洞窟，_____（少量）
23. 我的一个北方同学，到广东工作一年就学会了广东话，_____
_____（不可思议）
24. 他是公司的老员工，工作又一直非常出色，_____
_____（顺理成章）
25. 他这一次能获得发明大奖，_____（首创）
26. 人生最遗憾的事，_____（莫过于）

四、在文中画线处填写适当的关联词（如需要，可参考短文后提供的词语）。

　　世界贸易的时空变化是彼此相关的。它们的共同基础是世界各地经济的变化和技术的进步。如果一些地区出现了长期的经济繁荣，___①___，它们就会产生贸易需求。___②___，___③___生产和运输技术都出现了重大进步，那么商品的生产和运输成本将大大降低，___④___使得贸易能够以更大的规模进行。如今，世界上一些地区的经济和技术___⑤___发生了程度不等的变化，只有把中国的海外贸易置于这个大变化的背景之下，___⑥___更好地认识现实。

　　这里要指出的是，尽管中国是世界贸易的重要参与者，___⑦___中国在世界贸易历史上所扮演的角色并非是一成不变的；___⑧___，这种角色是在不断变化的。角色变化的主要推手，一是中国自身的经济发展，二是世界其他地区的经济发展，三是海上交通运输方式的变化。由于中国海外贸易的时空变化并不完全取决于中国自身的变化，___⑨___受制于世界贸易的时空变化，___⑩___必须从世界贸易的时空变化的角度来认识中国海外贸易的时空变化。

| 从而 | 但是 | 那么 | 相反 | 同时 |
| 因此 | 都 | 才能 | 而是 | 如果 |

五、将下面几段文字按正确的顺序排列成一篇短文，并画出在段落间起连接作用的语句。

A. 然而，虽然许多学者相信中非之间确实有过接触，但多年过去，关于中非初次交往的具体情况仍然模糊不清，只有考古成果可以一定程度地证实它的存在。

B. 当然，要准确解释这些宋代的中国钱币如何出现在东非沿海地区，仍然是一个挑战。上述考古发现最重要的一个意义可能是，通过发掘，能够恢复或重现中非首次接触的原动力。学者推测，无论过去还是现在，贸易一直是推动这一进程的动力。

C. 中国与非洲各国之间的商业贸易在当代出现了明显的高潮，这可能使得普通民众及信息不充分的学者认为这种现象完全是最近才出现的。然而，学者们，尤其是历史学家们，在差不多一个世纪前就已经认识到这种古老的商业联系。荷兰学者戴闻达（Jan Julius Lodewijk Duyvendak，1889—1954）在二十世纪中叶，首先向西方学术界报告了早期中国与非洲大陆东部各沿海"王国"首次交往的情况。许多权威学者回应并支持他的观点。

D. 因此，在已有考古成果的基础上，学者们还可以对东非"国家"与中国的贸易进行进一步的研究，通过细致理性的分析，合理解释其性质和特征。

E. 比如说，19世纪末以来，东非海岸沿线的遗址陆续出土了大量中国生产的手工艺品，在这些确凿的发现中，瓷器碎片，尤其是灰绿色的中国青瓷，与宋代的钱币掺杂在一起，其中又以明代以来的青花瓷碎片为主。在曾经完整的船只遗骸中，瓷器碎片通常与年代更早的中国钱币混杂在一起。

文章段落顺序：☐-☐-☐-☐-☐

六、根据以下论述或例证总结中心论点，并将其写在横线上。

【中心论点】

_____

_____

［一］中国茶人多强调品茶时自然环境的选择和审美情趣的营造。日本茶人也往往选择幽雅、安静的环境作为品茶场所，强调古朴、清寂之美，营造一种空灵的饮茶意境。茶事活动不仅在于饮茶，还在于欣赏茶道用具、茶室装饰、茶室前的茶园环境等。

［二］中国茶文化将儒、释、道三家思想有机地融入其中，从各个方面都突出儒教的"礼"、道教的"清"、佛教的"悟"等精神实质，体现出中国传统文化重视天人合一、和谐统一的特点。日本茶人则将茶道升华到宗教哲学高度。日本茶道有着严谨复杂的仪式，将书画、建筑、工艺、礼法、宗教等一同导入茶事，其目的已不在于单纯饮茶，而更在于道，在于文化。

［三］佛教对中国茶文化具有深远的影响。在中国，"茶禅一味"之说由来已久。日本茶道的形成，与佛教也是息息相关的。日本茶道精神的"和、敬、清、寂"都可

以在佛教的教义中找到轨迹。

［四］中日两国的茶文化都极力强调"和"，强调人与自然的融合、人与人之间的和睦、人与物之间的调和、物与物之间的配合。

七、阅读理解。

1 1610年前后，一群敢于冒险的荷兰商人率先将茶叶从中国带到了欧洲。这种昂贵的商品新奇稀有，很快就令人们争相购买。没过多久，茶叶便成了风靡欧洲的饮品。但这些干叶瓣也带来了一些困惑：这东西究竟该如何享用呢？当时欧洲还没有合适的茶壶，所以进口茶具受到人们的推崇，甚至还经常被鎏上黄金。

2 欧洲人尽管一方面想要发展自己的茶文化，但另一方面却被远东茶具的美深深折服，所以17世纪末欧洲生产的茶壶在造型和装饰上都在仿制来自中国的真品。位于迈森城堡的欧洲首家瓷器工厂将远东茶具的细节模仿得惟妙惟肖。

3 而在中国，有着数千年历史的茶叶不仅是一种饮品，更是文化的核心元素，是一种有着高度象征意义的享乐品。在漫长的历史中，两样特殊的产品脱颖而出，对中国的茶文化产生了深远的影响，这就是景德镇陶瓷和宜兴紫砂壶。

4 景德镇位于中国东南部的江西省，上千年来一直是高级瓷器的代名词。那里的瓷器生产在唐朝（618—907）达到一定的规模，并在明清时期（14—19世纪）达到顶峰。当时，景德镇出产的瓷器进入顶层社会，主要供北京的皇室使用。高温烧制的釉面不会改变饮品的风味，而瓷器所特有的蓝白光泽使人们能够更好地观察茶水的颜色和清澈程度，并由此判断其品相。用钴化物做呈色剂的釉下彩绘和日趋丰富多彩的珐琅彩绘使得这些瓷器愈加受人追捧。于是饮茶在中国逐渐成为一种多感官体验，而茶具也伴随着这一广受欢迎的饮品远销世界各地。

5 荷兰东印度公司是这项贸易的重要推动者。作为世界上首家股份制公司，这家1602年成立的企业建立了广泛的贸易网络，直到17世纪一直在欧亚贸易中扮演着举足轻重的角色。而陶瓷茶具——特别是景德镇出产的瓷器——还有着出人意料的实用功能。为了保持船只的稳定，荷兰人在商船上装载陶瓷制品作为压舱物，主要就包括景德镇出产的青花瓷器。这些瓷器在到达欧洲后被转手出售，这种做法不仅有经济上的合理性，也对中国瓷器在欧洲的传播和流行发挥了决定性的作用。

6 随着中国瓷器登陆欧洲，一股"中国热"在这里蔓延开来。欧洲上流社会被中国瓷器和茶壶的精湛工艺与异国情调深深吸引。在贵族的居所内，中国瓷器不仅被用于茶道仪式，还被用作装饰摆件。从17世纪初到18世纪末，荷兰东印度公司联同英国、法国、瑞典和丹麦等国的东印度公司共计进口瓷器超7000万件。欧洲从中国进口的主要商品原本是丝绸，但到了18世纪初，茶叶所占的比重已经超过80%。随着越来越多的中产市民将饮茶纳入日常生活，欧洲对茶壶的需求越来越大，而瓷器则比银器更为实惠。

7 随着进口贸易的增长，越来越多的欧洲人希望购买的陶瓷器皿有着自己平时习见的实用款式。但当时，欧洲样式的平底无柄杯、大腹壶、带柄杯盖碗、烛台等物件中国人还没有见过。于是，欧洲人给中国的陶器作坊送去样品供其仿制。虽然银器可能是许多瓷器的原型，但人们现在普遍认为当时提供给中国陶工的是木质模型。

8 与此同时，中国茶具逐渐超越了纯粹的茶饮功用，开始成为一种风尚。这种趋势也在绘画中得到反映：中国瓷器经常在静物画中出现。此外，欧洲的瓷器制造商也在努力仿制中国瓷器，从而形成了所谓的"<u>中国风</u>"。

9 位于中国东部的江苏宜兴从宋朝（960—1279）开始制作茶壶。这种茶壶的独特之处在于烧制时使用的陶土，这种土有着极易辨识的暗肝色，它被称为"紫砂"。"紫砂"的一大特性是其氧化铁含量较高，这使它具有更低的导热系数和更好的保温性，能够使茶水长时间保持恒温。这种特性有利于萃取茶香，能带来更为浓郁悠长的口感。此外，紫砂的材质不同于釉面瓷器，它具有多孔性，能够更好地吸收茶叶的香气和油脂。久而久之，宜兴紫砂壶会形成一层包浆，这有助于提升日后所冲泡茶水的口感。因此，即便其朴素的式样从20世纪30年代甚至19世纪初开始就几乎没有变化，收藏家们仍然十分珍视上年份的紫砂壶。

10 总之，景德镇瓷器和宜兴紫砂壶都是茶饮上审美与功能相结合的典范。它们使得茶不再是一种饮品：集工艺、艺术和仪式感于一身的陶瓷制品代表了一种文化，而茶则被视作好客、尊重和唯美的象征。饮茶时配上这些珍贵的器皿已经成为一种仪式，它能够提升感官的认知，有助于宁神静气，也能促进和谐大同。从这层意义上看，景德镇和宜兴的历史不仅根植于过去，也在我们今天所饮用的每一杯茶中得以延续。

（《从压舱物到奢侈品：欧洲茶文化中的宜兴和景德镇陶瓷》，原文为德文，作者田亚明（Benjamin Creutzfeldt），徐胤翻译。
《孔子学院》（中德对照版）2023年第4期。有删减。）

1. 请参考原文标题，给本文拟一个新的题目，写在文前的横线上。

2. 写出本文的内容提要和提纲。

【内容提要】（150字左右）

_____
_____
_____
_____
_____

【关键词】（3—5个）

_____ _____ _____ _____

【提纲】

_____
_____
_____
_____
_____
_____
_____
_____

3. 查资料，解释下列概念。

（1）珐琅彩绘（第4段）

_____
_____
_____

（2）青花瓷器（第5段）

_____
_____
_____

4. 请查阅相关资料，给下面两项进行注释。

（1）位于迈森城堡的欧洲首家瓷器工厂（第2段）

（2）中国风（第8段）

论文设计与讨论

一、根据"课前准备"中的选题，确定一个你感兴趣的话题，并拟一个论文题目。也可以根据课文内容自己确定一个题目。

二、根据论文题目，整理已有材料，并补充新的资料。列出其中有参考价值的论文或专著（各2种）（写出作者、论文名、杂志名/书名等基本信息）。

1.
2.
3.
4.

三、写出论文提纲，并进行小组讨论。

四、收集老师和同学的意见，并对原提纲进行修改，写出新提纲。

_____
_____
_____
_____
_____
_____

第八课　汉字与阅读[1]

张志公

课文导览

【作者简介】

张志公（1918—1997），河南人。著名语言学家、语文教育家。一生从事汉语研究和汉语、外语（英语、俄语）教材的编写工作，在汉语语法学与修辞学、语文教育等方面取得了丰硕的研究成果，且不少成果具有开创性的意义。代表作有《传统语文教育初探》《漫谈语文教学》《语法学习讲话》《修辞概要》《汉语辞章学论集》等。

【作品出处】

课文选自《汉语辞章学论集》，人民教育出版社，1996年版。有删减。

【文体说明】

课文为一篇学术论文，围绕汉字与阅读的关系这个中心论题展开论述。在介绍汉字特点的基础上，从汉字对阅读的有利因素和不利因素两方面来阐述汉字在阅读中所发挥的作用。论文结尾还指出了进一步研究的方向。论文中的章节编号采用的是阿拉伯数字，从一级标题到三级标题，分别以 1、1.1、1.1.1 等形式呈现。从各级标题的内容来看，有些标题是提炼出的论点，有些则是对论述范围的概括。通过课文，学习者不仅可以学到有关汉字的专业知识，也可以掌握论文结构的安排方法。

---

[1] 这是著者向 1984 年 8 月在香港举行的"世界阅读协会第十一届年会"提交的论文。谈汉字与阅读的关系，是年会主持人建议的。论文受到不少外国朋友的重视。美国一份教育刊物 *Education in China* 把它译为英文发表。本文能够对我们利用汉字的特点提高阅读能力有所启发。

课前准备——口头 / 书面报告选题

1. 语言的分类（从形态角度对语言进行的划分）；
2. 形态语言与非形态语言特征举例；
3. 形声字形旁给人的语义联想，或形声字声旁的表音作用；
4. 语素与汉字的关系；
5. 汉字文化圈的概念和汉字在中国以外地区的使用现状；
6. 汉字文化研究举例。

课　文

0. 前言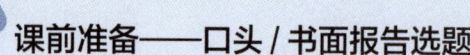

0.1　这篇论文的意图在于就汉字与阅读的关系提出几个问题稍加探讨，作为进一步研究的基础。

0.2　对于汉字与阅读的关系，过去缺少认真深入的研究。或者主要看到汉字有难的方面，于阅读不利的方面；或者主要看到易的方面，于阅读有利的方面。本文作者认为，只有一面而全无另一面的事物是绝少的，两面都应当看，全面地看，不应当只看一面，并且要看到两面之间的相互关系。

0.3　认真地用科学的方法研究汉字与阅读的关系，时间不长，做的工作不多，作者本人更是这样。由于作者工作头绪多，也为工作性质所限，缺少亲自动手进行一些必要的实验、取得一些翔实可靠的数据的条件。为了补救这一点，作者利用一切可用的机会进行了相当多的直接观察。另外，委托了几位合作者按照我的设计进行了几种实验，取得了一些数据。我正在就这些数据进行抽样检查核实以及分析比较。在完成这些工作之前，暂时不打算使用那些数据。因此，这篇论文不少需要用数据说明问题的地方还是使用了一些估计性的而不是确切性的说法，虽然那些估计并不是没有根据的假想。

阅读提示（一）

1. 对于汉字与阅读的关系，过去的研究存在哪些不足？作者认为应该怎么看待两者的关系？
2. 在用科学的方法探讨汉字与阅读的关系方面，作者认为自己的研究工作存在哪些局限？作者用了哪些方法克服这些局限？
3. 为什么本文"不少需要用数据说明问题的地方"，使用了"估计性的"而不是"确切性的"说法？

1. 汉字的一些特点 🎧 08-02

1.1　汉字是目前世界上正在使用的各种文字系统中比较独特的一种。它有悠久的历史，在几千年之中经历了许多发展变化。它有很多特点。这里不能全面论述它，只是举出与阅读有关系的几种特点，以便于以下各部分的讨论。说到汉字的特点，自然不免要联系到汉语。同样，这里更不能全面论述汉语，而是在所说到的汉字的某种特点与汉语的某些特点有关联的时候，应当把汉字与汉语的这种关联交代一下。本文所称汉字，除特别声明的以外，都指现代用的汉字；所称汉语，除特别声明的以外，都指现代汉语普通话。

1.2　汉字这种文字系统与汉语这种语言相适应。

1.2.1　汉语是一种非形态语言[1]。在汉语里，没有用某个音素[2]作为某一种或某几种语法范畴的形态标志这种现象（英语 books、looks、my brother's letter 里的 [s] 音素）。因此，汉语在实际使用中只需要表示音节（包括单元音或复元音形成的音节）的符号，不需要只表示音素的符号。汉字是音节文字而不是音素文字，这与汉语的非形态性相适应。

1.2.2　汉语的语素[3]绝大多数是单音节的。只有极少数所谓联绵字[4]（仿佛、徘徊、嘀咕）和音译外来语（咖啡因）是多音节的。这种多音节语素在全部语汇中占的比例极小，在一般性的讨论中可以忽略它，并且，它的绝对数正在逐渐降低。结果是，一个音节，写成一个汉字，表示一个语素。过去所谓"音、形、义"，只是就字而论，其实这正显示了汉字与汉语是一个和谐的统一体。

1.2.3　汉语有 22 个辅音，10 个元音，按照汉语辅音元音的配合规律可以拼出 418 个音节，加上声调，可以配合出 1332 个音节，其中在实际语言中常用的只不过 400

个，最常用的 100 个略多一点。这样，势必有大量的同音语素。在口头语言里，两个同音语素是靠同它们分别组合成词的另一个语素来区别的（dàolǐ——dàodá）。在书面上，汉字起了更为有效的区别同音语素的作用（道——到）。但是常用汉字不过 3700 多个，语素远不止这么多，那么，一个字表示不止一个语素的情形必然还不少。是的，把既同音在书面上又同形的语素区别开，仍旧是用区别同音语素的办法（道理——道路——道谢）。汉字适应汉语的需要，在这一点上表现得十分突出。

1.3 汉字是一种意音文字。

1.3.1 在全部常用汉字中，形声字占到 85% 左右。所谓形声字，就是每个字由两个主要部件构成。一个是形符，或称形旁，表示某一个语义范畴；一个是声符，或称声旁，表示这个字大致读什么音。（桂，木是形符，表示是一种树木，圭是声旁，表示这个字的音同圭差不多。）所谓形符，原来是从象形字来的，的确还是象形的，现在早已不象形了，再叫形符就有点名实不符了，实际上它不过是提示一下，这个字的意义大致属于什么样的语义范畴。声，一般用来指平声、上声、去声、入声[5]那些声调，而形声字的所谓声符主要在提示这个字的音，而不是它的声调。所以称为"意音字"更足以显示它的特点。（有的学者已经用过这个名称，不是作者的首创。）我们不妨竟可以说，现代汉字是一种意音文字系统。这个特点对于阅读有很大的作用。

1.3.2 由于使用的时间长，音义的变化都很大，不少意音字表音表意都不准确了（供、洪，祀、视）。不过就汉字字汇的整体而论，它仍不失为一个典型的意音文字系统。

1.4 汉字助长了汉语语素在书面上的活跃性。

1.4.1 汉语语素有极少数是不自由的，即，它们不能单独成为词，同其他语素组合成词的时候，要求处在固定的位置（第×）；绝大多数语素是自由的，即，既可以单独成为词，又可以在语义和语言习惯许可的情况下不受其他任何拘束地与别的语素组合成词（人——人民——诗人——类人猿）；还有半自由的，即，在现代汉语普通话里不能单独成为词了，至于构词能力则与自由语素完全一样（民——民族——公民——选民卡）。换言之，汉语语素的自由性很大，在语言里的活动能量很大。在口头语言里，一个语素只是一个音节，只使用听觉一种感官去辨知，用汉字写到书面上，它又具有了一个特定的形体，能够同时使用视觉感官去辨知了。这样，有了汉字，对于活动能量本来已经很大的汉语语素，如虎添翼，活动能量成倍地增长起来（比较：

yuándàn——元旦，yuánxíng——原形），非常容易用原有语素构成新词，如果用耳朵听不懂，一看见字立刻就能读懂（航海、航空→航天、宇航员）。这是用为数有限的音节，数量并不太大的汉字，而能产生丰富的汉语语汇，并且能随时适应新的需要的一个重要原因。

1.4.2　本文作者认为，以上说到的这些还并不全面的汉字的一些特点，已经足以部分地解释为什么这样一种文字系统能够生存这样久，而且直到目前还有相当强的生命力。

补充注释

［1］非形态语言：没有形态变化的语言。形态变化是指一个词可以变位（比如动词根据时态、语态而变）和变格（比如名词、代词、形容词等因性、数、格不同而变）。非形态语言没有词形的变化，语法要通过语序或表示语法意义的词来实现，比如用"们"表示复数。

［2］音素：从音色角度划分出来的最小的语音单位，可以分为元音和辅音两类。

［3］语素：语言中最小的音义结合体，即语言中最小的有意义的单位。

［4］联绵字：又称联绵词。指由两个音节（两个汉字）组成的词，该词由一个语素构成。词义与两个汉字的意义无关。

［5］入声：汉语声调之一。在现代汉语普通话中已经不存在，但还保留在粤方言、吴方言等方言中。入声的特点是短促。从韵尾角度看，古代完整的一套入声韵有 -p、-t、-k 三个辅音韵尾。

阅读提示（二）

1. 在1.1中，对下文将要提及的汉字，作者在范围上是如何限定的？对本文所提到的汉字和汉语的概念，又是如何界定的？
2. 在文章的这一部分，作者一共介绍了汉字哪几方面的特点？
3. 怎么理解1.2.1中"汉字是音节文字"这一说法？从1.2.2来看，汉字和语素之间存在哪几种关系？根据1.2.3的介绍，汉语中为什么存在大量的同音语素？汉字在书面上为区别同音语素发挥了什么作用？
4. 从1.3.1来看，为什么作者赞同以"意音字"的名称代替"形声字"？在1.3.2中，作者指出意音字在表音表意方面出现了什么问题？
5. 怎么理解1.4的标题"汉字助长了汉语语素在书面上的活跃性"？

2. 汉字在阅读中的有利因素 🎧 08-03

2.1　阅读所需要的汉字量究竟有多大？

人们往往有一个印象，以为汉字量很大，所以很难。统计表明，虽然不能说汉字量很小，但是阅读现代一般读物所需要的汉字量，远不如所想象的那么大。近些年，有几种运用现代比较科学的方法做出的统计，结果不完全相同，然而非常接近。举其成数而言：常用字约2000，可以覆盖现代一般读物字汇量的90%；3000，覆盖95%；3500，覆盖99%。实验表明，小学用两年时间教会孩子们认识1500字是很从容的，认识2000字也没有很大的困难，有的还可以更快一点。如果小学采用五年制，学会3500字在一般合格的学校里是很容易的。中学补足所缺的1%，轻而易举，并且，即使补不齐，对阅读的影响也不大。换言之，汉字在量的方面，事实上并没有为阅读设置障碍。有些中学毕业生参加了社会工作或者进入大学学习，发现阅读能力不能满足工作或学习的需要。作者认为，原因并不在于所识的字不够用，而是在于所需要的阅读能力不够用，换个说法，就是在学习过程中没有受到必要的良好的阅读训练。

2.2　意音文字与阅读。

阅读中遇到几个生词，顺着上下文把它们猜出来，或者，即使猜不准，对于理解全文并不增加太大的困难，这种经验，使用任何文字系统的人都有。不过，意音文字提供的可能性要更大一点。在现代汉语里，双音节词（书面上就是两个字）占很大的优势。两个字之中如果认识一个（a），另一个（b）不认识，（b）的表音部分和表意部分很容易被用来跟（a）合起来同语言里某个词产生联系，再加上上下文，就很容易地把它猜出来了。确切一点说，是认出来，而不全是猜。作者请合作者在几处进行过一些测试，取得了一些数据，可惜如前边0.3所说，暂时还不能使用。大体说来，开始认识500个字的时候，能阅读500—600字汇量的读物；认识到1000字，可以阅读1500字汇量的读物；认识到2000字，就可以阅读3000—3500字汇量的读物了。（当然，这里有一个前提，即，读物的内容是读者所能理解、接受的；还有一个了解，即，所谓能够阅读，是说能够得其大意，知其要领，而不是细致无误地深刻理解。）所以我们常常听见做妈妈的夸赞她的孩子聪明——才小学三年级，已经能看大厚本的小说了。

2.3　意音文字的信息量。

我们如果听见有人说："Zhào Yún 这个人真好，真勇敢。"我们的第一个反应必然以为说的是《三国演义》[6]里大战长坂坡的赵云。如果写出来，我们一看，发现写的是"芸"，不是"云"（"雲"的简化字）。我们立刻明白，说的不是《三国演义》里那位勇敢善战的将军。接着，我们就会想，这大概是一位女士，因为女士们常常喜欢用带草字头的字做名字。继而再一想，不对，带草字头的不一定是女士。《红楼梦》里有好些男子的名字上带草字头，如贾芸、贾蔷、贾芹等。一个字竟然引起人们这么多的联想！

"海、江、河、湖、池、潭"，"泡、沫"，"流、淌、滴、灌"，这些字都以"氵"（水）作为表意部分，这里有自然界的水的容器，有由水产生而又与空气有关的现象，有水的动作；"油、酒、汁"这些，使人们知道，"氵"不一定是水，也可以只是一种液体；"汗、泪"，又使人们知道，这液体可能是人体的某种分泌物。一个"氵"旁，告诉了人们多少东西！

意音字的这种功能，使人们在阅读的时候，头脑可能从看见的字受到多种刺激，同时做出多种反应，进行推理的或形象的多种思维活动，总之，处于一种非常活跃的状态。阅读不仅是在接受一句一句的内容传送的那些信息，同时是在经历着积极的脑力活动锻炼。用汉字作为书面工具来阅读，尤其是对少年儿童来说，所起的发展智力的作用相当大。这种作用是直接观察可以看得到的，是可以用有目的的测试的结果做出说明的。

补充注释

[6]《三国演义》：取材于三国（魏、蜀、吴）历史的章回体小说，是中国古典长篇小说四大名著之一。一般认为是元末明初的施耐庵所作。

阅读提示（三）

1. 汉字在阅读中的有利因素可以从哪几方面来看？
2. 从2.1中的统计数字来看，大约多少常用汉字可以覆盖一般读物全部的字汇量？作者在这里有没有提到词汇量的概念？
3. 在2.2中，作者认为汉字为意音文字这一特性，能给阅读带来什么好处？
4. 在2.3中，作者认为意音文字的信息量体现在哪里？对阅读有什么影响？

3. 汉字在阅读中的不利因素 08-04

3.1　500字以内。

孩子们开始识字，识到500字左右，花费的力气是不小的。要记每个字的音，因为它不是音素文字，并不直接表示确切的字音，所以靠记；要记每个字的形，而它的形，除了"一、二、三、人"等等少数一些字以外，都是那么复杂，难辨识，难记忆。写，当然更难。笔画的种类多，去向多种多样，笔画的安排，以至小部件的安排，都要求高度的准确性，从而也就要求准确的空间感。所有这些，对一个五六岁的儿童来说，都是一些不轻的心理负担和生理负担。而写与辨认，写与记忆，又都是互相作用的。难写，从而也就增加了辨识和记忆的难度。500个以内的字，所能组成的词是很有限的，以那么有限的词所组成的句子，更是有限的，和五六岁的儿童的实际口头语言里使用的词句有很大的差距。这就意味着，在突破500大关之前的一段时间里，孩子们不得不阅读远远低于他们的语言能力、低于他们的智力、低于他们求知愿望的十分贫乏的读物。只能靠一些图画或录音故事之类的辅助手段来维系孩子们的兴趣，至于阅读的内容，不仅不足以引起兴趣，简直是一种苦难。前一节说到的汉字的那些优越性，都要到500字以上，特别是1000字以上才能发挥出来，而且识字越多，优越性越显著。困难就在这个入门阶段。

3.2　望文生义。

认识500字以上，却还不够多的时候，甚至已经认识到3000字以上，但是阅读范围不广、知识不多的情况下，非常容易产生望文生义、牵强附会、错解读物内容的问题。

前边说过，一个字表示不止一个语素的情形很多。这也就是平常所说的一字多义。汉语历史久，语言本身就有古今交错现象，而汉字这种文字，借助它的形体，非常有利于保存古义。前边举过的"元旦"这个词，两个字用的都是古义——"元"是第一，"旦"是日，"元旦"就是一年的第一日，也就是阳历新年，1月1日。这个词之所以能够成立，全赖汉字。倘若用音素文字写成yuándàn，念出来，听者一定以为说的是"圆蛋"，从而去想："哪种卵生动物的蛋是滚圆的呢？"可以断言，"元旦"这个词是先在书面上出现的。出现之后大家觉得方便有用，常常说，于是逐渐进入了口语，成为一个常用词了。

至于由于古今交错而理解错了的，那就很多了。有人把"狐假虎威"这个成语理解为"狐狸是假的，老虎才是真正威武的"，就是因为他不知道"假"的一个古义是"借"，只知道今义真假的假，结果把整个成语理解错了。至于理解得模模糊糊、似是而非的情形，那就更多了。例如"假公济私"，究竟是什么意思，有些人就理解不清楚，只不过当中有"公"字和"私"字，所以大概猜得出是说某人在公、私之间有毛病，没处理好。至于是什么毛病就说不清楚了，因为"假""济"两字不怎么懂。

3.3 歧义和深意。

汉字的多义现象突出，必然连带地产生较多的歧义现象，不但有歧义词，并且可以有歧义词组，以至歧义句。然而，这并不妨碍汉语是一种良好的交际工具，因为人们可以用语言环境（上下文）等各种手段来消除歧义。表达的时候如此，理解的时候也如此。不仅可以消除歧义，更进一步，语文修养高的人正好利用汉字的多义性和组合的自由性，用相当简约的话表达相当深的意思，用现代的说法就是用最经济的语言传递最大的信息量。当然，无论从表达（说和写）一方说或者从接受（听和读）一方说，都要求更高的功力。这一条所说的，可以认为是汉字在阅读中有利因素与不利因素杂糅在一起的一个典型事例。

阅读提示（四）

1. 汉字在阅读中的不利因素主要表现在哪些方面？
2. 根据3.1，认字量在500以内的儿童，在阅读方面遇到的最大问题是什么？
3. 根据3.2，为什么一个人在字汇量基本够用，但知识水平不够的情况下，容易产生望文生义的问题？这跟汉字的什么特点有关？
4. 在3.3的结尾，为什么作者说这是"汉字在阅读中有利因素与不利因素杂糅在一起的一个典型事例"？这句话与3.3的标题"歧义和深意"有什么联系？

4. 怎么办 08-05

4.1 把汉字的全部优越性集中起来看，作者个人得出的结论是，汉字至少在可见的和可以预想到的未来是一定要继续使用而不可能废除的。把它的全部非优越性集中起来看，作者个人得出的结论是，必须采取有效的办法解决汉字本身无法克服的困难。

4.2 回到汉字与阅读的问题上来。

4.2.1 必须采取有效的办法突破1000字以内，尤其是500字以内的难关。在这个问题上，作者曾经有过一个设想，在多处讲过，也写过。从前年秋天起，黑龙江省在三处地方的一共六所小学里部分地（只是部分地）采取了我的设想进行了实验。两整年的实验结果表明，效果是良好的，对以往入门阶段的做法有所突破。作者正准备在另外的地方完全照我的设计做更进一步的实验，看看效果怎样。

4.2.2 在小学后期以上直到中学毕业之前这段期间内，要大力改革阅读训练的方法。说来话长，容另文专论。

阅读提示（五）

1. 作为整篇论文的结尾，作者对汉字得出了怎样的结论？
2. 作者在这一部分要解决的"怎么办"，主要是针对什么问题？本文有没有提供解决方案？为什么？

课文回顾与思考

1. 除了文章谈到的汉字对阅读的影响，你认为汉字还有哪些特点？
2. 课文2.1中"如果小学采用五年制，学会3500字在一般合格的学校里是很容易的"和3.1中"孩子们开始识字，识到500字左右，花费的力气是不小的"这两句话，你认为是否矛盾？为什么？
3. 课文2.1中提到，有些中学生毕业后，发现阅读能力不能满足工作或学习的需要。作者认为，"原因并不在于所识的字不够用，而是在于所需要的阅读能力不够用，换个说法，就是在学习过程中没有受到必要的良好的阅读训练"。从这里可以看出，作者认为拥有合格的汉语阅读能力需要哪些条件？你对作者的这个观点持什么看法？
4. 作者在2.3中提到，汉字（意音字）能促进大脑的思维活动，锻炼脑力，你是否同意这个观点？为什么？
5. 你在学汉语的过程中，是否犯过望文生义的错误？如果有，请举例说明。
6. 结合你自己学汉语的经验，你对汉字教学有什么建议？

第八课 汉字与阅读

提要与提纲

写出课文的内容提要（250字左右）和关键词（3—5个），并完成提纲示例表。

【内容提要】_____
_____
_____
_____
_____

【关键词】_____ _____ _____ _____ _____

【提纲示例】

文章结构		论点	例证
0. 前言	0.1—0.3	应该全面看待汉字与阅读的关系。	
1. 汉字的一些特点	1.1	本文所说的"汉字特点"是与阅读有关的特点。	
	1.2		汉字可以区别同音语素。
	1.3	汉字是一种意音文字。	
	1.4		汉语语素自由度很高。用汉字表示语素，更易构成新的词。
2. 汉字在阅读中的有利因素	2.1	阅读所需要的汉字量有限。	3500常用字可以覆盖一般读物99%的字汇量。
	2.2		
	2.3		形声字形旁"艹、氵"等使人产生的联想。
3. 汉字在阅读中的不利因素	3.1	500字以内的认字量会严重限制阅读范围。	
	3.2		
	3.3		
4. 怎么办	4.1—4.2	突破认字难关，改革阅读训练方法，还有许多工作要做。	

词语表

🎧 08-06

序号	词语	拼音	词性	搭配举例
1	前言	qiányán	名	著作/画展/展览/（图书）再版～；撰写～
2	意图○	yìtú	名	交际/战略/军事/犯罪～；主观～；～明显
3	稍加	shāo jiā		～注意/分析/观察
4	限○	xiàn	动	～高/速/购
5	翔实	xiángshí	形	内容/材料/史料/数据～
6	补救○	bǔjiù	动	～办法/措施
7	抽样	chōu//yàng	动	～调查/检测
8	核实○	héshí	动	～信息/财产/数据/情况；多方/调查～
9	假想	jiǎxiǎng	动	～目标/战争；◎～敌
10	论述○	lùnshù	动	～观点/看法/问题；～全面/系统/经典/精辟；展开～
11	音素	yīnsù	名	◎元音/辅音～；～文字
12	元音	yuányīn	名	◎前/后/高/低/单/复/半/央～
13	语素	yǔsù	名	同音/同义～；◎～文字
14	极少数	jí shǎoshù		～人
15	联绵字	liánmiánzì	名	
16	嘀咕	dígu	动	小声/心里～；◎（直）犯～
17	音译	yīnyì	动	～为……；◎～词
18	外来语	wàiláiyǔ	名	吸收/使用/滥用～
19	语汇	yǔhuì	名	专业/汉语/新～；～丰富；◇音乐/舞蹈～
20	就字而论	jiù zì ér lùn		
21	统一体	tǒngyītǐ	名	矛盾/政治/文化/民族～
22	辅音	fǔyīn	名	◎清/浊/单/复～
23	势必○	shìbì	副	
24	口头○	kǒutóu	名/形	～报告/报道/汇报/申请/形式/同意；◎～语/语言

25	书面○	shūmiàn	形	～作业/报告/材料/合同/协议/形式；◎～语/语言
26	同形	tóngxíng		◎～词
27	意音文字	yìyīn wénzì		
28	形声字	xíngshēngzì	名	后起～
29	部件○	bùjiàn	名	机器/汽车/飞机～；核心/备用～；◎汉字～
30	形符	xíngfú	名	
31	形旁	xíngpáng	名	
32	语义	yǔyì	名	～规则/范畴/成分/关系/差别；◎～学
33	声符	shēngfú	名	
34	声旁	shēngpáng	名	
35	象形字	xiàngxíngzì	名	埃及～
36	象形	xiàngxíng	名	～文字/符号/程度
37	不失为	bùshīwéi	动	～（好/重要/明智）方法/手段/措施/途径/选择
38	拘束○	jūshù	动/形	受……～；感到/显得～；毫无～
39	类人猿	lèirényuán	名	小型/大型～
40	构词	gòu cí		～能力/方式/手段/成分/单位/语素；◎～法
41	选民○	xuǎnmín	名	～资格/登记/名单
42	换言之○	huànyánzhī		
43	听觉	tīngjué	名	～灵敏/发达/迟钝/退化；◎～器官/神经/系统/功能
44	感官	gǎnguān	名	～刺激/享受/需要/满足
45	辨知	biànzhī		～声音/言语
46	形体	xíngtǐ	名	汉字/人物～；～消瘦/肥胖/健美/高大；～条件/训练；◎～美/课
47	视觉○	shìjué	名	～灵敏/敏锐；～效果/印象/形象/震撼力；◎～器官/神经/系统/功能
48	如虎添翼	rúhǔtiānyì	成语	

49	成倍	chéng bèi		~增长 / 提高 / 扩大
50	原形	yuánxíng	名	保持 / 显露 / 恢复~；◎动词~；~毕露
51	航海○	hánghǎi	动	~技术 / 设备 / 活动 / 事业；◎~家 / 图；大~时代
52	航天○	hángtiān	动	~技术 / 事业 / 领域 / 人才；◎~飞机 / 飞行器
53	成数	chéngshù	名	
54	从容○	cóngróng	形	~回答 / 应对；◎~不迫
55	上下文	shàngxiàwén	名	根据 / 结合 / 靠~
56	全文○	quánwén	名	~发布 / 发表 / 刊登 / 转载
57	表音	biǎo yīn		◎~文字 / 偏旁
58	表意	biǎo yì		◎~文字 / 符号
59	大体○	dàtǐ	副 / 名	◎~来说；~上；识~
60	要领○	yàolǐng	名	动作 / 呼吸~；掌握 / 抓住~；◎不得~
61	夸赞	kuāzàn	动	连连 / 连声 / 一致~
62	简化字	jiǎnhuàzì	名	公布 / 推行 / 使用 / 掌握~
63	善战	shànzhàn	形	英勇 / 能征~
64	草字头	cǎozìtóu		
65	自然界○	zìránjiè	名	~（的）生物 / 现象 / 资源 / 奥秘 / 规律
66	容器	róngqì	名	玻璃 / 塑料 / 金属 / 密封~
67	汁○	zhī	名	苹果 / 橙子 / 番茄~；◎果~
68	液体○	yètǐ	名	无色 / 透明 / 碱性 / 酸性~；◎~面包
69	人体○	réntǐ	名	~结构 / 器官 / 代谢 / 健康 / 免疫力；◎~解剖；~模特
70	分泌○	fēnmì	动	~激素 / 唾液 / 胆汁 / 胃酸 / 油脂；◎~物
71	脑力	nǎolì	名	◎~劳动
72	辨识	biànshí	动	~语音 / 文字；不易~
73	笔画	bǐhuà	名	汉字~；~简单 / 繁多
74	以至	yǐzhì	连	

75	辨认○	biànrèn	动	～方向/位置/方位/目标/笔迹/（受害人）遗体
76	求知	qiúzhī	动	◎～欲
77	苦难○	kǔnàn	名	遭受/历尽/受尽/忍受/脱离～；～深重
78	优越性	yōuyuèxìng		具有/体现/显示/发挥～；～巨大
79	望文生义	wàngwén-shēngyì	成语	
80	牵强附会	qiānqiǎng-fùhuì	成语	
81	阳历	yánglì	名	～新年
82	倘若○	tǎngruò	连	
83	卵生	luǎnshēng	形	◎～动物
84	滚圆	gǔnyuán	形	脑袋/肚子/眼睛/珍珠/水珠～
85	断言	duànyán	动	专家/科学家～；大胆/无法/不敢～
86	狐假虎威	hújiǎhǔwēi	成语	
87	威武	wēiwǔ	形	相貌/形象/姿态～；◎～不屈
88	真假○	zhēn jiǎ		辨别/分别～；◎～难辨/不分
89	似是而非○	sìshì-érfēi	成语	
90	假公济私	jiǎgōng-jìsī	成语	
91	歧义	qíyì	名	产生/出现/消除～；句法～；◎～句/结构
92	多义	duō yì		一词/一字～；◎～词/字/性
93	连带	liándài	动	◎～责任/关系
94	词组	cízǔ	名	名词（性）/动词（性）～；◎主谓/动宾/偏正/联合～
95	简约	jiǎnyuē	形	风格/文字/线条～
96	功力○	gōnglì	名	艺术/表演/语言/写作/书法～；◎～深厚/不凡；颇具～
97	杂糅	záróu	动	风格/思想～；真假/善恶～；◎文白～
98	预想	yùxiǎng	动/名	～不到
99	废除○	fèichú	动	～制度/法律/条约；彻底/一律/完全/逐步～

100	难关	nánguān	名	技术/工艺～；渡过/突破/攻克～
101	后期	hòuqī	名	十九世纪/八十年代/唐朝～；试验/战争～
102	说来话长	shuōlái huà cháng		
103	容	róng	动	◎不～分说
104	专论	zhuānlùn		～语法/词汇/诗歌/戏曲；发表～；哲学/戏曲～

词语例释

1. 势必

副词。根据某种情况推测必然会……。肯定的语气很强。用于书面语。如：

（1）按照汉语辅音元音的配合规律可以拼出418个音节，加上声调，可以配合出1332个音节，其中在实际语言中常用的只不过400个，最常用的100个略多一点。这样，势必有大量的同音语素。

（2）汉语中的同音语素特别多。如果废汉字而实现拼音化，这些原来用字形来区别的不同语素就无法识别，势必会给语言文字的使用带来麻烦和混乱。

（3）汉语是非形态语言，语序是表达意义的重要语法手段。如果没有这一重要的语法基础，语言交际势必陷入混乱。

（4）"饭后百步走，活到九十九"，这是广为人知的健康谚语，但缺乏科学依据。如饭后立即外出散步，供应胃肠的血液流量势必减少，这反而不利于消化。

（5）青藏高原生态环境脆弱，大规模开发建设势必给环境带来巨大压力。

（6）在世界经济一体化的进程中，经济竞争势必更趋激烈，贸易摩擦不可避免。

2. 换言之

书面语。换句话说，换一个说法。表示从另一个角度来谈。一般作为插入语使用。如：

（1）汉语语素有极少数是不自由的，绝大多数语素是自由的。换言之，汉语语素的自由性很大，在语言里的活动能量很大。

（2）如果小学采用五年制，学会3500字在一般合格的学校里是很容易的。中学补足所缺的1%，轻而易举，并且，即使补不齐，对阅读的影响也不大。换言之，汉字在量的方面，事实上并没有为阅读设置障碍。

（3）文化不是自然赋予人类的，而是人类利用自己的智慧创造出来的。换言之，人是文化的创造者和继承者。

（4）诗歌是一种艺术。因此，即使是哲理诗，也不能只谈哲理，还必须是诗。换言之，必须美。

（5）企业家首先应该具有一种勇于冒险的精神，换言之，冒险精神应该是企业家的基本素质之一。

（6）不少人的自信常与他人对自己的评价有关。换言之，他们只能通过他人对自己的肯定保持自信，而并非真正具有独立的自信心。

3. 大体

有副词和名词两个用法。

其一，副词。大概，基本上。表示从大多数的情况或基本的情况来看。常说成"大体上"。也可组成固定短语"大体说来"。如：

（1）人类历史的发展大体经历了三个时期：蒙昧、野蛮和文明。

（2）早在古希腊时期，人类就知道地球大体可分为三个自然带，即热带、温带和寒带。

（3）凭经验我大体能猜出眼前的这位老人以前是做什么工作的。

（4）汉语不同方言中的词语，用汉字写下来，差别不算大，各方言区的人大体上都能看懂，但如果念出来，语音差别很大，相互之间就很难听懂了。

（5）动物细胞与植物细胞的结构大体上相同，不过动物细胞没有细胞壁。

（6）大体说来，开始认识500个字的时候，能阅读500—600字汇量的读物；认识到1000字，可以阅读1500字汇量的读物；认识到2000字，就可以阅读3000—3500字汇量的读物了。

其二，名词。涉及某件重要的事情能否成功的重要道理。常说成"识大体"，表示懂道理，明事理，在困难的情况下，能舍弃个人的某些利益，顾全整体利益。常与"顾大局"合用。如：

（7）公司内部大部分员工都是识大体的人，关键时刻都能为公司整体利益考虑，把公司利益放在第一位。

（8）在高速公路征用土地的问题上，村民们识大体，顾大局，积极配合，补偿协议得以顺利签订。

成语运用

1. 如虎添翼

添：增加。翼：翅膀。像老虎加上了翅膀。比喻强者得到了援助，比如增添了新的能力或新的帮手，因此变得更加强大。使用中相当于动词。常做谓语。如：

（1）有了汉字，对于活动能量本来已经很大的汉语语素，如虎添翼，活动能量成倍地增长起来。

（2）他经常参加各种专业培训，新的知识使他在工作中如虎添翼。

（3）我们的实验室人才济济，先进的仪器设备的购入更使我们如虎添翼。

（4）有了高水平教练的指导，球队如虎添翼，战绩将更加辉煌。

（5）互联网技术的突飞猛进，使网上销售如虎添翼，给商家和顾客都带来了极大的方便。

（6）交通条件的极大改善，使得这些清代古村落的旅游业如虎添翼，游客数量激增。

2. 望文生义

文：文字，文句。义：意义。对于字句，只从字面上去理解，并不真正了解其含义。使用中相当于动词。常做谓语、定语。一般情况下含贬义。如：

（1）学习成语的时候，需要注意其中某些字或词在古代的意思，否则容易望文生义。比如"大方之家"，不是指慷慨、不吝啬的人家，而是表示学识渊博的人。

（2）在古书中看到"南京"，如果望文生义，以为是现在的江苏省会南京，常常就错了，比如宋朝的南京在现在的河南商丘。

（3）有一次跟几个朋友去玩竹筏漂流的活动，船工说可以漂两个半小时，但一个小时就让我们上岸了，还说我们望文生义。他说，两个半小时不是"两个半""小时"，而是"两个""半小时"，即一小时。我们被船工生造的语法气糊涂了。

（4）认识500字以上，却还不够多的时候，甚至已经认识到3000字以上，但是阅读范围不广、知识不多的情况下，非常容易产生望文生义、牵强附会、错解读物内容的问题。

（5）不少中国学生刚学日语的时候，看到汉字词往往直接按汉语词的意思去理解。但两者词形相同，意思却常常并不一样。如日语的"大家"是房东的意思，理解成所有人，就是望文生义的结果。

（6）"不易之论"一词表示不可改变的言论。这里的"易"是改变的意思。常有望文生义的人以为是难得的议论、见解。

"望文生义"有时也用来表示根据字面意义就可以推出某词的意思。此时为中性词。如：

（7）水生植物，望文生义也不会理解错，就是喜欢生长在多水环境中的植物，在沼泽、海洋、湖泊、湿地中都有它们的身影。

（8）把Club翻译成"俱乐部"的人真是天才，不仅意思贴切，声音也很相似。即使望文生义，也能猜到一个大概。"俱"，都，在一起的意思；"乐"，快乐、欢乐；"部"表示社团、团体。

3. 似是而非

是：正确。非：错误。一般表示某种看法、观点等好像是对的，实际上却不对。使用中相当于动词。常做定语、谓语。如：

（1）至于理解得模模糊糊、似是而非的情形，那就更多了。

（2）如果我们不是很客观地分析社会现象，而是带着强烈的主观色彩，那么，我们就可能得出许多似是而非的结论。

（3）吃肉越少越健康，其实是一种似是而非的健康观念。

（4）有些作者为了追求所谓的新，在作品中生造一些词。这些词绝大部分似是而非，属于语言的混乱现象，而不是什么创新。

（5）有人说，爱情是优秀文学作品不可缺少的内容。这个观点看似有道理，其实似是而非。

（6）书中的不少观点似是而非，讨论以后，我们可以对这些观点有更清楚的认识。

练 习

一、解释加点语素的意思，并根据拼音完成新词，同时说明其词义。

1. 汉字（　　　　　）
   汉　wén　_____
   汉　xué　_____

2. 绝少（　　　　　）
   绝　jiā　_____
   绝　miào　_____

3. 动手（　　　　　）
   动　nǎo　_____
   动　zuǐ　_____

4. 音素（　　　　　）
   ___yǔ___素
   ___sè___素

5. 单元音（　　　　　）
   单　yīnjié　_____
   单　yùnmǔ　_____

6. 复元音（　　　　　）
   复　fǔyīn　_____
   复　yùnmǔ　_____

7. 多音节（　　　　　）
   多　cèmiàn　_____
   多　lǐngyù　_____

8. 半自由（　　　　　）
   半　zìdòng　_____
   半　réngōng　_____

9. 成倍（　　　　　）
   成　qún　_____
   成　pī　_____

10. 航空（　　　　　）
    航　hǎi　_____
    航　tiān　_____

二、词语搭配与填空。

核实	方位
论述	数据
辨认	苦难
遭受	制度
废除	观点

（1）古人通过什么_____ _____？这一点说起来非常浪漫。他们首先是仰望天空，依靠日月星辰。

（2）1905年，清王朝在风雨飘摇之际，下令于次年_____科举_____，大力开办新式学堂。

（3）虽然调查报告已经完成，并做了几次修改，但她觉得支撑论点的一些重要的_____还是需要进一步_____。

（4）战争中人类所_____的_____是任何语言都无法形容的。

（5）能否准确把握文章所_____的_____，是判断阅读能力高低的一个重要指标。

◎
书面	模特
汉字	语言
视觉	飞机
航天	神经
人体	部件

（6）专家指出，长期在电脑前工作的人，要经常休息以放松_____ _____。

（7）20世纪初，大画家刘海粟（1896—1994）在任上海图画美术院校长期间，在人体写生课上最先使用了_____ _____，开创了近代中国美术教育的先河。

（8）汉字如果仅从字形的角度来看，基本的构形单位就叫_____ _____。

（9）汉语方言众多，但_____ _____却是通用的。

（10）20世纪70年代末，美国成功研制出_____ _____，为人类自由进出太空提供了得力的工具。

三、用指定词语完成句子或对话。

1. 他虽然没说为什么来找我们，_____（意图）
2. 因为生病，我已几周没有参加训练了，_____
_____（补救）
3. 一个贫富分化严重的社会，_____（极少数）
4. 如果一个人长期失眠，_____（势必）
5. 她在一个自由的环境中长大，_____（拘束）
6. 知识像大海，_____（换言之）
7. 自从与大学合作搞技术研发，_____（如虎添翼）

8. 从古至今，海洋一直是人类交通和贸易的重要通道，_____（航海）

9. 无论遇到什么紧急的情况，_____（从容）

10. 如果你对这篇文章感兴趣，_____（全文）

11. 这本书我虽然还没看完，_____（大体）

12. 她不管养什么花都养得很好，_____（要领）

13. 人类自诞生以来，_____（自然界）

14. A：你能否简要介绍一下血液的概念和特点？
    B：_____（液体）

15. 什么是油性皮肤？_____（分泌）

16. 很多人在小时候第一次看见"开卷有益"这个成语时，都以为是说开卷考试对大家有好处，_____（望文生义）

17. 对于同样一个事件，网上常常有很多不同的报道，_____（真假）

18. 有人认为，发展经济势必对环境造成破坏，_____（似是而非）

19. 他从小就开始练习书法，_____（功力）

20. 在我学汉语的过程中，_____（难关）

四、在文中画线处填写适当的关联词（如需要，可参考短文后提供的词语）。

在中国字典编纂史上，"部"的概念由来已久。东汉的许慎撰《说文解字》，将9000多个汉字归为540部。明代的梅膺祚大胆革新，将《说文解字》的540部简化为214部，部首和各部汉字 ① 按笔画数多少来排列。清《康熙字典》承袭这个体例，遂使214部成为中国字典编纂长期遵守的定例。

17世纪，214部传入欧洲 ② 逐渐为更多的欧洲学者所知之后，曾被简单地视为学习汉语的捷径。不少人以为，214部就是中国人发明的"中文之钥"。他们以为只要掌握了214部，汉语学习这一难题 ③ 可以迎刃而解。 ④ 其实这只是在中西文化交流过程中出现的一种文化误读。

⑤ 17至18世纪西人对汉语认知的演变，我们看到，西人对汉语和汉字之间关系的认识相当矛盾。 ⑥ ，他们简单地将汉语学习等同于汉字学习，以为 ⑦ 掌握了汉字就等于学会了汉语。另一方面，他们 ⑧ 逐渐意识到汉语具有与西方语言不同的特性。这种特性 ⑨ 体现在文字上，还体现在其他方

面。欧洲学者　⑩　汉语学习捷径的探索，便成为后来他们对汉语语法进行研究的基础。

> 不仅　就　一方面　并　但
> 只要　对　都　从　也

五、将下面几段文字按正确的顺序排列成一篇短文，并画出在段落间起连接作用的语句。

A. 当然，语素教学还有许多好处，比如有助于辨析同义词，有助于减少错别字，等等。建立起语素的概念对于提高汉语水平、解决语用的实际问题确有很多帮助。不过，语素教学只是整个词汇教学或语言教学的一部分，对于它的作用，也不要无限地扩大，应该理性、客观地看待。

B. 语素教学首先有助于准确理解词义。汉语中多数词的词义和语素义有着密切的联系。据统计，语素在构成名词、动词、形容词时，语素义保持原来意义的比例分别为87.8%、93.2%和87.0%。掌握语素义有助于快速准确地把握词语的意思。比如语素"陈"的一个意思是"时间久的，旧的"。知道了这个意思，理解"陈醋、陈酒、陈规、陈货"等词，就不会出现大的偏差。

C. 在语文教学中，重视对学生进行语素知识的传授，帮助其建立语素概念，并使之掌握语素在功能及组合等方面的一些特征，无论对于指导语用，还是对于改进教学、提高教学质量都有积极的意义。综合起来看，可以归纳为以下几个方面。

D. 语素教学有助于有效扩大词汇量，这一点也是显而易见的。比如，掌握最常用的语素义并了解语素的组合规律，在认识、学习和掌握生词方面，会发挥很大的作用，可以收到事半功倍的效果。认识"文盲"，就可以推测出"舞盲""乐盲""科盲""球盲"等词的意思。知道"飘"和"落"的语素义，对于二字组合而成的动词"飘落"，也很容易猜到其意为飘着降落，用于"秋叶""雪花"等。

E. 与第一点密切相关的是，语素教学有助于防止望文生义。望文生义是语用中的一种常见病，就是从字面上猜测语素的意义，没有注意语素古今义的区别，并做出了错误的判断和理解。最易出错的是成语中的那些今字古义，如"不速之客"的"速"是"邀请"的意思，"狐假虎威"的"假"是"凭借"的意思。只有全面了解这些语素的初始义及语义演变轨迹，望文生义的毛病才可以逐步克服。

文章段落顺序：☐-☐-☐-☐-☐

六、根据以下论述或例证总结中心论点，并将其写在横线上。

【中心论点】

_____

_____

_____

[一] 通过对现代汉语 43,097 个二字词的统计，我们发现，名词、动词、形容词的占比分别为 51.1%、36.4% 和 7.6%，总计 95.1%。可以说，这三类词占二字词的绝大多数。

[二] 我们将二字词词义和语素义的关系分为三种：1. 词义是两个语素义的组合；2. 词义发生转化，已不再是两个语素义的组合；3. 介于上述两种情况之间，可以部分通过语素义推测词义。对母语使用者名、动、形三类二字词的调查发现，第一种情况，词义为语素义的组合，即可以见字知义，这种类型在三类词中的占比都在 87.0% 以上，其中在动词中最高，为 93.2%。

[三] 第二种情况，词的意义已经发生了转化，不再是两个语素义的组合，在三类词中均仅占不到 1.0%。

[四] 第三种情况，可以部分地见字知义，在三类词中的占比平均不到 10.0%。

七、阅读理解。

汉语简论

一、_____

1　讲汉语，首先要讲到汉语的特点。因为，汉语的语音、文字、语汇、语法，以至口头语言和书面语言的运用，都与其特点密不可分。汉语的主要特点，概括起来有两个。

2　第一，汉语是非形态语言。世界语言总的说有三类：一类是非形态语言，像汉语；一类是形态语言，像印欧语系的诸语言；还有一类是介乎形态语言和非形态语言之间的语言。汉语在各种语言中使用人口最多，使用地域最广，其非形态的特征影响到语音、语汇、语法以及文字、应用等各个方面；但是，人们一直没有把这一点作为一种重要的语言现象来研究。我国的现代语言学是从引进西方语言学开始的，而西方语言学是以形态语言为基础产生的，根本没有把汉语考虑在内。有的西方语言学家的著作里偶尔提到汉语，往往是带有猎奇性质的，而且常常出错。我国不少语言学家注意到了这个问题，很想探求汉语的特点，在这方面做了不少努力，取得了不少成绩，值得我们敬重、学习，并加以发展。可惜往往由于受西方语言学的影响太深，摆脱不了西方语言学的制约（这里有学术的原因，也有社会历史的原因），因而有许多问题和矛盾一直解决不了。为什么汉语没有形态而西方语言有形态，同时又有介乎二者之间的语言呢？形态是怎么产生的？为什么说汉语的民族没有利用形态而汉语照样成为一种良好的工具呢？这些问题，值得语言工作者下点功夫去研究。

3 第二，汉语有"三大"：使用范围大（地域广），人数大（人口多），年岁大（历史久）。在世界现存的各种语言中，汉语生存的时间最长。它是自产生以来到现在一直使用的一种活语言，因而具有"三大"的特点。这"三大"给汉语带来一些有利的因素：语汇越来越丰富，语言使用的范围越来越广，在国际文化交流方面起的作用越来越大。也带来一些麻烦，比如方言多，有些方言间差距大，方言互相影响的情况复杂，古今语言交错的情况复杂，等等。对汉语应该全面认识，不能搞片面化：或者认为汉语太复杂，不如形态语言好，失去自信，妄自菲薄；或者认为汉语最伟大，是世界上独一无二的最好的语言，妄自尊大。其实，语言是交际的工具，有形态也好，没有形态也好，都不影响交际的实际效能，都能很好地为本民族的全体成员服务。因此，应该客观地、实事求是地考察各种语言，可以互相比较，但不要较量长短。

4 以上总说汉语的特点，下边分别说说汉语的各个组成部分。

二、_____

5 汉语语音，主要指汉语普通话的语音。它有两个特点：

6 第一，汉语语音以元音为主体，开音节（以元音结尾的音节）很多，可以说大量的都是开音节（有的方言里保留着入声，入声是以辅音结尾的闭音节，但现代普通话里已经没有）。现在唯一的以辅音结尾的是鼻音，如"n、ng"；但鼻音本身是浊辅音，带有元音性，基本不独立使用，大都是与某些元音一起构成一个成分（韵母），如"an、en、in、un、ang、eng、ing、ong"等，非常像开音节。汉语发音响亮，中国人多的地方声音往往比较高，大概就是开音节多的缘故。其他语言的语音很多是闭音节（以辅音结尾的音节），因此，声音似乎比较轻、低（当然这里也有某些风习问题）。

7 第二，汉语是声调语言，语素和词有声调，声调有区别语义的作用。这是外国人或外族人学汉语感到最困难的一点，就连我们以汉语为母语的人互相学方言，语音方面除少数音素难于模仿得很像之外，一般不难，最困难的也是声调。普通话有四个声调：阴平、阳平、上声、去声。有些方言声调比较多，最多的甚至多到八九个、十来个；有些方言虽然也是四个声调，但调值不同，似是而非，互相学起来也有困难。声调再加上语言里的语调，使得汉语说起来富有抑扬顿挫的音乐美。有的外国人说中国人说起话来像唱歌一样，原因也就在此。声调不仅区别语义，而且两个平声调子高，另两个（通称仄声）调子偏低，高、低、升、降的不同也给人以不同的语感或色彩。

8 汉语语音不复杂，元音和辅音拼合起来，只有400多个音节，加上声调的变化，总共有1000多个音节，这其中的难点是声调。了解了语音的这两个特点，就要运用它。口头语言且不说，就连书面语言，无论诗歌、散文，也应读来上口，听来悦耳，当刚者刚，当柔者柔，当扬者扬，当抑者抑。这就要求音素、声调、语调，配合协调得当。在教学中，要抓住这两个特点和难点，对学生进行有针对性的训练。

（节选自张志公《汉语辞章学论集》第三讲"汉语简论"。

人民教育出版社，1996年版。）

1. 请给本文的两个部分各拟一个小标题，写在横线上。

2. 写出本文第一部分的内容提要和提纲。

【内容提要】（150字左右）

_____
_____
_____
_____
_____

【关键词】（3—5个）

_____ _____ _____ _____ _____

【提纲】

_____
_____

3. 查资料，解释下列概念。

（1）印欧语系（第2段）

（2）仄声（第7段）

4. 请查阅相关资料，对文中的这两处进行注释。

（1）介乎形态语言和非形态语言之间的语言（第2段）

（2）有些方言声调比较多，最多的甚至多到八九个、十来个（第7段）

论文设计与讨论

一、根据"课前准备"中的选题,确定一个你感兴趣的话题,并拟一个论文题目。也可以根据课文内容自己确定一个题目。

_____

二、根据论文题目,整理已有材料,并补充新的资料。列出其中有参考价值的论文或专著(各2种)(写出作者、论文名、杂志名/书名等基本信息)。

1. _____
2. _____
3. _____
4. _____

三、写出论文提纲,并进行小组讨论。

_____
_____
_____
_____
_____
_____

四、收集老师和同学的意见,并对原提纲进行修改,写出新提纲。

_____
_____
_____
_____
_____
_____

第九课　翻译的技巧

杨　绛

课文导览

【作者简介】

杨绛（1911—2016），江苏人。作家，翻译家，外国文学研究专家，中国社会科学院外国文学研究所研究员。代表作包括剧本《称心如意》《弄真成假》，散文集《干校六记》《将饮茶》《走到人生边上：自问自答》《我们仨》，以及长篇小说《洗澡》等。作品文笔幽默，充满灵气。译作有西班牙小说《小癞子》（*La Vida de Lazarillo de Tormes y de sus fortunas y adversidades*）、《堂吉诃德》（*Don Quijote de la Mancha*）和法国小说《吉尔·布拉斯》（*L'Histoire de Gil Blas de Santillane*）。其中，《堂吉诃德》杨绛译本被中国翻译界公认为翻译佳作，是该书中译本中发行量最多的译本。

【作品出处】

课文选自《杂忆与杂写：一九九二—二〇一三》，生活·读书·新知三联书店，2015年版。有删减。

【文体说明】

课文可归为论文。从内容看，主要阐述了外国文学作品的翻译技巧。文章具体谈到了翻译的五道工序：从句的翻译，到句的连缀成篇；从洗练全文，到字的选择，再到注释。文章最后也谈到了其他相关问题。层层深入，条理清晰。文章在谈论翻译技巧时举了很多翻译实例来说明，从而使观点更加明白易懂。论点和例证紧密结合是本文的一个特点。通过课文，学习者既可以看到翻译的具体过程，同时也可以学习论文的基本写法。

课前准备——口头/书面报告选题

1. 杨绛的文学创作和成就；
2. 杨绛翻译《堂吉诃德》的过程及译本的成就和影响；
3. 《堂吉诃德》在西班牙文学史和世界文学史上的地位；
4. 《堂吉诃德》的多语种译本介绍（可以选择学生自己国家的译本）；
5. 《堂吉诃德》中堂吉诃德和桑丘的形象介绍；
6. "信、达、雅"翻译标准的提出和后世评价。

课　文

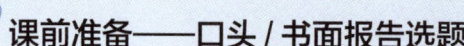 09-01

1　一九八六年，我写过一篇《失败的经验——试谈翻译》。谈失败的经验，不免强调翻译的困难。至少，这是一项苦差，因为一切得听从主人，不能自作主张。而且一仆二主，同时伺候着两个主人：一是原著，二是译文的读者。译者一方面得彻底了解原著：不仅了解字句的意义，还须领会字句之间的含蕴，字句之外的语气声调。另一方面，译文的读者要求从译文里领略原文。译者得用读者的语言，把原作的内容按原样表达；内容不可有所增删，语气声调也不可走样。原文的弦外之音，只从弦上传出；含蕴未吐的意思，也只附着在字句上。译者只能在译文的字句上用功夫表达，不能插入自己的解释或擅用自己的说法。译者须对原著彻底了解，方才能够贴合着原文，照模照样地向读者表达。可是尽管了解彻底，未必就能照样表达。彻底了解不易，贴合着原著照模照样地表达更难。

2　我的经验只限于把英文、法文、西班牙文的原著译成汉语。西方语法和汉语语法大不相同。如果把欧洲同一语系的语言从这一种译成那一种，就是堂吉诃德[1]所谓"好比誊录或抄写"[1]；如要翻成汉语就不那么现成了。略有经验的译者都会感到西方语言和汉语行文顺逆不同，晋代释道安[2]翻译佛经时所谓"胡语尽倒[3]"。要把西方语文翻成

---

1 见《堂吉诃德》下册第448页，人民文学出版社一九七九年版。

通顺的汉语，就得翻个大跟斗才颠倒得过来。我仿照现在常用的"难度""甜度"等说法，试用[4]个"翻译度"的词儿来解释问题。同一语系之间的"翻译度"不大，移过点儿就到家了，恰是名副其实的"移译"。汉语和西方语言之间的"翻译度"很大。如果"翻译度"不足，文句就仿佛翻跟斗没有翻成而栽倒在地，或是两脚朝天，或是蹩了脚、拐了腿，站不平稳。

3 翻跟斗只是比喻。而且翻跟斗是个快动作——翻译也是快动作：读懂原文，想一想，就翻出来。要讲明怎么翻，得用实际的语言，在慢镜头下一一解释。

4 "胡语尽倒"的"倒"，并不指全文语言颠倒。汉语和西方语言同样是从第一句开始，一句接一句，一段接一段，直到结尾；不同主要在句子内部的结构。西方语言多复句，可以很长；汉文多单句，往往很短。即使原文是简短的单句，译文也不能死挨着原文一字字的次序来翻，这已是常识了。所以翻译得把原文的句子作为单位，一句挨一句翻。

5 翻译包括以下几道工序。

补充注释

[1] 堂吉诃德：西班牙作家塞万提斯（Miguel de Cervantes Saavedra, 1547—1616）的文学巨著《堂吉诃德》中的主人公。《堂吉诃德》是西班牙文学的巅峰之作，也是全世界翻译版本最多的文学作品之一。

[2] 释道安：道安法师（312—385）。晋朝时杰出的佛教僧人、学者，对中国佛教有开创性的贡献。释：中国佛教对佛祖释迦牟尼的简称。从道安法师始，以"释"作为出家人的统一姓氏。"道安"是法名。释道安大力提倡佛经的翻译，曾组织译场翻译佛经。

[3] 胡语尽倒：这是释道安提出的佛经翻译中的问题。将梵文翻译成汉语时容易忽略梵文语序跟汉语不同，从而导致翻译得不准确。胡语，这里指梵文。倒，dào，颠倒。

[4] 试用：尝试使用。试，尝试。

阅读提示（一）

1. 怎么从翻译的角度理解作者所说的"一仆二主"？"二主"给译者带来了怎样的困难？
2. "胡语尽倒"说的是印欧语系语言和汉语在哪一方面的区别？怎么理解作者所说的"翻译度"？
3. 本文主要讨论什么问题？从哪一段可以看出来？

🎧 09-02

一　以句为单位，译妥每一句

6　我翻译总挨着原文的一句一句翻，但原文一句，不一定是译文的一句。原文冗长的复句，可以包含主句、分句、形容词组、副词组等等。按汉文语法，一个句子里容纳不下许多分句和词组。如果必定要按原著一句还它一句，就达不出原文的意义，所以断句是免不了的。可是如果断句不当，或断成的一句句排列次序不当，译文还是达不出原文的意义。怎样断句，怎么组合（即排列）断成的一句句，没有一定的规律，不过还是有个方法，也有个原则。

7　方法是分清这一句里的主句、分句以及各种词组，并认明以上各部分的从属关系。在这个基础上，把原句断成几句，重新组合。不论原句多么曲折繁复，读懂了，总分得清。

8　原则是突出主句，并衬托出各部分之间的从属关系。主句没有固定的位置，可在前，可在后，可在中间，甚至也可切断。从属的各分句、各词组都要安放在合适的位置，使这一组重新组合的断句，读起来和原文的那一句是同一个意思，也是同样的说法。在组合这些断句的工序里，不能有所遗漏，也不能增添。好比拼七巧板[5]，原是正方形，可改成长方形，但重拼时不能减少一块或增添一块板。

9　试举例说明。我采用冗长的复句为例，因为翻译这类句子，如果不断句，或断句后排列不当，造成的不信不达[6]较为明显，便于说明问题。

10　这个例句2，包含A、B两分句。去掉了枝枝叶叶的形容词组和副词组，A句的主句是"我大着胆子跑出来"。B句带着一个有因果关系的分句："可是我的命运注定，当时我的头脑特别清醒（主句）；所以我不愿向冤家报复，而要在自己身上泄愤（分句）。"

11　我分别用三种表达方式：

（1）最接近原文的死译，标点都按照原文（但每个词组的内部不是死译，否则，全句读来会不知所云）。

（2）断成几句，并颠倒了次序。

（3）因意义欠醒豁，再度排列断句的次序。

12　我把三种译文并列，便于比较。第（三）种译文未必完善，只是比第（二）种对原文更信，也更能表达原意。

---

2 原句摘自《堂吉诃德》第一部第27章，马林（Francisco Rodríguez Marín）编注本第六版（下简称"马林本"）第三册37～38页。

A 句

（一）	（二）	（三）
我在看到全家人一片混乱时，我大胆跑出来，不顾被人看见与否，我带着决心如果被人看见，我就大干一场，叫全世界都了解我胸中理直义正的愤怒，在对奸诈的堂费南铎的惩罚中，甚至对那尚未苏醒的水性女人。	我瞧他们家一片混乱，就大着胆子跑了出来，不管人家看见不看见。我打定主意，如果给人看见，就大干一场，惩罚奸诈的堂费南铎，甚至那昏迷未醒的水性女人，让人人知道我怀着理直义正的愤怒。	我瞧他们家一片混乱，就大着胆子跑出来，不管人家看见不看见。我打定主意，如果给人看见，就大干一场，惩罚奸诈的堂费南铎，也不饶那昏迷未醒的水性女人，让人人知道我满怀气愤是合乎公道正义的。

B 句

（一）	（二）	（三）
可是我的命运，为了更大的坏运，假如可能还有更坏的，准保留着我，注定在那个时候我往后昏迷的头脑特别清醒；所以，我不愿对我的两大冤家报复（这，因为他们绝没有想到我，是容易办到的），我要用自己的手，把他们应受的惩罚加在自己身上，甚至比对待他们的还厉害，如果那时候杀了他们，因为突然一死痛苦马上就完了；可是延长的痛苦用折磨连续地杀，不能完结性命。	可是命运准是保留着我去承当更倒霉的事呢——假如还会有更倒霉的事。命里注定我往后昏迷不清的头脑，那时候格外清醒。我当时如果向自己的两大冤家报仇，很容易做到，因为他们心上绝没有想到我这个人。可是我不想这么办。我只想对自己泄愤，把他们该受的痛苦加在自己身上。我即使当场杀了他们，也不如我对待自己的那么严酷。因为突然的痛苦，一下子就完了，而长期的折磨，好比经常受杀戮之痛而不能绝命。	可是命运准保留着我去承当更倒霉的事呢——假如还会有更倒霉的事。命里注定我往后昏迷不清的头脑，那时候格外清醒。我不愿向我的两大冤家发泄怨愤，只想惩罚自己，把他们应得的痛苦亲手施加在自己身上，甚至比对待他们还要残酷。我当时如果向他们俩报复，很容易办到，因为他们心上绝没有想到我这个人。可是我即使当场杀了他们，突然一死的痛苦是一下子就完的，而我糟蹋自己，却是缓慢的长期自杀，比马上送命更加痛苦。

13　从以上三种译文里，可看出如下几点。

14　原文不断句，译出就是瘫痪的句子，不对照原文就读不通。复句里的主句、分句和各个词组，正如单句里的单字一样，翻译时不能不重做安排，也不能照用原来的标点。

15　长句断成的短句，重做安排时如组合不当，原句的意思就不够醒豁。译文（二）的一组句子，读上来各句都还通顺，可是有几句散漫无着。全组句子没有突出原文的主句，也没显出各句之间的从属关系，因此原句的意思不醒豁。

16 译文（三）较译文（二）更忠实于原意，语气也更顺畅。短句内部没什么变动，变动只在各短句的部位。可见最大的困难不在断句，而在重新组合这些切断后的短句。

17 上文曾以拼七巧板为喻，说不该加一块板或减一块板。这话需稍加说明。这不过是说：不可任意增删原文，但不是死死地一字还它一字。比如原句一个主词可以领一串分句，断句后就得增添主词。原句的介词、冠词、连接词等等，按汉文语法如果可省，就不必照用。不过译者不能回避自己不了解的字句，或苦于说不明白，就略过不译；也不能因为重组原句的时候，有些部分找不到合适的位置，就干脆简掉。另一方面，也不能因为表达不清楚，插入自己的解释。上面例句里的"我"字译为"我这个人"，因为原意正是指"我这个人"，并没有外加新意而"加一块七巧板"。这种地方，译者得灵活掌握。

补充注释

[5] 七巧板：一种智力拼图玩具。由七块不同形状的小板组成。通过组合拼接，可以构成各种形状和图案。

[6] 不信不达："信、达、雅"的翻译原则是由中国近代启蒙思想家、翻译家严复（1854—1921）提出来的。"信"，指译文准确，对原文不做意义上的增删。"达"，指译文要通顺，明白易懂。"雅"，指译文要得体，优雅。

阅读提示（二）

1. 第6段中，作者认为按照原文一句一句地翻译，能否做到原文一句、译文一句？为什么？
2. 从第7、8段来看，翻译时应该怎样断句？怎样组合各级句子单位？这跟拼七巧板有什么相似之处？
3. 第9—16段中，作者选择的例句有什么特点？作者比较了哪三种翻译方式？
4. 根据A、B两句的三种翻译，作者分别得出了怎样的结论？
5. 第17段中，作者对七巧板的比喻做了什么补充？

09-03

二　把原文的一句句连缀成章

18 译文是按原文一句挨一句翻的，成章好像算不上一道工序。因为原句分断后，这组短句在翻译的过程里，已经力求上下连贯，前后呼应，并传出原句的语气声调。可是句内各部分的次序已有颠倒，译者连缀成章的不是原文的一句句，而是原文句子里或前或后或中间的部分。因此连缀成章不仅要注意重新组合的短句是否连贯，还需注意上一段和下一段是否连贯，每一主句的意义是否明显，等等。尤需注意的是原文第一句里的短句，不能混入原文第二句；原文第二句内的短句，不能混入原文第一句。原文的每一句是一个单位，和上句下句严格圈断，因为邻近的短句如果相混，会走失原文的语气和语意。通读全部译文时，必须对照原文。如果文理不顺，只能在原文每一句的内部做文字上的调整和妥洽。我曾见出版社因译文不通顺而请不懂原文的人修润[7]译稿，结果译文通顺了，但和原文不拍合[8]了。

补充注释

[7] 修润：修改和润色。润，rùn，这里的意思是加工、修饰。
[8] 拍合：这里是"合拍"的意思，表示一致。

阅读提示（三）

1. 把按原文译出的一句一句（译文）连缀成章，应该怎么做？难点在哪儿？
2. 不懂原文的人对译文进行文字修改加工，会出现什么问题？为什么？

09-04

三　洗练全文

19 把译成的句子连起来，即使句句通顺，有时也难免重叠呆滞的毛病。如果原文并不重叠呆滞，那就是连缀笨拙的缘故了。西文语法和汉文语法繁简各有不同。例如西文常用关系代词，汉文不用关系代词，但另有方法免去代词。西文语法，常用"因为""所以"来表达因果关系。汉文只需把句子一倒，因果关系就很分明。试举一短例。这句话的上文是"他们都到某处去了"。我并列两种译文。

（一）	（二）
他们都到伦敦去了；我没有和他们同到那里去，因为我头晕。	他们都到伦敦去了；我头晕，没去。

译文（一）和（二）是同样的话。这个例子可说明两件事：

1. 颠倒一下次序，因果关系就很明显。

2. 上文已经说过的话，下文不必重复，除非原文着意重复。

20 至于怎样把每个短句都安放在合适的位置，避免重复啰唆，那就全看译者的表达能力了。所以我只举一短句为例，不另举长篇。

阅读提示（四）

1. "洗练全文"是什么意思？"洗练"本来是什么词性？这里的"洗练"是什么词性？
2. 作者举了一个什么例子来说明译文可以根据汉语语法特点"洗练全文"？

09–05

四　选择最适当的字

21 选字有许多特殊的困难。

22 一个概念的名字概括许多意思，而一般人对这个概念并没有明确的认识。为一个概念定名就很困难，严复[9]《天演论》译例所谓"一名之立，旬月踟蹰[10]"。便是定下名目，附上原文，往往还需加注说明。

23 没有等同事物的字，三国时期释支谦[11]翻译佛经时所谓"名物不同[12]"，压根儿无法翻译。有的译者采用音译，附上原文，加注说明。这就等于不翻译，只加注解释。有的采用相似的字而加注说明。

24 双关语很难音义兼顾。便是挖空心思，也只靠偶然巧合，还不免带几分勉强。一般只能顾全更重要的一头。

25 翻专门术语，需了解那门专业所指的意思，不能按字面敷衍，尽管翻译的不是讲那门专业的著作而只在小说里偶尔提到。

26 有特殊解释的字，只能参考各专家的注释。

27 以上所举的种种特殊困难，各有特殊的解决法；译者最不易调度的，却是普通文字。我词汇贫乏，恰当的字往往不能一想就来，需一再更换，才找到比较恰当的。

28 试举数例。我仍举三种译文。字下有点的，是需要斟酌的文字。[3]

（一）	（二）	（三）
……触及他的本钱就触及他的灵魂……	……动用他的本钱就刺心彻骨似的痛……	……动了他的老本儿，就动了他的命根子……

29 译文（一）"触及"钱并不花钱，所以不达意。

30 译文（二）较达意，但和原文的说法不贴。

31 译文（三）比（一）（二）较信也较达。

32 以下例句，接着上文堂吉诃德期待着侏儒在城上吹号角等事。[4]

（一）	（二）	（三）
可是看到［事情］被拖延着……	可是事情却拖延着未实现……	可是迟迟不见动静……

33 译文（一）是死译，译文（二）比较达意，译文（三）比（一）和（二）更信也更达。

34 以下例句说一人黑夜在荒野里。[5]

（一）	（二）	（三）
……四下里的沉寂，邀请我怨苦……	……四下里的沉寂，使我忍不住自悲自叹……	……四下里的沉寂，仿佛等待着听我诉苦……

35 译文（一）是死译，意思倒是很明显，只是用法生硬；译文（二）没把"邀请"的意思充分表达出来；译文（三）比较忠实也比较达意。

36 从以上的例句，可见很普通的字只要用得恰当，就更能贴合着原样来表达原意。这类的字，好像用这个也行，用那个也行，可是要用得恰当，往往很费推敲。

补充注释

［9］严复：中国近代启蒙思想家和翻译家。他系统地将西方社会学、政治学、经济学、哲学和自然科学等领域的成果介绍到中国来，翻译了《天演论》等一批重要著作，影响深远。

---

3 例句摘自《堂吉诃德》第二部第30章第一句，马林本第六册第221页。
4 例句摘自《堂吉诃德》第一部第2章，马林本第一册第77页。
5 例句摘自《堂吉诃德》第一部第27章，马林本第三册第38页。

《天演论》译自英国生物学家赫胥黎（Thomas Henry Huxley, 1825—1895）名为 *Evolution and Ethics* 的演讲与论文集，1898年正式出版，出版后风行全国。严复正是在这部书的"译例言"中提出了"译事三难"：信、达、雅。

[10] 一名之立，旬月踟蹰：为了一个名称、概念的准确翻译，为了选用一个恰当的词语，要花很多时间来思考。旬月：一个月或十个月，这里表示时间长。踟蹰：chíchú，犹豫不决、要走不走的样子，这里表示反复推敲。

[11] 释支谦：三国时期著名佛经翻译家。在吴国生活的二十多年中，将几十部佛经从梵文译成了汉语。

[12] 名物不同：释支谦在《法句经序》中讲到梵文与汉语的不同，有"名物不同，传实不易"的观点。"名物"，给事物的命名。"传实"，这里的意思是准确翻译原文。

阅读提示（五）

1. 从第21—26段来看，翻译哪些词语或修辞方法时，要选择一个恰当的字词存在特殊困难？
2. 作者举了几个翻译实例来说明选字的困难？为什么作者认为第三种翻译基本达到了"信"和"达"的要求？
3. 从第36段来看，作者认为什么样的字在翻译中是"恰当"的？

 09–06

五　注释

37　译者少不了为本国读者做注解，原版编者的注释对译者有用，对阅读译本的读者未必同样合用。不同时代、不同地域的风土习惯各有不同，译者需为本国读者着想，为他们做注。

38　我翻译的《吉尔·布拉斯》[13]里，有医家相争一节，我曾因为做这一个注，读了整整一小本古医书。我得明白他们相争的道理，才能用上适当的语言。

补充注释

[13]《吉尔·布拉斯》：*L'Histoire de Gil Blas de Santillane*，法国著名的流浪汉小说。作者为18世纪初期法国著名作家勒萨日（Alain-René Lesage, 1668—1747）。流浪汉小说是16世

纪中期产生于西班牙的一种小说类型,以描写城市下层生活为主要内容,从下层人物的角度去观察、分析各种社会现象。杨绛翻译的西班牙小说《小癞子》,即流浪汉小说的鼻祖。这一小说类型于17—18世纪流行欧洲。

阅读提示(六)

1. 翻译作品是不是一定需要注解?原版编者的注释有没有用?为什么?
2. 作者举了什么例子来说明做注需要注意的问题?

🎧 09-07

六 其他

39 现在我略谈几点肤浅的体会。

40 有些汉语常用的四字词如"风和日暖""理直气壮"等,这类词儿因为用熟了,多少带些固定性,应用的时候就得小心。因为翻译西方文字的时候,往往只有一半适用,另一半改掉又不合适,用上也不合适。例如我的译文曾用"和风朗日",而原文只有空气,没有风,因此改为"天气晴和"。又例如我国常用语是"理直气壮",而原文却是"理直义正"。我用了这四字又嫌生硬,改为"合乎公道正义"。

41 由此联想到成语的翻译。汉文和西方成语如果只有半句相似,当然不能移用;即使意义完全相同,表达的方式不同也不该移用。因为成语带有本土风味。保持不同的说法,可以保持异国情调。举例如下:

西班牙成语	汉文成语
事成事败,全看运道好坏。	谋事在人,成事在天。
吃饭需节制,晚饭尤宜少吃。	晚饭少吃口,活到九十九。
祸若单行,就算大幸。	[福无双至]祸不单行。
这一扇门关了,那一扇门又开了。	天无绝人之路。
不做超人之事,不成出众之人。	吃得苦中苦,方为人上人。

差异有大有小,可见两国成语不完全一样。

42 末了我要谈谈"信、达、雅"的"雅"字。我曾以为翻译只求亦信亦达,"雅"是外加的文饰。最近我为《堂吉诃德》第四版校订译文,发现毛病很多,有的文句欠妥,有的词意欠醒。我每找到更恰当的文字或更恰当的表达方式,就觉得译文更信、更达,也更好些。"好"是否就是所谓"雅"呢？（不用"雅"字也可，但"雅"字却也现成。）福楼拜[14]追求"最恰当的字"（Le mot juste）。用上最恰当的字，文章就雅。翻译确也追求这么一个标准：不仅能信能达，还要"信"得贴切，"达"得恰当——称为"雅"也可。我远远不能达到这个目标，但是我相信，一切从事文学翻译的人都意识到这么一个目标。

43 这篇文章总结我翻译的经验。翻译欠妥的例句，都是我自己的。

二〇〇二年十二月

补充注释

[14] 福楼拜：Gustave Flaubert（1821—1880）。法国著名文学家。长篇小说代表作为世界文学名著《包法利夫人》（*Madame Bovary*）。

阅读提示（七）

1. 在"其他"这一部分中，作者又谈了几个翻译体会作为对上文翻译技巧的补充？
2. 用汉语中的固定词组、成语去翻译西方文字时，需要注意什么问题？为什么？
3. 从第 42 段来看，作者对"雅"是怎么理解的？
4. 第 43 段在全文结构上起什么作用？

课文回顾与思考

1. 本文的题目是《翻译的技巧》，作者在文中介绍了哪些翻译技巧？
2. 根据作者的观点，用汉语翻译西方文学作品存在哪些难点？请分析产生难点的原因。
3. 你认为作者在文章各部分举的例子是否足以说明作者的观点？为什么？
4. 课文中出现了 11 次"短句"这个词，请谈一谈你对汉语的"短句"是怎么理解的？
5. 你对"信、达、雅"的翻译标准有什么看法？
6. 读了这篇文章，你对翻译有了哪些新的认识？请简要地谈一谈。
7. 你有没有翻译过文章或文学作品？如果有翻译的经历，请总结一下你的经验。

提要与提纲

写出课文的内容提要（250字左右）和关键词（3—5个），并完成提纲示例表。

【内容提要】_____
_____
_____
_____

【关键词】_____ _____ _____ _____ _____

【提纲示例】

文章结构		论点	例证
开头（1—5）		翻译的困难在于"一仆二主""胡语尽倒"等。翻译有多道工序。	
一（6—17）	（一）（6—8）	以句为单位，译妥每一句。	
	（二）（9—16）		《堂吉诃德》第一部第27章，马林本第三册。
	（三）（17）	补充解释"不可任意增删原文"的含义并不是死译。	
二（18）		把原文的一句句连缀成章。	
三（19—20）			用一短句来说明如何使译文凝练、流畅。
四（21—36）	（一）（21—27）		
	（二）（28—36）		①《堂吉诃德》第二部第30章，马林本第六册；②③
五（37—38）			作者翻译《吉尔·布拉斯》时读古医书。

（续表）

文章结构	论点	例证
六 （39—42）	① ②信、达、雅是所有翻译者的目标。	①"风和日暖"改为"天气晴和"； ② ③西班牙成语和汉语成语的对照。
结尾 （43）	总结全文。指出自己将承担所有翻译错误的责任。	

词语表

 09-08

序号	词语	拼音	词性	搭配举例
1	苦差	kǔchāi	名	一件/一项~
2	自作主张	zì zuò zhǔzhāng		
3	一仆二主	yì pú èr zhǔ		
4	伺候○	cìhou	动	~主人/老人/病人；精心/轮流~
5	原著	yuánzhù	名	研读/理解~；忠实（于）~
6	译文	yìwén	名	~准确/流畅/粗糙；~质量/水平
7	含蕴	hányùn	动	~感情/意义/哲理
8	语气○	yǔqì	名	~强烈/坚决/轻松/平淡；◎~词
9	原作	yuánzuò	名	忠于/再现/超过~
10	原样	yuányàng	名	保持/失去/恢复~；按~（重修/重建）
11	走样	zǒu//yàng	动	身材/动作~；◇政策~
12	原文	yuánwén	名	引用/摘录~；~出处
13	弦外之音	xiánwàizhīyīn	成语	
14	弦○	xián	名	琴/弓~
15	附着	fùzhuó	动	~在/于……；◎~物/力
16	插入	chārù	动	~图片/文字/广告/（句子）成分；◎~语

第九课 翻译的技巧

17	擅用	shàn yòng		~公款/职权
18	贴合	tiēhé		~原文/原著
19	照模照样	zhàomú zhàoyàng		
20	译○	yì	动	~小说/诗歌
21	语系	yǔxì	名	◎印欧/汉藏/阿尔泰~
22	誊录	ténglù	动	~书稿/碑文
23	行文	xíngwén	动	~生动/活泼/质朴
24	逆○	nì	动	~潮流
25	佛经	fójīng	名	翻译/印刷~；~故事
26	语文	yǔwén	名	~课程/知识；◎~学
27	通顺○	tōngshùn	形	文章/语言/文句/文字~
28	翻跟斗	fān gēndou		
29	颠倒○	diāndǎo	动	关系/顺序/主次~；◇黑白/是非~
30	仿照	fǎngzhào	动	~式样/方法/做法/形式
31	文句	wénjù	名	~通顺/简洁/流畅/生动
32	栽倒	zāidǎo		~在……上；~在地；一头~
33	两脚朝天	liǎng jiǎo cháo tiān		摔得~
34	慢镜头	mànjìngtóu	名	~回放/显示
35	结尾○	jiéwěi	名	文章/故事/报告/影片/乐曲~；◎喜剧/悲剧~
36	简短○	jiǎnduǎn	形	发言/讲话/报告/回答/说明/分析~
37	次序	cìxù	名	按照~；先后/排行/座位~
38	工序○	gōngxù	名	一道/多道~；复杂/关键/具体~；◎生产~
39	妥○	tuǒ	形	谈/办~；◎不~之处
40	冗长○	rǒngcháng	形	文章/谈话/发言/报告~
41	容纳○	róngnà	动	[一定空间]（教室/教学楼/体育馆）~[一定数量]（几百/千/万）[人]（学生/观众）；~观点/意见；~不下
42	断句	duàn//jù	动	~准确/错误
43	繁复	fánfù	形	结构/手续/过程/礼仪~

44	衬托○	chèntuō	动	在……~下；~出……；互相~
45	切断○	qiēduàn	动	~电源/电路/水源/血管；◇~关系/联系/来源/后路
46	遗漏	yílòu	动	~信息/细节/要点/内容
47	增添○	zēngtiān	动	~内容/乐趣/活力/光彩；◇~（新鲜）血液
48	枝叶	zhīyè	名	~茂盛/繁茂/青翠
49	胆子○	dǎnzi	名	~大/小
50	因果	yīnguǒ	名	◎~关系/复句
51	冤家	yuānjia	名	◎~路窄；不是~不聚头
52	泄愤	xiè//fèn	动	纵火/投毒~
53	不知所云	bùzhī-suǒyún	成语	
54	醒豁	xǐnghuò	形	译文/标题~
55	并列○	bìngliè	动	与……~；◎~关系/复句
56	与否○	yǔ fǒu		（不管）正确/合理/同意/快乐/成功~
57	奸诈○	jiānzhà	形	性格/为人~
58	惩罚	chéngfá	动	~罪犯；~措施/方式/效果/力度
59	苏醒	sūxǐng	动	病人/（冬眠）动物~；◇万物/火山/良心~
60	水性	shuǐxìng	名	◎~杨花
61	昏迷○	hūnmí	动	神志~；发生/出现~；处于~/半~状态；◎~不醒
62	满怀○	mǎnhuái	动	~希望/信心/深情/喜悦/热情/怨恨/仇恨
63	公道	gōngdào	名	主持/讨回~；讨（个）~
64	瘫痪○	tānhuàn	动	肌肉/下肢/全身~；◇网络/交通/系统~；陷入~
65	散漫	sǎnmàn	形	行为/作风~；◎自由~
66	折磨○	zhémó	动	（饱/备）受~；受尽~；受到……的~
67	完结	wánjié	动	事情/任务/使命/生命~
68	承当	chéngdāng	动	~义务/责任
69	倒霉○	dǎo//méi	形	◎~蛋/鬼；自认~

70	命里注定	mìng lǐ zhùdìng		
71	报仇○	bào//chóu	动	为（某人）~
72	严酷	yánkù	形	环境/现实/法律/条件~
73	杀戮	shālù	动	遭到~；残酷/疯狂/大肆~
74	绝命	juémìng	动	◎~书/诗
75	准保	zhǔnbǎo	副	~没错/能赢
76	怨愤	yuànfèn	名/形	一腔~；充满/发泄~
77	亲手○	qīnshǒu	副	~种植/编织；◇~设计/创建/培养/毁掉
78	施加○	shījiā	动	对……~影响/压力
79	糟蹋	zāota	动	◇~自己/粮食/艺术/文化
80	缓慢○	huǎnmàn	形	速度/动作/语调/生长/见效/增长/行驶~；~变化/恢复/升高/下降
81	送命	sòng//mìng	动	白白/差点~
82	忠实○	zhōngshí	形/动	信徒/顾客/朋友~；~履行/执行/追随；~于……
83	任意○	rènyì	副/形	~选择/安排；~破坏/损坏/侵犯/打骂；~一条/一个
84	删○	shān	动	~去/掉；~文件/内容
85	连缀	liánzhuì	动	~文字/符号/片段；由……~而成
86	连贯	liánguàn	动	画面/情节/故事/语意/主题/目标~
87	混入○	hùnrù		~人群/会场；◇~组织
88	走失	zǒushī	动	孩子/老人/病人/牛羊~
89	通读	tōngdú	动	~全文/全书/原著/历史
90	文理	wénlǐ	名	~通顺/不通
91	出版社○	chūbǎnshè	名	
92	洗练	xǐliàn	形	文笔/语言/笔墨/风格~
93	呆滞	dāizhì	形	神情/目光/表演~
94	西文	xīwén	名	

95	分明○	fēnmíng	形/副	层次/条理/职责/界限～；～不懂/没去，却……；◇黑白/是非/主次～
96	上文	shàngwén	名	
97	头晕	tóu yūn		引起/感觉～；◎～眼花
98	着意	zhuóyì	副	～突出/强调/刻画
99	啰唆○	luōsuo	形/动	语言/讲话～；真/别/少～！
100	长篇○	chángpiān	形/名	～报道/发言；◎～小说
101	名目	míngmù	名	～繁多/众多；◎巧立～
102	附○	fù	动	～在……之后
103	加注	jiā zhù		～说明；为……～
104	等同	děngtóng	动	～于……；与……～
105	压根儿	yàgēnr	副	～不会/不懂/不听/没能力
106	双关	shuāngguān	名/动	语意～；～现象；◎～语
107	兼顾○	jiāngù	动	公私/利益/两者～；～A与B
108	挖空心思	wākōng-xīnsī		
109	巧合○	qiǎohé	形	时间/时机/历史～；惊人（的）～；◎机缘～；纯属～
110	顾全	gùquán	动	～利益/面子/脸面；◎～大局
111	注释	zhùshì	动/名	～清楚/全面/粗糙；做～
112	斟酌	zhēnzhuó	动	反复/仔细/再三～；～字句/情况；～再三
113	触及	chùjí	动	～利益/心灵/底线/本质
114	本钱○	běnqián	名	动用/输掉/赔掉～；◇花/下（大）～；没有～；◎不惜～
115	动用○	dòngyòng	动	～资金/本钱/武器；◇～关系
116	刺心彻骨	cìxīn chègǔ		
117	老本	lǎoběn	名	保住/赔掉～；◎吃～
118	命根子	mìnggēnzi	名	
119	侏儒	zhūrú	名	◇政治/文化～；◎～症
120	号角	hàojiǎo	名	进军/反攻/战斗～；吹响～

121	拖延○	tuōyán	动	~时间/工期；一再/故意~
122	迟迟○	chíchí	副	~不签字/没有结果/未能安排
123	四下里	sìxiàlǐ	名	~张望/打听/寻找
124	怨苦	yuànkǔ		满心~
125	自悲自叹	zìbēi zìtàn		
126	诉苦○	sù//kǔ	动	向/对（某人）~
127	注解	zhùjiě	动/名	给……做~；~详细/简要
128	原版	yuánbǎn	名	外文/英文/美国~；~图书/教材/杂志/软件
129	编者	biānzhě	名	教材/词典~
130	译本	yìběn	名	中/英~
131	风土	fēngtǔ	名	◎~人情/民情/习俗
132	着想○	zhuóxiǎng	动	为/替（某人）~
133	肤浅	fūqiǎn	形	认识/理解/内容/知识/思想~
134	风和日暖	fēnghé-rìnuǎn	成语	
135	理直气壮○	lǐzhí-qìzhuàng	成语	
136	晴和	qínghé	形	天气~
137	移用	yíyòng	动	~资金/方法
138	风味○	fēngwèi	名	别具/别有~；民族/传统/地方/南方~；~独特；◎~小吃
139	异国	yìguó	名	◎~他乡/情调/风情
140	运道	yùndao	名	~不利
141	节制	jiézhì	动	有/无~；~饮食/饮酒/生育
142	超人	chāorén	动/名	智慧/才气/精力~
143	出众○	chūzhòng	形	才华/口才/人品/容貌~
144	谋事在人，成事在天	móushìzàirén, chéngshìzàitiān	成语	
145	福无双至，祸不单行	fúwúshuāngzhì, huòbùdānxíng	成语	

146	天无绝人之路	tiānwújuérénzhīlù	成语	
147	末了	mòliǎo	名	文章/讲话～；临～
148	亦○	yì	副	
149	外加	wàijiā	动	～服务费/手续费
150	文饰	wénshì	名	
151	校订	jiàodìng	动	～图书；亲自/重新/严格～
152	贴切○	tiēqiè	形	用词/说法/比喻/题目/书名～

词语例释

1. 与否

是（这样）还是不是（这样）。用于动词或形容词之后，对某种情况做正反两方面的假设。比如"喜欢与否"表示"喜欢或不喜欢"，"成功与否"表示"成功或不成功"。如果用"是否"表达同样的意思，则需要把"是否"放在动词或形容词之前。这是"与否"与"是否"的区别。如：

（1）我大胆跑出来，不顾被人看见与否。

（2）不管你们参加与否，我们的郊游计划已不能改变。

（3）在湖北省的神农架地区，一直传说有野人存在。但野人存在与否，至今也没有答案。

（4）请大家大胆发表自己的看法，不管意见成熟与否，都欢迎。

（5）孤独与否、快乐与否，都由您的心境而定——多想想生活中好的一面、阳光的一面，幸福感就会随之增加。

（6）生活完美与否常常由细节决定，一座建筑是否完美也同样由细节决定。

"动/形＋与否"的结构可以在句中做谓语，如例（1）—（4）；也可以做主语，如例（5）和例（6）。

2. 分明

有副词和形容词两个用法。

其一，副词。显然，明显。多用于转折复句，用于前后分句均可。如：

（1）听他话的弦外之音，他分明不想参加，你就不要再劝了。

（2）她平时很少运动，在景区步行了几公里后，分明有些累，忍不住跟导游抱怨起来。

（3）他说话过于直接，分明得罪了不少人，不过大家对他都很宽容。

（4）现实分明不是梦境，但有些人总是对现实抱有幻想。

（5）他嘴上说很高兴，神情里却分明有一种担忧。

（6）茫茫原野冰雪覆盖，但你分明能感受到它的气魄和所蕴含的力量。

其二，形容词。清楚。常表示意义相反的事物之间界限清楚，如"主次分明、公私分明、黑白分明、四季分明"。多做谓语，一般不做定语。如：

（7）汉文只需把句子一倒，因果关系就很分明。

（8）教科书的文字表述不仅要简练、精确、流畅、易懂，而且要条理清楚、层次分明。

（9）一组好的建筑群，无论从平面布局还是立体形象来看，都应该主次分明。

（10）浙江省位于东南沿海，四季分明，山川秀丽，是中国经济最发达的省份之一，也是旅游资源最丰富的地区之一。

3. 迟迟

副词。表示开始或结束一件事时间拖得很晚，比预想的要晚。多用于否定句中否定词之前。如：

（1）可是迟迟不见动静……

（2）演出结束后，观众们迟迟不肯离去，长时间鼓掌对演员们的精彩演出表示感谢。

（3）他已经跟出版社签订了出版合同，但却迟迟没有动笔。

（4）谈判异常艰难，迟迟未获任何进展。

（5）她早就有了旅行计划，但迟迟下不了决心，因为工作过于繁忙。

（6）由于无法申请到贷款，投资建厂的项目至今仍停留在纸上，迟迟难以实施。

4. 亦

副词。也。多用于书面语。成语或固定词组中比较常见，如"人云亦云、亦步亦趋、亦正亦邪"等。"人云亦云"，别人怎么说，自己也怎么说。云，说。形容没有自己独立的见解。"亦步亦趋"，你慢走我也慢走，你快走我也快走。步，慢走；趋，快走。比喻事事效仿别人，完全按照别人的模式做事。"亦正亦邪"，一个人有正义的一面，也有邪恶的一面。如：

（1）中国是大豆的起源地和原产国，大豆种植历史悠久。1954年之前，中国亦是世界排名第一的大豆生产国。

（2）刻或铸在青铜器上的文字，即金文，亦称铭文。

（3）我曾以为翻译只求亦信亦达，"雅"是外加的文饰。

（4）有成就者多是善于思考、立足实际的人，人云亦云、亦步亦趋者很难有所作为。

（5）小说中成功塑造的人物形象常常能反映人性的多面性，亦正亦邪。正是这种不完美远离了脸谱化的倾向。

成语运用

1. 弦外之音

音乐的余音。比喻言外之意，即没有明确说出来、别人需要体会才能明白的意思。使用中相当于名词，常做主语和宾语，也可作为插入语使用。如：

（1）原文的弦外之音，只从弦上传出；含蕴未吐的意思，也只附着在字句上。

（2）有一段时间，社会上流行"俗人不旅游"的说法。其弦外之音是，旅游者只有首先提高自身的文化素质——从俗人变成"雅人"，才能在旅游中有精神收获。

（3）会谈以后，双方均宣称会谈是"有益的""有建设性的"，弦外之音其实是，会谈没有取得任何具体的成果。

（4）常听有人感叹：如今可看的书愈来愈少。不知您能否听出弦外之音，那就是，如今质量上乘、值得一读的书太少了。

（5）比喻、双关、反语等修辞格，用得恰当的话可以很好地表达文章的弦外之音，丰富语言的艺术表现力。

（6）你今年多大了？很多人都遭遇过亲戚的这一催婚之问，弦外之音，你该结婚了。

2. 不知所云

云：说。不知道（人或文章等）说的是什么。表示文章或某人的讲话没有主题，内容混乱，令人无法理解。使用中相当于动词，常做谓语，偶尔也做定语、状语。贬义。如：

（1）最接近原文的死译，标点都按照原文（但每个词组的内部不是死译，否则，全句读来会不知所云）。

（2）写作是需要训练的。有的人写的文章，思维混乱，词不达意，不知所云。

（3）他已下决心好好练习普通话，因为方言口音太重，人们听他讲话，常常不知所云。

（4）《营造法式》是宋代建筑学家李诫留下的一部关于建筑技术的书。由于年代久远，书中许多建筑术语让现代人不知所云。

（5）哲学著作给人的印象是深刻、深奥，有时就像不知所云的天书那样难懂。

（6）导游的水平参差不齐，偶尔遇到某些导游不知所云地给游客做讲解也不要觉得奇怪。

3. 理直气壮

理由正确，充分，说话气势很足。表示做某事是完全正当的。使用中相当于形容词，常做状语、谓语，有时也做定语和补语。如：

（1）当自身的合法权益受到损害时，消费者应当理直气壮地拿起法律武器，用法律捍卫自己的权利。

（2）专利法颁布以后，如果有人侵害了你的专利权，你可以先走协商解决的道路，不成功就去法院起诉。有法律保护，自然可以理直气壮。

（3）捍卫"8小时＋双休日"工作制，拒绝加班。这是我听过的最理直气壮的口号。

（4）工资虽然不高，也是我自己挣的，所以花得理直气壮。

现在这个成语越来越多地表示不讲道理，含贬义。词义跟"强词夺理""无理取闹"接近。如：

（5）在火车上有时会遇到不文明的乘客，大声打电话或放音乐。别人提醒他，他还理直气壮地说自己是买了票的，有权利做任何事。

（6）根据对家庭暴力的研究，有不少施暴者并不认为自己犯罪了，比如丈夫会说打妻子不违法，还理直气壮。

4. 祸不单行

祸：不幸的事，灾难。不幸的事接连发生。常与"福无双至"连用。使用中相当于动词。常做谓语、定语，也可作为插入语使用。如：

（1）这个地区刚遭遇洪水，接着又发生地震，真是祸不单行。

（2）今年老杨的农场祸不单行，先是台风光临，损失惨重，后又遇到虫灾，剩下的一点水稻，也没能逃过野鸭的洗劫。

（3）出门春游遇上堵车，不料汽车还坏了，真是祸不单行的一天。

（4）"福无双至，祸不单行"的说法，生活中有不少悲惨的事例可以验证。

（5）那年祖父生病住院，祸不单行，我在外地也生了一场大病，祖父去世也没能见上最后一面。

（6）我们球队刚刚走了一位主力球员，祸不单行，教练又辞职了，真是前景堪忧。

练 习

一、解释加点语素的意思，并根据拼音完成新词，同时说明其词义。

1. 译文（　　　　）
   译 zhù _____
   译 zuò _____

2. 语气（　　　　）
   语 diào _____
   语 gǎn _____

3. 常识（　　　　）
   常 lǐ _____
   常 tài _____

4. 分清（　　　　）
   _____ lǐ 清
   _____ suàn 清

5. 坏运（　　　）
　　__è__ 运
　　__guān__ 运

6. 亲手（　　　）
　　亲 __ěr__
　　亲 __kǒu__

7. 重组（　　　）
　　重 __fǎn__
　　重 __shēn__

8. 力求（　　　）
　　力 __bǎo__
　　力 __zhēng__

9. 兼顾（　　　）
　　兼 __rèn__
　　兼 __róng__

10. 欠妥（　　　）
　　欠 __ān__
　　欠 __jiā__

二、词语搭配与填空。

语气	简短
语句	贴切
主次	通顺
发言	颠倒
比喻	强烈

（1）还记得小学刚练习写作时，老师的要求永远是_____要_____，不要写错别字。

（2）同样一个反问句的翻译，有的译文_____非常_____，有的则相反。这跟译者对原文的理解有关。

（3）将生活当作海洋，既有蓝天白云，又有狂风暴雨，这个_____是形象而_____的。

（4）他借出差之机玩了几个地方，不过玩的时间有点长，居然超过了工作的时间，这就有点_____了。

（5）他的_____非常_____。他希望观众好好欣赏他的画作，而不是听他冗长的报告。

价格	缓慢
交通	忠实
生长	瘫痪
朋友	出众
人品	公道

（6）当气温高于30℃时，有些植物的_____就会变得非常_____，甚至趋于停滞。这就是植物的半休眠和休眠状态。

（7）商品广告中看到的最诱人的宣传是：质量优良，_____，服务周到。

（8）才华横溢的艺术家不少，但_____也同样_____的就很难得了。

（9）春节前，一场大雪使全省三分之二的地区受灾严重，_____系统一度_____。

（10）人类自诞生的那一刻起，就和动物成了密不可分的伙伴。在人类寂寞而漫长的行程中，动物像_____的_____一样始终陪伴左右。

增添	关系
满怀	时间
施加	乐趣
动用	信心
拖延	影响

（11）在择业问题上，父母完全尊重孩子的决定。他们也知道，自己的意愿已无法对孩子_____任何的_____。

（12）为了帮朋友找到一份工作，他_____了各种社会_____。

（13）对幼儿来说，能引起兴趣的事物，记忆效果就好；主动进行的、_____ _____的学习，效果也好。

（14）我们必须按照已经确定的时间表推进我们的工作，不能随意_____ _____。

（15）养花或者养宠物能给人们的业余生活_____许多_____，这也为商人们提供了赚钱的机会。

◎

汉藏	小说
生产	工序
并列	小吃
长篇	语系
风味	复句

（16）章回小说是中国古代_____ _____的主要形式。

（17）在德国科隆有一家巧克力博物馆，在那里，参观者不仅可以品尝巧克力，还可以亲眼看到巧克力的完整_____ _____。

（18）天津大麻花是天津市最著名的_____ _____之一，以其独特的风味和制作工艺而闻名。

（19）以"不是……而是……""既……又……"等关联词引导的是_____ _____。

（20）_____ _____的诸语言在结构类型上有一些共同的特点：一般都有声调而没有词的重音，多用语序、虚词表示语法关系。

三、用指定词语完成句子或对话。

1. 他问我除了专业，生活中还有哪些爱好，_____
_____（弦外之音）

2. A：你看电影或小说时，一般对结局有什么期待？
   B：_____（结尾）

3. 论文摘要有字数限制，_____（冗长）

4. 学术自由的意思是，_____（容纳）

5. 红花还需绿叶扶。这句谚语的意思是，_____（衬托）

6. 他现代汉语水平不错，但还没有开始学习古代汉语，_____
_____（不知所云）

7. 考大学时，我们都希望能进入自己感兴趣的专业，_____
_____（与否）
8. 孩子犯错是难免的，_____（惩罚）
9. 春天是最美好的季节，_____（苏醒）
10. 在海拔8000米的高山上，空气的含氧量只有海平面的30%左右，_____
_____（昏迷）
11. A：你知道什么是冷暴力吗？
    B：_____（折磨）
12. A：今天跟朋友逛街，玩得怎么样？
    B：_____（倒霉）
13. 常听人说喜鹊是记仇的动物，_____（报仇）
14. 多年前我家的院子里有一棵美丽的石榴树，_____（亲手）
15. 今天的写作课老师准备了几个话题，_____（任意）
16. 导师把我的论文初稿还给我了，_____（删）
17. 每次请他参加同学聚会，他都说很忙，_____（分明）
18. 文章风格简洁为美，_____（啰唆）
19. 如果你读在职研究生，_____（兼顾）
20. 当口语课上练习"你的生日是哪一天"这个句型时，_____
_____（巧合）
21. A：中国有句俗语，强调身体健康对工作、学习的重要性。你知道是什么吗？
    B：_____（本钱）
22. A：听说我们年级有几位同学不能按时毕业了。
    B：_____（迟迟）
23. 他是一位内心十分坚强的人，_____（诉苦）
24. _____，应该从小培养孩子独立生活的能力。（着想）
25. 考试时间一到，就得交卷了，_____（理直气壮）

四、在文中画线处填写适当的关联词（如需要，可参考短文后提供的词语）。

堂吉诃德究竟是可笑的疯子，____①____可悲的英雄呢？____②____他的主观意愿出发，可以说他是一个悲剧的主角。塞万提斯设身处地，写出了他的可悲，____③____又客观地批判他，写出了他的可笑。堂吉诃德能逗人开怀大笑，____④____我们笑后回味，会尝到眼泪的酸辛。作者嘲笑堂吉诃德，____⑤____仿佛在嘲笑自己。

作者已____⑥____堂吉诃德写成有血有肉的活人。堂吉诃德确是个古怪的疯子，可是我们会看到许多人和他同样地疯，____⑦____觉得自己和他有相像之处。堂吉诃德____⑧____怪物，而是典型人物，他的古怪只增进了他性格的鲜明生动。我们看一个具体的活人，不易看得全，但也不能看得死，____⑨____不能用简单的公式来概括。对堂吉诃德也正是如此。这也许说明了为什么《堂吉诃德》出版近四百年了，____⑩____不断地有人在捉摸这部小说里人物的性格。

> 把　或　同时　不是　从
> 也　更　但　还　还是

五、将下面几段文字按正确的顺序排列成一篇短文，并画出在段落间起连接作用的语句。

A. 他们就是堂吉诃德和他的仆人桑丘。这两位中心人物从头到尾都是彼此衬托，相辅相成，相得益彰，所以两人合起来才算得上是这部小说真正的主人公。堂吉诃德从理想方面，桑丘从现实方面，两两相照，他们的言行都增添了意义，平凡的事物也因此而变得新颖有趣、妙不可言。

B. 桑丘一心只在一身一家的温饱，一切从经验出发，压根儿不懂什么理想。这样一个脚踏实地的人，只因贪图做官发财，便跟从理想者去冒险。桑丘是堂吉诃德的陪衬，更是对照。两者并列，更显出人物形象的无限深度。

C. 不过，这样的人物组合就给翻译家出了一个大大的难题。堂吉诃德讲的是文雅的、上流人物的语言，句法完整，有一种庄重的风度，符合高贵绅士的身份，而桑丘好用那种家常粗俗的、啰里啰唆的俗词俚语，而且常常是胡乱引用谚语。前面一位讲起话来，就像他本人那样，老是骑一匹高头大马；后面一位讲起话来，也像他自己那样，只跨着一头低贱的驴子。怎么把这种风格的区别译出来，对每位译者而言都是一个巨大的挑战。

D. 堂吉诃德抱有伟大的理想，一心想济世救人，只看见遥远的过去和未来，完全看不到现实世界，也忘掉了自己是血肉之躯。他是武士，也是诗人；不但有诗才，还有口才，能辩论，能说教。他的忠贞、纯洁、慷慨、斯文、勇敢、坚毅，都超过常人。而作为其仆人的桑丘呢？

E. 关于塞万提斯的才情以及他这部小说的影响，我不能多谈。关于这部小说在艺术上的价值，这里更不能多谈，因为仔细讲起来涉及的领域就更广了。我只想请大家注意这部书里的两个中心人物。

文章段落顺序：☐-☐-☐-☐-☐

六、根据以下论述或例证总结中心论点，并将其写在横线上。

【中心论点】

_____

_____

_____

［一］巴金的小说中欧化句式很多。从句法上看，由联合结构充当的主语、谓语、宾语大量出现，句式结构因而非常复杂。如联合结构做宾语，《电》中有这样的描写："……她看见黄瘦的雄，三角脸的陈清，塌鼻头的云，小脸上戴一副大眼镜的克，眉清目秀的影，面貌丰满的慧，圆脸亮眼睛的敏，小眼睛高颧骨的碧。"八个偏正词组构成的联合结构做宾语，宾语规模显得异常庞大。

［二］定语多，长，且复杂，是巴金小说中欧化句式的又一个突出表现。多、长而复杂的定语是印欧语系语言的一大语法特点，巴金的早期小说最能明显地体现这一语法特点的深刻影响。如《雾》中的一段描写："在脑里还留着他的谦虚而温和的面貌的张若兰，这时候奇异地发现了他的另一种面貌。""张若兰"的前面有一个含两层结构关系的长定语。

［三］状语多，长，且复杂，也是巴金小说中欧化句式的一个突出表现。如《丹东的悲哀》中"一个四十岁左右面貌严肃的人拄着一根手杖慌张地闯进来，带着满额的汗珠喘息地向丹东走去"这句话，动词"闯"和"走"都有两至三个状语。同时也能看到，长状语和长定语常常又是组合使用的，这使得整个句子结构更为复杂。

［四］句子成分（尤其是状语）和分句的倒装，也是巴金小说中欧化句式的一个突出表现。如《灭亡》中，"我回来了，像一只船一样，经过了大风浪以后……"，状语后置，强调了人物不幸的经历和凄凉的心境。

［五］欧化句式一方面固然增加了巴金小说的阅读和理解难度，但从另一方面看，长句式蕴蓄的思想感情要比短句式更多，更充实，更详尽，因而内涵也就更丰富，更深厚。特别是在表现人物内心世界时，长句式可以表达得更为细腻充实、奔放流畅。同时，长句、短句的配合使用，也使语言富于节奏美。最后，倒装句的修辞效果也是不容忽视的。

七、阅读理解。

1 当前，语文教科书是否西化，从网友讨论到出版社回应，最终诸多媒体展开评论，其背后是对语文教科书编写的关注。在诸多讨论中，鲜有从历史视角重新透视外国翻译文学何以入选中学语文教科书这一问题的。为了更好地探究这一问题，我们重新聚焦外国翻译文学首次入选中学语文教科书这一关键事件，即1920年商务印书馆出版的《白话文范》（洪北平、何仲英）初次选入七篇外国翻译文学作品，通过这一历史事件，分析影响外国翻译文学入选教科书的诸多因素。

一、审美教育思潮的发展，促进外国翻译文学作品进入初中国文教科书

2 1919年的五四运动是一次新文化启蒙运动。所谓文化启蒙，就是通过新文化祛除蒙昧，让人觉悟。五四文化启蒙建构了一套"科学""民主""共和""平等"的文化知识系统，在语言上表现为追求更为明晰的语言表达方式，在文学上则是推崇白话文学、白话翻译文学。同时，文化启蒙也为审美教育思潮提供了生长的土壤。

3 审美教育经过王国维的提倡和蔡元培的努力，在前期孕育的基础上，在文化启蒙、新文化运动的语境下，获得了更加迅速的发展。审美教育成为一股热潮，商业出版社闻风而动，率先将作为审美教育载体的外国翻译文学作品选入了中学国文教科书。

二、初中国文教科书选入外国翻译文学作品，搭了教育普及、白话文发展、新文学推广的便车

4 新文化运动开始后，科学民主观念盛行，民主观念体现在教育上便是要实行普及教育，国文教育中白话、白话文的学习对象是全体民众。这一时期，教育理想并不是"培植一二伟大杰出的人才"，而是培育"健全精壮的各个分子"，要使他们"有益于社会，有益于民族，有益于全人类"。[1] 普及教育，具体到初中国文教育便是课程名称从"读经讲经""中国文学"到"国语"，书面语从文言转为白话，文学从文言杂文学转变为国语文学。在这一时期，外国翻译文学作品便是国语文学的重要组成部分。

5 从当时的翻译实践来看，白话语体相比文言语体更加有利于外国文学的翻译。与文言语体的典雅、规范、传统、稳定不同，通俗的白话语体更能够在翻译时容纳外来

---

[1] 沈灌群，《今后中国的新教育和中国的教育者》，《中华教育界》1930年第3期。

新词汇，也较容易体现外国作品中语法关系重叠、逻辑结构严谨的西语表述特征，还能够展现外国小说作品中人物内心活跃的思维过程，更能够描写现代社会、指导现实人生。正是通过白话语体对外国作品进行直译，大量的外国作品才得以源源不断地与中国读者见面，进而影响到教科书的选文。

三、编者对新文学的认同，加速了外国翻译文学作品进入初中国文教科书的步伐

6 随着哲学诠释学的发展，人们逐渐意识到教科书编者对于教育思潮的感知和理解，直接影响着外国翻译文学作品的呈现面貌。从洪北平、何仲英所发表的教科书"编辑大意"、学术文章，以及其国文教学实践、外国文学翻译实践，都可以看出编者对白话文、新文学，尤其是外国翻译小说的认可。

7 以洪北平为例。《白话文范》"编辑大意"指出：这些选文是"供研究白话文的人做范本用的"，所选的白话文也符合"中等学校的程度"。洪北平为了进一步指导白话文的研究，还在《白话文范参考书》中附录其所作的《新文谈》一文。在《新文谈》中，他展开了对于新时期新文学的想象：新文学是"白话的"，是白话文，白话"就是普通话，就是潜势的国语"；新文学是注重精神的；新文学是平民的，它以"社会为本位，以大多数人为对象"；新文学是人道的，"人道就是人的道德"；新文学是自然的，自然首先体现在"文体的解放""诗体的解放"，其次体现在"内容也极其自然，是人人心中所有的"；新文学是写实的，"描写的是人的生活，是人现在的生活，是人将来的生活"；新文学是进化的，它"不满于以往"，"常常有个将来在前面"。综观编者论述，我们不难发现《白话文范》编者已经深受新文学观念的影响。

8 洪北平在南开中学的教学实践，他的学生赵景深在《南开中学的一年》中有相关回忆。从赵景深的描述中我们可以看到：其一，洪北平在教学中倡导新文学；其二，除了国文教育工作者外，他不仅是作家，还是翻译家。正是因为洪北平先生认同新文学，认同外国翻译文学作品，所以他在文学创作、教科书编写中均注重对外国翻译作品的介绍。

四、结语

9 通过回溯外国翻译文学首次入选中学语文教科书这一关键事件，我们不难看出它是由社会情境、教育需要、文学发展、教科书编者等多种因素共同推动的。就社会情境来看，新文化运动、文化启蒙的需要对外国翻译文学的入选具有促进作用。从教育

需要来看，审美教育、教育普及的提倡需要开发新的课程内容，具有<u>纯文学</u>及白话语体特征的外国翻译文学无疑适应了需要。从文学发展来说，当时的外国翻译文学是作为国语文学、新文学的一部分而被选入中学语文教科书的。就教科书编者来看，这些编者有着启蒙的思想、开放的心态，倡导新文学，试图使学生开阔视野，汲取人类优秀文化成果。正是这些因素使得外国翻译文学作品最终进入《白话文范》。

（节选自管贤强《外国翻译文学入选中学语文教科书探源》。
《语文建设》，2017年9月。）

1. 请参考原文标题，给本文拟一个新的题目，写在文前的横线上。

2. 写出本文的内容提要和提纲。

【内容提要】（150字左右）

_____
_____
_____
_____
_____

【关键词】（3—5个）

_____ _____ _____ _____ _____

【提纲】

_____
_____
_____
_____
_____
_____
_____

3. **查资料，解释下列概念。**

（1）审美教育（第一部分标题）

（2）纯文学（第9段）

4. **给论文中提到的学者或书籍加注。人物注释，内容大致包括生卒年、身份、成就及历史影响等。给书籍加注，可以包括编者、出版年份、内容、影响等。**

（1）蔡元培（第3段）

（2）《白话文范》（第1段）

论文设计与讨论

一、根据"课前准备"中的选题,确定一个你感兴趣的话题,并拟一个论文题目。也可以根据课文内容自己确定一个题目。

_____

二、根据论文题目,整理已有材料,并补充新的资料。列出其中有参考价值的论文或专著(各 2 种)(写出作者、论文名、杂志名 / 书名等基本信息)。

1._____
2._____
3._____
4._____

三、写出论文提纲,并进行小组讨论。

_____
_____
_____
_____
_____
_____

四、收集老师和同学的意见,并对原提纲进行修改,写出新提纲。

_____
_____
_____
_____
_____
_____

名著欣赏

第十课 堂吉诃德

[西]塞万提斯 著　杨绛 译

课文导览

【作者简介】

塞万提斯：Miguel de Cervantes Saavedra（1547—1616），西班牙小说家、剧作家和诗人，被誉为西班牙文学史上最伟大的作家，所创作的《堂吉诃德》是世界文学史上的瑰宝。其创作初衷是讽刺当时流行的骑士小说，但主人公堂吉诃德在后世逐步演变成一个失败的理想主义者的形象，具有崇高的悲剧色彩。仆人桑丘的形象与堂吉诃德相得益彰，也是文学史上不可多得的艺术典型。创办于1991年、旨在向全球推广西班牙语和西班牙文化的塞万提斯学院（Instituto Cervantes）就是以这位伟大的作家命名的，北京塞万提斯学院（Instituto Cervantes de Pekin）是其在全球的第58所分院，于2006年建立。

译者杨绛在第九课"作者简介"中已做介绍。

【作品出处】

课文选自《堂吉诃德》（上部），[西]塞万提斯著，杨绛译。人民文学出版社，1987年版。

【文体说明】

课文是外国文学作品之汉译本。汉译文学也可作为中国文学的一部分来看，特别是高质量译本。作为《堂吉诃德》的经典翻译版本，杨绛译本可使读者在欣赏原著精彩情节、领略其诙谐幽默风格的同时，感受汉语文学语言的灵动和传神，这一点可以结合第九课杨绛所谈之翻译技巧来体会。

课前准备——口头/书面报告选题

1. 骑士、骑士制度和骑士精神；
2. 骑士文学的概念和特点（包括独具特色的爱情观念）；
3. 塞万提斯所处的时代及其曲折的一生；
4. 塞万提斯的文学创作及后世影响；
5. 《堂吉诃德》的汉译本数量、特点和比较；
6. 中国对西班牙语文学的翻译和研究。

阅读建议

1. 对于生词、成语、俗语等，查词典了解其意义和用法；
2. 汉译作品中音译的人名，注意其构成、音节数和汉字选用方面的特点；
3. 对于小说中引用的骑士作品或历史典故等，可以在课文注释的基础上进一步查资料以做深入了解；
4. 由于历史、文化背景不同而造成的阅读障碍，可通过查阅母语相关资料来解决。

堂吉诃德、桑丘青铜雕像（后为塞万提斯纪念碑）

——西班牙马德里·西班牙广场

塞万提斯铜像（北京大学校园内）

——马德里市政府 1986 年赠（冀磊 摄）

课 文

第一章 著名绅士堂吉诃德·台·拉·曼却的性格和日常生活。 🎧 10-01

1 不久以前，有位绅士[1]住在拉·曼却的一个村上，村名我不想提了。他那类绅士，一般都有一支长枪插在枪架上，有一面古老的盾牌、一匹瘦马和一只猎狗。他日常吃的沙锅杂烩里，牛肉比羊肉多些[2]，晚餐往往是剩肉凉拌葱头，星期六吃煎腌肉和摊鸡蛋[3]；星期五吃扁豆[4]；星期日添只小鸽子：这就花了他一年四分之三的收入。他在节日穿黑色细呢子的大氅、丝绒裤、丝绒鞋，平时穿一套上好的本色粗呢子衣服，这就把余钱花光。他家里有一个四十多岁的管家妈，一个不到二十岁的外甥女，还有一个能下地也能上街的小伙子，替他套马、除草。我们这位绅士快五十岁了，体格很强健。他身材瘦削，面貌清癯，每天很早起身，喜欢打猎。据说他姓吉哈达[1]，又一说是吉沙达，记载不一，推考起来，大概是吉哈那。不过这点在本书无关紧要，咱们只要讲来不失故事的真相就行。

2 且说这位绅士，一年到头闲的时候居多，闲来无事就埋头看骑士小说，看得爱不释手，津津有味，简直把打猎呀，甚至管理家产呀都忘个一干二净。他好奇心切，而且入迷很深，竟变卖了好几亩田去买书看，把能弄到手的骑士小说全搬回家。他最称赏名作家斐利西阿诺·台·西尔巴[5]的作品，因为文笔讲究，会绕着弯儿打比方；他简直视为至宝，尤其是经常读到的那些求情和怨望的书信，例如："你以无理对待我的有理，这个所以然之理，使我有理也理亏气短；因此我埋怨你美，确是有理。"又如："……崇高的天用神圣的手法，把星辰来增饰了你的神圣，使你能值当你的伟大所当值的价值。"

---

1 原文 hidalgo，指绅士地主。他们没有爵位，还算不上贵族，是平民与贵族之间的阶级。他们世代信奉基督教，是纯粹西班牙血统，不混杂摩尔人或犹太人的血。
2 西班牙那时期的羊肉比牛肉贵。
3 原文 duelos y quebrantos，星期六在西班牙是吃小斋的日子，不吃肉，可是准许吃牲畜的头、尾、脚爪、心、肝、肠、胃等杂碎，称为 duelos y quebrantos。但各地区、各时期习俗不同，在塞万提斯的时代，在拉·曼却地区，这个菜就是煎腌肉和摊鸡蛋。
4 星期五是天主教的斋日，不吃肉。
5 塞万提斯同时代的骑士小说作家。

3　可怜的绅士给这些话迷了心窍，夜里还眼睁睁醒着，要理解这些句子，探索其中的意义。其实，即使亚里士多德[2]特地为此还魂再生，也探索不出，也不会理解。这位绅士对于堂贝利阿尼斯[6]打伤了人自己也受到的创伤，总觉得不大放心，因为照他设想，尽管外科医生手段高明，伤口治好了也不免留下浑身满脸的瘢疤。不过话又说回来，作者在结尾声明故事还未完待续，这点他很赞成。他屡次手痒痒地要动笔，真去把故事补完。只因为他时时刻刻盘算着更重要的事，才没有这么办，否则他一定会动笔去写，而且真会写出来。他常常和本村的一位神父（西宛沙大学[7]毕业的一位博学之士）争论骑士里谁最杰出：是巴尔梅林·台·英格拉泰拉呢，还是阿马狄斯·台·咖乌拉。可是本村的理发师尼古拉斯师傅认为他们都比不上太阳骑士，能和太阳骑士比美的只有阿马狄斯·台·咖乌拉的弟弟堂咖拉奥尔，因为他能屈能伸，不是个谨小慎微的骑士，也不像他哥哥那么爱哭；论勇敢，也一点不输他哥哥。

4　长话短说，他沉浸在书里，每夜从黄昏读到黎明，每天从黎明读到黄昏。这样少睡觉，多读书，他脑汁枯竭，失去了理性。他满脑袋尽是书上读到的什么魔术呀、比武呀、打仗呀、挑战呀、创伤呀、调情呀、恋爱呀、痛苦呀等等荒诞无稽的事。他固执成见，深信他所读的那些荒唐故事都千真万确，是世界上最真实的信史。他常说："熙德·如怡·狄亚斯[8]是一位了不起的骑士，但是比不上火剑骑士；火剑骑士只消把剑反手一挥，就把一对凶魔恶煞也似的巨人都劈成两半。"他尤其佩服贝那尔都·台尔·咖比欧，因为他仿照赫拉克利斯[3]用两臂扼杀地神之子安泰[4]的办法，在隆塞斯巴列斯杀死了有魔法护身的罗尔丹。他很称赞巨人莫冈德，因为他那一族都是些傲慢无礼的巨人，惟独他温文有礼。不过他最喜欢的是瑞那尔多斯·台·蒙达尔班，尤其喜欢他冲出自己的城堡，逢人抢劫，又到海外把传说是全身金铸的穆罕默德的像盗来。他还要把出卖同伙的奸贼咖拉隆狠狠地踢一顿，情愿赔掉一个管家妈，甚至再贴上一个外甥女作为代价。

补充注释

［1］吉哈达：课文中音译人名大多超过三个音节，为方便阅读，人名均用下画线标记。其他

---

6 骑士小说里的英雄。下面举的都是骑士小说里的人物，本书第六章一一提到那些小说。
7 一所小规模的大学，这类大学是当时人经常嘲笑的。
8 熙德·如怡·狄亚斯（Cid Ruy Diaz）是十一世纪的西班牙民族英雄。

专有名词标记同此。

［2］亚里士多德：Aristotle（前384—前322）。古希腊哲学家。其学术研究领域包括物理学、生物学、经济学、逻辑学、政治学、伦理学等，极为广泛。

［3］赫拉克利斯：Heracles。希腊神话中一位半人半神的英雄。现译作"赫拉克勒斯"。

［4］安泰：即"安泰俄斯"，Antaeus。希腊神话中的巨人。他是大地女神盖亚的儿子，只要站在大地上，就能从母亲那里获取无限的力量，因此与别人摔跤，他总能赢得比赛，并将别人杀死。赫拉克勒斯发现了这一点，于是在摔跤中将安泰举起，从而扼死了他。

阅读提示（一）

1. 根据什么可以推断第1段中介绍的"绅士"就是堂吉诃德？第1段从哪些方面介绍了堂吉诃德和他的日常生活？
2. 第2、3段中，小说介绍堂吉诃德有一个什么特殊的爱好？他痴迷到了什么程度？
3. 第2段中的两段引文在语言上有什么特点？是否符合汉语的表达习惯？为什么？
4. 从第4段可以看出，骑士小说对堂吉诃德产生了什么实质性的影响？

🎧 10-02

5　总之，他已经完全失去理性，天下疯子从没有像他那样想入非非的。他要去做个游侠骑士，披上盔甲，拿起兵器，骑马漫游世界，到各处去猎奇冒险，把书里那些游侠骑士的行事——照办：他要消灭一切暴行，承当种种艰险，将来功成业就，就可以名传千古。他觉得一方面为自己扬名，一方面为国家效劳，这是美事，也是非做不可的事。这可怜的家伙梦想凭双臂之力，显身成名，少说也做到个特拉比松达⁹⁽⁵⁾的皇帝。他打着如意算盘自得其乐，急要把心愿见诸实行。他头一件事就是去擦洗他曾祖传下的一套盔甲。这套盔甲长年累月堆在一个角落里没人理会，已经生锈发霉。他用尽方法去擦洗收拾，可是发现一个大缺陷，这里面没有掩护整个头脸的全盔，光有一只不带面甲的顶盔。他巧出心裁，设法弥补，用硬纸做成个面甲，装在顶盔上，就仿佛是一只完整的头盔。他拔剑把它剁两下，试试是否结实而经得起刀剑，可是一剑斫下，把一星期的成绩都断送了。他瞧自己的手工一碰就碎，大为扫兴。他防再有这种危险，

---

9 据骑士小说，勇敢的骑士瑞那尔多做了这地方的皇帝。参看本书《前言》5页注②。

用几条铁皮衬着重新做了一个,自以为够结实了,不肯再检验,就当它是坚牢的、带面甲的头盔。

6 他接着想到自己的马。这匹马,蹄子上的裂纹比一个瑞尔所兑换的铜钱还多几文[10];它比郭内拉那只皮包瘦骨的马还毛病百出[11]。可是在我们这位绅士看来,<u>亚历山大的布赛法洛</u>[12]、<u>熙德的巴比艾咖</u>[13]都比不上。他费了四天功夫给它取名字,心想:"它主人是大名鼎鼎的骑士,它本身又是好一匹骏马,没有出色的名字说不过去。"他要想个名字,既能表明它在主人成为游侠骑士之前的声价,又能表明它现在的声价:它主人今非昔比了,它当然也该另取个又显赫又响亮的名字才配得过它主人的新声价和新职业。他心里打着稿子,拟出了好些名字,又撇开不要,又添拟,又取消,又重拟。最后他决定为它取名"<u>驽骍难得</u>",觉得这个名字高贵、响亮,而且表明它从前是一匹驽马,现在却稀世难得[14]。

7 他为自己的马取了这样中意的名字,也要给自己取一个,想了八天,决定自称堂吉诃德。大概就是根据这一点,上文说起这部真实传记的作者断定他姓<u>吉哈达</u>,而不是别人主张的<u>吉沙达</u>[15]。可是他想到英勇的阿马狄斯认为单以阿马狄斯为姓还不够,他要为国增光,把国名附加在姓上,自称<u>阿马狄斯·台·咖乌拉</u>。我们这位绅士因为要充地道的骑士,决定也把自己家乡的地名附加在姓上,自称<u>堂吉诃德·台·拉·曼却</u>。他觉得这样可以标明自己的籍贯,而且以地名为姓,可以替本乡增光。

8 他的盔甲已经收拾干净,顶盔已经改成头盔,马已经取了名字,自己也已经定了名称,可是觉得美中不足,他还得找个意中人。因为游侠骑士没有意中人,好比树没有叶子和果子,躯壳没有灵魂。他想:"游侠骑士常会碰到巨人。假如我是罪有应得而倒了霉,或是交上了好运,也碰到个把巨人,我和他交手,把他打倒或劈作两半,一句话,我把他打败,降伏了他,那么,我可以命令他去拜见个人儿,叫他进门去双膝

---

10 原文 cuarto 有双关的意义:一指牲畜蹄上的裂纹,一是货币名,一个瑞尔可兑八文。原文说:蹄上的夸阿多,比一个瑞尔里的夸阿多还要多。

11 郭内拉(Gonela),十五世纪意大利君主斐拉瑞(Ferrara)宫里的滑稽家,他那匹瘦马往往充他取笑的资料。

12 亚历山大所骑的骏马。

13 熙德所骑的骏马。

14 原文 Rocinante,分析开来:rocin 指驽马;ante 是 antes 的古写,指"以前",也指"在前列""第一"。

15 吉哈达和吉诃德声音相近。

跪倒在我那可爱的小姐面前，低声下气地说：'小姐，我是巨人卡拉库良布洛，是马林德拉尼亚岛的大王。有一位赞不胜赞的骑士堂吉诃德·台·拉·曼却和我决斗，把我打败了，命我到您小姐面前来，听您差遣。'那可多好啊！"啊！我们这位绅士想出了这段道白，尤其是给自己意中人选定了名字之后，真是兴高采烈。原来，据人家说，他曾经爱上附近村子上一个很漂亮的农村姑娘，不过那姑娘看来对这事毫无所知，也满不在乎。她名叫阿尔东沙·罗任索，他认为她可以称为自己的意中人。他想给她取个名字，既要跟原名相仿佛，又要带些公主贵人的意味，最后决定称她为"杜尔西内娅¹⁶·台尔·托波索"，因为她是托波索村上的人。他觉得这个名字就像他为自己以及自己一切东西所取的名字一样，悦耳、别致，而且很有意思。

补充注释

[5] 特拉比松达：根据《堂吉诃德》（上部）"前言"第5页注②："特拉比松达（Trapisonda），1220年古希腊帝国分裂为四个帝国，其中一个是特拉比松达帝国，京城临黑海口岸，亦名特拉比松达。这个帝国亡于1261年。骑士小说里常提到这个帝国和京城。"

阅读提示（二）

1. 第5段中，小说写堂吉诃德确立了什么理想和目标？为实现这个目标，他首先着手准备什么？本段最后"自以为……不肯再……就当……"一句，写出了堂吉诃德性格中的什么特点？
2. 第6段写堂吉诃德准备马，这项准备他在什么方面花的时间最长？
3. 第7段写堂吉诃德为自己取中意的名字，新的名字有什么特别之处？
4. 第8段写堂吉诃德为自己即将开始的骑士事业做了最后一项准备，具体是什么？
5. 第5—8段之间，段落联结依靠的是什么方法？

---

16 杜尔西内娅（Dulcinea）是从 dulce（甜蜜或温柔）这字化出来的。

第七章 我们这位好骑士堂吉诃德·台·拉·曼却第二次出行。[6] 🎧 10–03

9 这时堂吉诃德忽大叫大嚷,喊道:

10 "来啊!来啊!英勇的骑士,该来显显身手了!这场比武都让朝廷上的骑士占了上风!"

11 他们听见叫嚷忙赶去,其余的书就没再检查。所以《咖罗雷阿》[17]《西班牙的狮子》[18]和堂鲁伊斯·台·阿比拉的《大皇帝的功业》[19]这几本书,大概未经审查,就送进火里去了。它们一定是在剩下的那堆书里,神父要是看见,也许不会判处它们那样的酷刑。

12 他们赶去,堂吉诃德已经起床,嘴里乱嚷,手里挥剑四面乱剁乱斫。他非常清醒,没一点睡起蒙眬的样子。他们抱住他,硬把他又送上床。他安静了一些,对神父说:

13 "杜尔宾[7]大主教大人啊,这番比武,我们自称十二武士[8]的没当作一回事,竟让朝廷上的骑士得胜,真是奇耻大辱。过去三天都还是我们这班有冲劲的骑士赢得了锦标呢。"

14 神父说:"老哥啊,您安静着点儿,也许天照应您就要转运了。'今天失掉的,明天会到手'。[20]目前您且养好身体,我瞧您尽管没受重伤,一定也疲劳过度了。"

15 堂吉诃德说:"受伤倒没有,揍得浑身酸痛是千真万确的。罗尔丹那混蛋用整棵的橡树干揍了我一顿。他无非为了忌妒,因为知道只我一人赛得过他的英勇。不过随他魔术多高,等我起床,不还他个厉害,我不叫瑞那尔多斯·台·蒙答尔班!现在给我吃点东西吧,我觉得这是当前最紧急的,至于报仇,我自会等待时机。"

16 他们给他吃了些东西,他又睡着了。大家瞧他疯成这样,不胜惊讶。

17 当晚管家妈把扔在后院的书和家里所有的书全都烧掉。有些是值得保藏的,大概也烧了。它们命该如此,又加审查的人懒得挑选,就此同归于尽。这就应了一句老话:

17《咖罗雷阿》(*La Carolea*),黑隆尼莫·塞姆贝瑞(Jerónimo Sempere)著,歌颂查理五世的战绩。1560年出版。

18《西班牙的狮子》(*El León de España*),费西利亚·咖斯德利亚诺(Vecilla Castellanos)著,歌颂雷翁古国的英雄。1586年出版。

19 西班牙文学史上没有这本书,塞万提斯大约指鲁伊斯·萨巴塔(Luis Zapata)的《威名显赫的卡尔洛》(*Carlo famoso*)。这部书歌唱卡尔洛和德国新教徒的战争。1566年出版。

20 西班牙谚语。

"有时候好人替坏人受罪[21]。"

18 神父和理发师设法医治他们朋友的病。一个办法是把那间书房的门砌上砖堵死，叫他起床后无从找他的那些书。说不定铲掉病根，病症也会消失。他们可以说：有个魔术家把他的书房连带所有的书一起摄走了。他们马上着手办这件事。过了两天堂吉诃德一起床就去看他的书。他不见藏书的屋子，就满处寻找。他跑到原先有门的地方，用手去摸索，东看西望，一言不发。过了好一会，他问管家妈他的书房在哪里。管家妈早知道该怎么回答，她说：

19 "您还找什么书房，什么没影儿的东西呀？现在这座房子里没有书房也没有书了，魔鬼亲自出马，一股脑儿都摄走了。"

20 外甥女说："不是魔鬼，是个魔术家，您出门以后一个晚上腾云来的。他骑着一条蛇，一下地就走进书房去，我也不知道他在里面干些什么，只见他过一会儿穿出屋顶飞走了，留下满屋子的烟。等我们赶去瞧他干下了什么事，一看，书呀、书房呀，全都没有了。有一件事我和管家太太记得很清楚。那老混蛋临走大声说：他和这些书和书房的主人有私仇，所以到这儿捣乱来了；他干的事一会儿就有分晓。他还说，他名叫穆尼阿冬博士。"

21 堂吉诃德说："大概说的是弗瑞斯冬[22]。"

22 管家妈接口说："我也搅不清他叫弗瑞斯冬还是弗利冬，只知道名字末了一个字是'冬'。"

23 堂吉诃德说："对啊。这人是个博学的魔术家，是我的死冤家。他恨我，因为他精通法术，预知他庇护的一位骑士将来要跟我决斗，输在我手里；他却没法儿阻挡，所以他拼命跟我作对。叫他瞧着吧，上天注定的事，他不能违拗，也躲避不了。"

24 外甥女说："这还用说！可是舅舅，谁叫您去干预这些吵架的事呀？安安静静待在家里，不是顶好吗？'吃了人间最上好的白面包还嫌不好，硬要走遍天下去找更上好的'[23]，这又何苦呢？您也不计较计较，'出去剪羊毛，自己给剃成秃瓢'[24]。"

25 堂吉诃德答道："哎，我的外甥女，你计较错了。我才不让人家剃我的毛呢！谁要想碰我一根头发梢儿，我先就把他的胡子揪光拔净！"

26 她们俩瞧他发火，就不敢再开口。

---

21 西班牙谚语。
22 博学的魔术家。据说《希腊的贝利阿尼斯》是他的著作。
23 西班牙谚语，指寻求不到的东西。
24 西班牙谚语。

补充注释

[6] 小说第二到第六章写堂吉诃德第一次离乡出行以及挨打的遭遇。他返乡后，神父和理发师两位朋友到他的书房进行大检查，决定烧掉一些骑士小说。

[7] 杜尔宾：根据《堂吉诃德》（上部）第六章第33页注①："杜尔宾（Juan Turpín）死于800年左右，是莱姆斯（Reims）大主教，死后二百年，有人假借他的名字出了一部满纸荒唐的《查理曼大帝传》，杜尔宾从此以善于撒谎著称。"

[8] 十二武士：根据《堂吉诃德》（上部）第五章第28页注①："指扈从查理曼大帝的十二勇将，如奥利维罗斯、罗尔丹、瑞那尔多斯·台·蒙答尔班等。"

阅读提示（三）

1. 第9—11段承接第六章，写神父和理发师检查堂吉诃德的书房。从这部分可以预测，堂吉诃德那些未经检查而剩下的书将会是怎样的命运？
2. 第12—16段写堂吉诃德在家"发疯"。他的"疯"有什么特点？
3. 第17段写管家妈趁机烧了所有的书。管家妈为什么这么做？
4. 第18—23段中，神父和理发师用了什么方法来治疗朋友的病？管家妈和外甥女是怎么合伙欺骗堂吉诃德的？堂吉诃德为什么相信她们的话？
5. 从第24—26段来看，堂吉诃德有没有放弃做骑士的想法？从哪里可以看出这一点？

🎧 10-04

27 他以后在家安安静静待了十五天，好像一点没有再想出门胡闹的意思。这些日子，他跟神父和理发师两个老朋友谈论得非常有趣。他认为世上最迫切需要的是游侠骑士，而游侠骑士道的复兴，全靠他一人。神父有时反驳，有时附和，因为不用这种手段不能劝服他。

28 堂吉诃德趁这时候，游说他街坊上的一个农夫。假如穷苦人也可以称为"好人"，那么这人该说是个好人，不过他脑袋里没什么脑子。反正堂吉诃德说得天花乱坠，又是劝诱，又是许愿，这可怜的农夫就决心跟他出门，做他的侍从。堂吉诃德还叫他尽管放心跟自己出门，因为可能来个意外奇遇，一眨眼征服了个把海岛，就让他做岛上的总督。这农夫名叫桑丘·潘沙。他听了这话，又加许他的种种好处，就抛下老婆孩子去充当他街坊的侍从。

29 堂吉诃德马上去筹钱，或卖或当，出脱了些东西，反正都是吃亏的交易；这样居然筹到小小一笔款子。他又弄到一面圆盾牌，是向朋友商借的；又千方百计把破碎的头盔修补完整。他就把上路的日期和时间通知他的侍从桑丘，让他收拾些随身必需的东西，还特地嘱咐他带一只褡裢袋。桑丘说一定带，还说他有一头很好的驴子，也想骑着走，因为他不惯长途步行。堂吉诃德为这头驴的问题踌躇了一下。他搜索满腹书史，寻思有没有哪个游侠骑士带着骑驴的侍从。他记不起任何先例，可是决计让桑丘带着他的驴子，等有机会再为他换上比较体面的坐骑；也许路上碰到个无礼的骑士，就可以把他的马抢来抵换驴子。他按照客店主人的劝告，尽力置备了衬衣和其他东西。一切齐备，桑丘没向老婆和孩子告辞，堂吉诃德也没向管家妈和外甥女告辞，两人在夜晚离开了村子，没让任何人看见。他们一夜走了老远的路，到第二天早上放定了心，家里人即使找他们也找不到了。

30 桑丘一路上骑着驴，像一位大主教[25]，他带着褡裢袋和皮酒袋，满心想当东家许他的海岛总督。堂吉诃德恰好又走了前番的道路，向蒙帖艾尔郊原[9]跑去。他这回不像上回那么受罪，因为是清早，太阳光斜照着他们，不那么叫人疲劳。桑丘·潘沙这时对他主人说：

31 "游侠骑士先生，您记着点儿，别忘了您许我的海岛；不论它多么大，我是会管理的。"

32 堂吉诃德答道："桑丘·潘沙朋友，你该知道，古时候游侠骑士征服了海岛或者王国，总把自己的侍从封做那些地方的总督，那是通常的习惯。我决不让这个好规矩坏在我手里，还打算做得更漂亮些呢。那些骑士往往要等自己的侍从上了年纪，厌倦了白天受累、夜晚吃苦的差使，才封他们在或大或小的县里、省里，做个伯爵或至多做个侯爵。可是只要你我都留着性命，很可能六天之内，我就会征服一个连带有几个附庸国的王国，那就现成可以封你做一个附庸国的国王。你别以为这有什么稀奇。游侠骑士的遭遇，好些是从古未有而且意想不到的，所以我给你的报酬即使比我答应的还多，我也绰有余力。"

33 桑丘·潘沙答道："假如我凭您说的什么奇迹做了国王，那就连我的老伴儿华娜·谷帖瑞斯也成了王后了，我的儿子也成了王子了。"

---

25 耶稣基督骑驴进耶路撒冷城，天主教会的首脑如教皇和大主教都骑驴。

34 堂吉诃德道:"那还用说吗?"

35 桑丘·潘沙说:"我就不信。我自己肚里有个计较,即使老天爷让王国像雨点似的落下地来,一个也不会稳稳地合在玛丽·谷帖瑞斯[26]头上,先生,我跟您说吧,她不是王后的料,当伯爵夫人还凑合,那也得老天爷帮忙呢。"

36 堂吉诃德说:"那你就听凭老天爷安排吧,他自会给她最合适的赏赐。可是你至少也得做个总督才行,别太没志气。"

37 桑丘回答说:"我的先生,我不会的。况且我还有您这么尊贵的主人呢。只要对我合适,我又担当得起,您什么职位都会给我。"

补充注释

[9] 蒙帖艾尔郊原:根据《堂吉诃德》(上部)第二章第7页注①:"有名的战场,1369年西班牙的'暴君彼得'在这里被他弟弟打败。"

阅读提示(四)

1. 从第27、28段来看,堂吉诃德是怎么稳住他的朋友们的?同时又为第二次出行做了什么重要准备?桑丘为什么同意做他的侍从?

2. 第29段中,堂吉诃德和桑丘主仆二人为出门各做了哪些具体准备?哪一点跟一般游侠骑士的做法不同?堂吉诃德打算怎么解决这个问题?

3. 第30—37段中,通过主仆二人的对话可以知道,桑丘一心考虑什么问题?主人满口答应他,他还是有一点什么顾虑?从中能看出桑丘的哪些性格特点?

---

[26] 塞万提斯给桑丘老婆的姓名时有变换,上文她叫华娜,这里又叫玛丽,下文又称她泰瑞萨,又一处说她娘家姓夹石夹核。

情节与结构

概括第一章和第七章中各部分描写的基本内容,完成下表。其中,对于加 * 的部分,请写出段落内部各句的主语,以观察句与句之间的连接(以句号结束的为一句);对于加 ** 的部分,请写出在段落间起连接作用的句子。

结构		故事情节	段落内部各句主语 / 段落之间连接句
第一章	第 1 段 *		
	第 2—4 段		
	第 5—8 段 **		
第七章	第 9—17 段		
	第 18—26 段		
	第 27—28 段		
	第 29—37 段		

作品回顾与思考

1. 仅就选入课文的两章来看,堂吉诃德和桑丘主仆二人各具有哪些性格特点?请用具体的例子来说明。
2. 堂吉诃德作为文学史上的经典形象,你认为具有什么象征意义?
3. 你在学习课文的时候,是否遇到了困难?如果有,难点集中在语言方面还是文学、文化背景方面?请简单介绍。
4. 夸张、滑稽、幽默是原作的特点,杨绛的翻译有没有体现出这样的风格?请举例说明。
5. 什么是"翻译腔"?你觉得杨绛的翻译是否有"翻译腔"?请说明理由。
6. 你认为用汉译文学作品作为留学生学习汉语的材料是否合适?为什么?

作品阅读与新译

阅读《堂吉诃德》(上部)(杨绛译本)第八章中的一个片段:大战风车。这是小说中最著名的一个情节,是堂吉诃德荒诞行为的代表。请从西班牙语原版或你的母语译本中找出这一部分,将它译成汉语,并与杨绛的译文进行比较。

塞万提斯笔下堂吉诃德大战风车的"古战场"
——西班牙风车小镇孔苏埃格拉(Consuegra)

杨绛译文

1　这时候，他们远远望见郊野里有三四十架风车。堂吉诃德一见就对他的侍从说：

2　"运道的安排，比咱们要求的还好。你瞧，桑丘·潘沙朋友，那边出现了三十多个大得出奇的巨人。我打算去跟他们交手，把他们一个个杀死，咱们得了胜利品，可以发财。这是正义的战争，消灭地球上这种坏东西是为上帝立大功。"

3　桑丘·潘沙道："什么巨人呀？"

4　他主人说："那些长胳膊的，你没看见吗？那些巨人的胳膊差不多二哩瓦[1]长呢。"

5　桑丘说："您仔细瞧瞧，那不是巨人，是风车；上面胳膊似的东西是风车的翅膀，给风吹动了就能推转石磨。"

6　堂吉诃德道："你真是外行，不懂冒险。他们确是货真价实的巨人。你要是害怕，就走开些，做你的祷告去，等我一人来和他们大伙儿拼命。"

7　他一面说，一面踢着坐骑冲出去。他侍从桑丘大喊说，他前去冲杀的明明是风车，不是巨人；他满不理会，横着念头那是巨人，既没听见桑丘叫喊，跑近了也没看清是什么东西，只顾往前冲，嘴里嚷道：

8　"你们这伙没胆量的下流东西！不要

作品新译

---

[1] 1哩瓦合6.4公里。

跑！前来跟你们厮杀的只是个单枪匹马的骑士！"

9 这时微微刮起一阵风，转动了那些庞大的翅翼。堂吉诃德见了说：

10 "即使你们挥舞的胳膊比巨人布利亚瑞欧[2]的还多，我也要和你们见个高下！"

11 他说罢一片虔诚向他那位杜尔西内娅小姐祷告一番，求她在这个紧要关头保佑自己，然后把盾牌遮稳身体，托定长枪飞马向第一架风车冲杀上去。他一枪刺中了风车的翅膀；翅膀在风里转得正猛，把长枪迸做几段，一股劲把堂吉诃德连人带马直扫出去；堂吉诃德滚翻在地，狼狈不堪。桑丘·潘沙趱驴来救，跑近一看，他已经不能动弹，驽骍难得把他摔得太厉害了。

12 桑丘说："天啊！我不是跟您说了吗，仔细着点儿，那不过是风车。除非自己的脑袋里有风车打转儿，谁还不知道这是风车呢？"

13 堂吉诃德答道："甭说了，桑丘朋友，打仗的胜败最拿不稳。看来把我的书连带书房一起抢走的弗瑞斯冬法师对我冤仇很深，一定是他把巨人变成风车，来剥夺我胜利的光荣。可是到头来，他的邪法毕竟敌不过我这把剑的锋芒。"

14 桑丘说："这就要瞧老天爷怎么安排了。"

---

[2] 希腊神话里和神道作战的巨人，有一百条手臂。

附录（一）词语总表

A			
哀鸣	āimíng	动	2
案	àn	名	4
昂贵	ángguì	形	7
熬夜	áo//yè	动	6
B			
白话	báihuà	名	4
半岛	bàndǎo	名	7
磅	bàng	量	7
包孕	bāoyùn	动	3
报仇	bào//chóu	动	9
报复	bàofù	动	4
暴政	bàozhèng	名	2
奔流	bēnliú	动	2
本钱	běnqián	名	9
笨拙	bènzhuō	形	4
笔调	bǐdiào	名	4
笔画	bǐhuà	名	8
笔者	bǐzhě	名	4
闭卷	bìjuàn	动	1
编者	biānzhě	名	9
蝙蝠	biānfú	名	3
遍及	biànjí	动	7
辨别	biànbié	动	4
辨认	biànrèn	动	8
辨识	biànshí	动	8
辨析	biànxī	动	1
辨知	biànzhī		8
辩	biàn	动	2
辩士	biànshì	名	4
标	biāo	动	4
标榜	biāobǎng	动	6
表意	biǎoyì		8
表音	biǎoyīn		8
并存	bìngcún	动	3
并列	bìngliè	动	9
剥离	bōlí	动	7
驳	bó	动	4
驳斥	bóchì	动	2
驳倒	bó//dǎo	动	2
补救	bǔjiù	动	8
哺乳动物	bǔrǔ dòngwù		3
不服	bùfú	动	2
不忍	bùrěn	动	2
不失为	bùshīwéi	动	8
不已	bùyǐ	动	4
部件	bùjiàn	名	8

267

C

才华	cáihuá	名	6
参政	cān//zhèng	动	4
残忍	cánrěn	形	2
残杀	cánshā	动	2
残渣	cánzhā	名	6
苍白	cāngbái	形	3
沧桑	cāngsāng	名	3
草字头	cǎozìtóu		8
参差	cēncī	形	3
插入	chārù	动	9
茶道	chádào	名	7
茶具	chájù	名	7
产地	chǎndì	名	7
产区	chǎnqū	名	7
忏悔	chànhuǐ	动	2
猖狂	chāngkuáng	形	3
长年	chángnián	副	3
长篇	chángpiān	形/名	9
长生	chángshēng	动	3
长项	chángxiàng	名	6
常绿	chánglǜ		7
唱腔	chàngqiāng	名	6
超人	chāorén	动/名	9
尘世	chénshì	名	3
沉寂	chénjì	形	7
衬托	chèntuō	动	9
称道	chēngdào	动	6
称得上	chēng de shàng		3
成倍	chéng bèi		8
成才	chéngcái	动	6
成书	chéngshū	动	7
成数	chéngshù	名	8
成仙	chéng xiān		3
承当	chéngdāng	动	9
惩罚	chéngfá	动	9
迟迟	chíchí	副	9
迟疑	chíyí	形	1
持	chí	动	4
耻辱	chǐrǔ	名	2
充	chōng	动	6
重刊	chóng kān		6
抽样	chōu//yàng	动	8
出版社	chūbǎnshè	名	9
出身	chūshēn	动/名	6
出书	chū shū		6
出息	chūxi	名	6
出众	chūzhòng	形	9
初版	chūbǎn	动/名	6
除开	chúkāi	介	4
储备	chǔbèi	动/名	6
触及	chùjí	动	9
传承	chuánchéng	动	7
创制	chuàngzhì	动	7
醇厚	chúnhòu	形	7
啜	chuò	动	7

词组	cízǔ	名	8	当政	dāngzhèng	动	2
辞让	círàng	动	2	导向	dǎoxiàng	名/动	3
次文化	cìwénhuà	名	3	倒霉	dǎo//méi	形	9
次序	cìxù	名	9	道家	dàojiā	名	2
伺候	cìhou	动	9	道士	dàoshi	名	1
刺心彻骨	cì xīn chègǔ		9	得志	dé//zhì	动	3
赐	cì	动	7	德行	déxíng	名	2
从容	cóngróng	形	8	等同	děngtóng	动	9
从属	cóngshǔ	动	7	堤坝	dībà	名	2
从未	cóngwèi	副	4	嘀咕	dígu	动	8
从政	cóngzhèng	动	6	底子	dǐzi	名	6
催促	cuīcù	动	6	地理	dìlǐ	名	1
存心	cúnxīn	动/副	6	帝国	dìguó	名	7
存疑	cúnyí	动	1	颠倒	diāndǎo	动	9
D				典雅	diǎnyǎ	形	7
大地	dàdì	名	3	垫子	diànzi	名	3
大幅	dàfú	副	7	奠基人	diànjīrén	名	1
大鹏	dàpéng	名	1	雕塑	diāosù	名	3
大体	dàtǐ	副/名	8	定律	dìnglǜ	名	4
呆滞	dāizhì	形	9	定论	dìnglùn	名	1
代表作	dàibiǎozuò	名	6	定名	dìngmíng	动	7
代数	dàishù	名	3	动情	dòng//qíng	动	3
代之以	dài zhī yǐ		3	动向	dòngxiàng	名	6
带头	dài//tóu	动	4	动用	dòngyòng	动	9
单数	dānshù	名	4	独霸	dúbà	动	7
单一化	dānyīhuà		3	读书人	dúshūrén	名	6
胆子	dǎnzi	名	9	断句	duàn//jù	动	9
担子	dànzi	名	6	断言	duànyán	动	8

多年生	duōniánshēng	形	7
多样化	duōyànghuà		3
多义	duōyì		8
多种多样	duōzhǒng duōyàng		3
堕落	duòluò	动	2

E

恶	è	形/名	2
而后	érhòu	连	6

F

发财	fā//cái	动	6
发端	fāduān	动	2
发祥地	fāxiángdì	名	7
发源	fāyuán	动	7
翻跟斗	fān gēndou		9
凡人	fánrén	名	3
繁复	fánfù	形	9
繁盛	fánshèng	形	7
反驳	fǎnbó	动	2
反击	fǎnjī	动	4
反省	fǎnxǐng	动	6
反之	fǎnzhī	连	1
范畴	fànchóu	名	1
方才	fāngcái	副	6
方志	fāngzhì	名	1
仿效	fǎngxiào	动	4
仿照	fǎngzhào	动	9
废除	fèichú	动	8

分泌	fēnmì	动	8
分明	fēnmíng	形/副	9
愤然	fènrán	形	4
风靡	fēngmǐ	动	7
风土	fēngtǔ	名	9
风味	fēngwèi	名	9
风行	fēngxíng	动	7
封建	fēngjiàn	名/形	7
凤凰	fènghuáng	名	6
佛经	fójīng	名	9
夫子	fūzǐ	名	3
肤浅	fūqiǎn	形	9
抚摸	fǔmō	动	3
辅音	fǔyīn	名	8
附	fù	动	9
附着	fùzhuó	动	9
复生	fùshēng	动	3
副刊	fùkān	名	4
富于	fùyú	动	3

G

感官	gǎnguān	名	8
高峰期	gāofēngqī	名	7
高校	gāoxiào	名	4
高雅	gāoyǎ	形	7
告成	gàochéng	动	4
告知	gàozhī	动	1
歌谣	gēyáo	名	3
格言	géyán	名	1

工序	gōngxù	名	9		航天	hángtiān	动	8
公道	gōngdào	名	9		嗥	háo	动	3
公愤	gōngfèn	名	2		豪门	háomén	名	7
公开信	gōngkāixìn	名	4		好比	hǎobǐ	动	2
公用	gōngyòng	动	4		号角	hàojiǎo	名	9
功力	gōnglì	名	8		浩浩荡荡	hàohào dàngdàng		2
攻读	gōngdú	动	1		合乎	héhū	动	1
供	gōng	动	1		何以	héyǐ	副	4
宫廷	gōngtíng	名	7		核实	héshí	动	8
贡品	gòngpǐn	名	7		喝彩	hè//cǎi	动	6
构词	gòu cí		8		横向	héngxiàng	形	3
孤立	gūlì	形/动	1		哄堂	hōngtáng		4
古话	gǔhuà	名	3		后期	hòuqī	名	8
鼓吹	gǔchuī	动	4		后天	hòutiān	名	2
固然	gùrán	连	1		后者	hòuzhě	名	6
顾全	gùquán	动	9		呼声	hūshēng	名	4
关注点	guānzhùdiǎn		6		互为	hù wéi		1
官府	guānfǔ	名	7		画报	huàbào	名	6
官吏	guānlì	名	3		话本	huàběn	名	3
归结	guījié	动	2		欢喜	huānxǐ	动/形	4
规矩	guīju	名/形	2		缓慢	huǎnmàn	形	9
贵族	guìzú	名	7		换言之	huànyánzhī		8
滚圆	gǔnyuán	形	8		荒唐	huāngtáng	形	7
国防	guófáng	名	7		皇后	huánghòu	名	7
过早	guò zǎo		6		皇家	huángjiā	名	7
H					回击	huíjī	动	4
含蕴	hányùn	动	9		回马枪	huímǎqiāng	名	6
航海	hánghǎi	动	8					

回味	huíwèi	动/名	4	煎	jiān	动	7
汇合	huìhé	动	3	简短	jiǎnduǎn	形	9
昏迷	hūnmí	动	9	简化字	jiǎnhuàzì	名	8
混沌	hùndùn	形	2	简约	jiǎnyuē	形	8
混入	hùnrù	动	9	间或	jiànhuò	副	4
混用	hùnyòng	动	4	鉴别	jiànbié	动	1
活现	huóxiàn	动	2	讲授	jiǎngshòu	动	1
货源	huòyuán	名	7	讲学	jiǎng//xué	动	6
J				讲义	jiǎngyì	名	4
机缘	jīyuán	名	6	交叉	jiāochā	动	1
基点	jīdiǎn	名	1	郊外	jiāowài	名	7
极少数	jí shǎoshù		8	脚跟	jiǎogēn	名	2
几何	jǐhé	名	3	校订	jiàodìng	动	9
记述	jìshù	动	4	教职	jiàozhí	名	6
继	jì	动/连	3	阶层	jiēcéng	名	7
祭祀	jìsì	动	7	阶级	jiējí	名	4
寄托	jìtuō	动	2	皆	jiē	副	3
加注	jiā zhù		9	接壤	jiērǎng	动	7
假设	jiǎshè	名/动	2	节制	jiézhì	动	9
假想	jiǎxiǎng	动	8	诘问	jiéwèn	动	4
驾	jià	动	3	结盟	jié//méng	动	7
驾车	jiàchē		3	结尾	jiéwěi	名	9
嫁	jià	动	7	结账	jié//zhàng	动	6
嫁妆	jiàzhuang	名	7	界限	jièxiàn	名	4
奸诈	jiānzhà	形	9	借以	jièyǐ	连	6
兼顾	jiāngù	动	9	借用	jièyòng	动	6
兼及	jiānjí		6	今人	jīnrén	名	4
兼容	jiānróng	动	7	进化论	jìnhuàlùn	名	3

近缘	jìnyuán	形	7		开篇	kāipiān	名	2
浸染	jìnrǎn	动	7		开拓	kāituò	动	3
经商	jīng//shāng	动	6		凯歌	kǎigē	名	6
经由	jīngyóu	介	6		刊刻	kānkè	动	1
惊羡	jīngxiàn	动	6		刊行	kānxíng	动	6
精当	jīngdàng	形	4		砍	kǎn	动	3
精髓	jīngsuǐ	名	7		看重	kànzhòng	动	3
精心	jīngxīn	形	1		考证	kǎozhèng	动	1
警句	jǐngjù	名	4		靠拢	kàolǒng	动	3
劲敌	jìngdí	名	2		课室	kèshì	名	6
敬	jìng	动	7		课外	kèwài	名	1
就此	jiùcǐ	副	3		空话	kōnghuà	名	6
就字而论	jiù zì ér lùn		8		口头	kǒutóu	名/形	8
拘束	jūshù	动/形	8		苦差	kǔchāi	名	9
局限	júxiàn	动	1		苦难	kǔnàn	名	8
举例	jǔ//lì	动	2		苦涩	kǔsè	形	7
剧作家	jùzuòjiā	名	7		夸赞	kuāzàn	动	8
据此	jùcǐ	动	7		困惑	kùnhuò	形	6
决口	juékǒu	动/名	2		扩散	kuòsàn	动	7
绝命	juémìng	动	9		**L**			
均	jūn	副	1		栏	lán	名	4
君王	jūnwáng	名	2		懒得	lǎnde	动	6
君主	jūnzhǔ	名	2		老本	lǎoběn	名	9
君子	jūnzǐ	名	2		累	lěi	动	4
K					类人猿	lèirényuán	名	8
开创者	kāichuàngzhě	名	1		离异	líyì	动	3
开卷	kāijuàn	动	1		礼教	lǐjiào	名	4
开课	kāi//kè	动	6		礼节	lǐjié	名	2

词语	拼音	词性	课
理会	lǐhuì	动	6
理念	lǐniàn	名	4
理学	lǐxué	名	1
历来	lìlái	副	1
立国	lìguó	动	7
立马	lìmǎ	副	4
利弊	lìbì	名	6
连带	liándài	动	8
连贯	liánguàn	动	9
连年	liánnián	动	7
连缀	liánzhuì	动	9
怜悯	liánmǐn	动	2
联绵字	liánmiánzì	名	8
联姻	liányīn	动	7
良心	liángxīn	名	2
良知	liángzhī	名	1
两脚朝天	liǎng jiǎo cháo tiān		9
两码事	liǎngmǎshì		2
两性	liǎngxìng	名	4
亮晶晶	liàngjīngjīng	形	4
踉踉跄跄	liàngliàng qiàngqiàng		6
另辟蹊径	lìng pì xījìng		6
流派	liúpài	名	2
流水	liúshuǐ	名	2
笼统	lǒngtǒng	形	1
垄断	lǒngduàn	动	7
陆路	lùlù	名	7

词语	拼音	词性	课
卵生	luǎnshēng	形	8
论点	lùndiǎn	名	2
论断	lùnduàn	名	7
论据	lùnjù	名	1
论述	lùnshù	动	8
论题	lùntí	名	1
啰唆	luōsuo	形/动	9

M

词语	拼音	词性	课
码	mǎ	量/动	2
蛮	mán	副	2
满怀	mǎnhuái	动	9
慢镜头	mànjìngtóu	名	9
盲从	mángcóng	动	1
美称	měichēng	名	3
美感	měigǎn	名	6
美誉	měiyù	名	2
萌发	méngfā	动	1
秘诀	mìjué	名	6
免	miǎn	动	4
民国	Mínguó	名	4
名门正派	míngmén zhèngpài		6
名目	míngmù	名	9
名气	míngqi	名	1
命根子	mìnggēnzi	名	9
命里注定	mìng lǐ zhùdìng		9
磨合	móhé	动	7
魔鬼	móguǐ	名	3

末了	mòliǎo	名	9
末期	mòqī	名	7
莫过于	mòguòyú	动	7
墨家	mòjiā	名	2
亩	mǔ	量	6
木本	mùběn	形	7
木梳	mùshū	名	3
幕	mù	量/名	4

N

拿手戏	náshǒuxì	名	6
纳入	nàrù	动	1
乃	nǎi	副	2
耐	nài	动	7
难关	nánguān	名	8
脑力	nǎolì	名	8
拟人	nǐrén	名	3
逆	nì	动	9
农耕	nónggēng	动	7
浓郁	nóngyù	形	7
女权	nǚquán	名	4
女神	nǚshén	名	3
虐待	nüèdài	动	2

O

欧式	ōushì	形	7

P

派遣	pàiqiǎn	动	7
蓬勃	péngbó	形	7
捧	pěng	动	3

脾性	píxìng	名	6
偏废	piānfèi	动	6
偏见	piānjiàn	名	6
偏旁	piānpáng	名	4
偏偏	piānpiān	副	2
飘逝	piāoshì	动	6
品味	pǐnwèi	名/动	7
谱系	pǔxì	名	1

Q

七情六欲	qīqíng liùyù		2
欺骗	qīpiàn	动	4
奇招	qízhāo		4
歧义	qíyì	名	8
岂	qǐ	副	4
起源	qǐyuán	动/名	2
恰恰相反	qiàqià xiāngfǎn		4
千古	qiāngǔ	名	6
谦让	qiānràng	动	2
前朝	qiáncháo	名	7
前言	qiányán	名	8
虔诚	qiánchéng	形	3
虔敬	qiánjìng	形	3
巧合	qiǎohé	形	9
切断	qiēduàn		9
切身	qièshēn	形	4
亲情	qīnqíng	名	2
亲手	qīnshǒu	副	9
亲吻	qīnwěn	动	3

禽兽	qínshòu	名	2		任意	rènyì	副/形	9
青天	qīngtiān	名	3		日后	rìhòu	名	6
轻率	qīngshuài	形	1		容	róng	动	8
轻信	qīngxìn	动	1		容纳	róngnà	动	9
倾耳	qīng ěr		4		容器	róngqì	名	8
晴和	qínghé	形	9		冗长	rǒngcháng	形	9
庆典	qìngdiǎn	名	7		儒家	Rújiā	名	1
求知	qiúzhī	动	8		儒门	rúmén	名	2
区系	qūxì	名	7		儒学	rúxué	名	2
趋同	qūtóng	动	3		乳白	rǔbái	形	3
取决于	qǔjué yú		2		入睡	rùshuì	动	3
取向	qǔxiàng	名	6		**S**			
去除	qùchú	动	7		散漫	sǎnmàn	形	9
全集	quánjí	名	1		僧人	sēngrén	名	7
全球化	quánqiúhuà		3		杀戮	shālù	动	9
全文	quánwén	名	8		砂糖	shātáng	名	7
确切	quèqiè	形	7		山洞	shāndòng	名	3
确证	quèzhèng	动/名	2		山林	shānlín	名	6
R					删	shān	动	9
饶	ráo	动	4		闪亮	shǎnliàng		3
热潮	rècháo	名	7		善	shàn	形	2
人称	rénchēng	名	4		善根	shàngēn	名	2
人体	réntǐ	名	8		善战	shànzhàn	形	8
人性	rénxìng	名	2		擅长	shàncháng	动	6
仁慈	réncí	形	2		擅用	shàn yòng		9
仁义	rényì	名	2		赏玩	shǎngwán	动	4
仁政	rénzhèng	名	2		上层	shàngcéng	名	7
认准	rènzhǔn		6		上流	shàngliú	名	7

上述	shàngshù	形	4		施行	shīxíng	动	2
上文	shàngwén	名	9		时段	shíduàn	名	7
上下文	shàngxiàwén	名	8		时髦	shímáo	形	4
尚未	shàng wèi		7		时人	shírén	名	4
稍加	shāo jiā		8		时尚	shíshàng	形/名	7
少量	shǎoliàng	形	7		实用型	shíyòngxíng		1
奢华	shēhuá	形	7		史料	shǐliào	名	7
申论	shēnlùn	动/名	4		使然	shǐrán	动	4
深究	shēnjiū	动	1		使者	shǐzhě	名	7
深受	shēnshòu	动	1		世间	shìjiān	名	7
深造	shēnzào	动	1		世俗	shìsú	名	3
深重	shēnzhòng	形	2		式样	shìyàng	名	4
甚至于	shènzhì yú		3		势必	shìbì	副	8
升天	shēngtiān	动	3		视觉	shìjué	名	8
生理	shēnglǐ	名	4		是非	shìfēi	名	2
生灵	shēnglíng	名	2		嗜好	shìhào	名/动	7
生物性	shēngwùxìng		2		收场	shōuchǎng	动/名	4
声符	shēngfú	名	8		手掌	shǒuzhǎng	名	3
声旁	shēngpáng	名	8		首创	shǒuchuàng	动	7
声腔	shēngqiāng	名	6		兽性	shòuxìng	名	2
省长	shěngzhǎng	名	6		书面	shūmiàn	形	8
圣人	shèngrén	名	2		书目	shūmù	名	1
圣王	shèngwáng	名	2		庶民	shùmín	名	7
胜任	shèngrèn	动	1		刷新	shuāxīn	动	3
失落	shīluò	形	6		衰退	shuāituì	动	7
失眠	shī//mián	动	3		双关	shuāngguān	名/动	9
诗集	shījí	名	3		水性	shuǐxìng	名	9
施加	shījiā	动	9		税收	shuìshōu	名	7

顺畅	shùnchàng	形	7
说来话长	shuōlái huà cháng		8
说事	shuōshì	动	4
说书	shuō//shū	动	3
思想家	sīxiǎngjiā	名	2
死守	sǐshǒu	动	6
四下里	sìxiàlǐ	名	9
送命	sòng//mìng	动	9
诵读	sòngdú	动	6
苏醒	sūxǐng	动	9
俗语	súyǔ	名	1
诉苦	sù//kǔ	动	9
碎片	suìpiàn	名	3

T

踏步	tàbù	动	6
贪婪	tānlán	形	3
瘫痪	tānhuàn	动	9
谈到	tándào		7
倘若	tǎngruò	连	8
淘汰	táotài	动	4
誊录	ténglù	动	9
提案	tí'àn	名	4
提炼	tíliàn	动	7
体式	tǐshì	名	6
体系	tǐxì	名	7
天理	tiānlǐ	名	1
天生	tiānshēng	形	2
添加	tiānjiā	动	7

田园	tiányuán	名	6
调味	tiáo//wèi	动	7
贴合	tiēhé		9
贴切	tiēqiè	形	9
听觉	tīngjué	名	8
通读	tōngdú	动	9
通顺	tōngshùn	形	9
通俗	tōngsú	形	1
通通	tōngtōng	副	2
同类	tónglèi	形	1
同人	tóngrén	名	4
同形	tóng xíng		8
统一体	tǒngyītǐ	名	8
偷懒	tōu//lǎn	动	6
头号	tóuhào	形	2
头晕	tóu yūn		9
图腾	túténg	名	7
屠杀	túshā	动	2
土壤	tǔrǎng	名	7
推测	tuīcè	动/名	7
推演	tuīyǎn	动	2
推移	tuīyí	动	7
退场	tuìchǎng	动	6
拖延	tuōyán	动	9
妥	tuǒ	形	9
拓展	tuòzhǎn	动	6

W

挖空心思	wākōng xīnsī		9

外加	wàijiā	动	9
外来语	wàiláiyǔ	名	8
完结	wánjié	动	9
玩味	wánwèi	动	4
晚期	wǎnqī	名	7
威武	wēiwǔ	形	8
微微	wēiwēi	形/副	4
唯独	wéidú	副	2
维系	wéixì	动	7
委实	wěishí	副	4
卫视	wèishì	名	6
未曾	wèicéng	副	6
未免	wèimiǎn	副	4
文句	wénjù	名	9
文科	wénkē	名	1
文理	wénlǐ	名	9
文饰	wénshì	名	9
文言	wényán	名	4
问世	wènshì	动	4
无非	wúfēi	副	1
无谓	wúwèi	形	4
无言以对	wú yán yǐ duì		4
毋庸置疑	wúyōng zhìyí		6
武侠	wǔxiá	名	6
物资	wùzī	名	7

X

西文	xīwén	名	9
西学东渐	xīxué dōng jiān		6
稀奇	xīqí	形	6
习俗	xísú	名	7
洗涤	xǐdí	动	2
洗练	xǐliàn	形	9
细化	xìhuà	动	7
侠客	xiákè	名	6
下令	xià//lìng	动	7
下午茶	xiàwǔchá	名	7
先河	xiānhé	名	7
先民	xiānmín	名	7
先天	xiāntiān	名	1
掀起	xiānqǐ	动	7
弦	xián	名	9
显现	xiǎnxiàn	动	4
现存	xiàncún	动	1
限	xiàn	动	8
限于	xiànyú	动	7
乡下	xiāngxia	名	6
相干	xiānggān	动	3
相较而言	xiāng jiào ér yán		7
相近	xiāngjìn	形	2
翔实	xiángshí	形	8
享乐	xiǎnglè	动	7
享誉	xiǎngyù	动	7
响亮	xiǎngliàng	形	4
想当然	xiǎngdāngrán	动	4
象形	xiàngxíng	名	8

词语	拼音	词性	课
象形字	xiàngxíngzì	名	8
逍遥	xiāoyáo	形	1
消亡	xiāowáng	动	7
小巧	xiǎoqiǎo	形	7
小人	xiǎorén	名	2
效仿	xiàofǎng	动	7
邪恶	xié'è	形	2
泄愤	xiè//fèn	动	9
亵渎	xièdú	动	3
心得	xīndé	名	6
心境	xīnjìng	名	3
心同此理	xīn tóng cǐ lǐ		2
心无旁骛	xīn wú pángwù		6
新潮	xīncháo	名/形	4
新世纪	xīn shìjì		6
信服	xìnfú	动	1
行迹	xíngjì	名	4
行善	xíngshàn	动	2
行文	xíngwén	动	9
形符	xíngfú	名	8
形旁	xíngpáng	名	8
形声字	xíngshēngzì	名	8
形体	xíngtǐ	名	8
醒豁	xǐnghuò	形	9
雄辩家	xióngbiànjiā	名	2
修辞学	xiūcíxué	名	4
羞耻	xiūchǐ	形	2
羞恶	xiūwù	动	2
需	xū	动	7
玄学	xuánxué	名	1
选民	xuǎnmín	名	8
学界	xuéjiè	名	6
学历	xuélì	名	1
学术界	xuéshùjiè	名	1
学堂	xuétáng	名	4
学养	xuéyǎng	名	6

Y

词语	拼音	词性	课
压根儿	yàgēnr	副	9
亚文化	yàwénhuà	名	3
严酷	yánkù	形	9
沿袭	yánxí	动	7
研讨	yántǎo	动	6
衍生	yǎnshēng	动	7
眼红	yǎnhóng	形	6
演说	yǎnshuō	动/名	3
阳历	yánglì	名	8
仰赖	yǎnglài	动	7
摇篮	yáolán	名	7
要点	yàodiǎn	名	1
要领	yàolǐng	名	8
液体	yètǐ	名	8
一问到底	yí wèn dàodǐ		1
一系列	yíxìliè	形	7
一仆二主	yì pú èr zhǔ		9
一体	yìtǐ	名	3
一体化	yìtǐhuà	动	3

一统	yìtǒng	动	3	咏叹	yǒngtàn	动	3
依存	yīcún	动	1	优异	yōuyì	形	1
移步	yí bù		6	优越性	yōuyuèxìng		8
移用	yíyòng	动	9	忧愁	yōuchóu	形	3
遗漏	yílòu	动	9	由此可见	yóucǐ-kějiàn		3
疑点	yídiǎn	名	1	游记	yóujì	名	1
以至	yǐzhì	连	8	游牧	yóumù	动	7
倚重	yǐzhòng	动	6	有待	yǒudài	动	6
亦	yì	副	9	有如	yǒurú	动	3
异国	yìguó	名	9	有所	yǒusuǒ	动	4
译	yì	动	9	于是乎	yúshìhū	连	4
译本	yìběn	名	9	余地	yúdì	名	1
译文	yìwén	名	9	与否	yǔ fǒu		9
意图	yìtú	名	8	语汇	yǔhuì	名	8
意音文字	yìyīn wénzì		8	语气	yǔqì	名	9
因果	yīnguǒ	名	9	语素	yǔsù	名	8
音素	yīnsù	名	8	语文	yǔwén	名	9
音译	yīnyì	动	8	语系	yǔxì	名	9
殷切	yīnqiè	形	6	语义	yǔyì	名	8
引入	yǐnrù	动	7	语种	yǔzhǒng	名	1
引述	yǐnshù	动	4	与会	yùhuì	动	4
饮品	yǐnpǐn	名	7	玉兔	yùtù	名	3
隐蔽	yǐnbì	动/形	4	预想	yùxiǎng	动/名	8
隐含	yǐnhán	动	6	寓意	yùyì	名	4
英式	yīngshì	形	7	愈发	yùfā	副	7
应答	yìngdá	动	4	冤家	yuānjia	名	9
应付	yìngfu	动	6	冤枉	yuānwang	动/形	4
拥护	yōnghù	动	4	元年	yuánnián	名	7

元音	yuányīn	名	8
原版	yuánbǎn	名	9
原本	yuánběn	副	7
原文	yuánwén	名	9
原形	yuánxíng	名	8
原样	yuányàng	名	9
原著	yuánzhù	名	9
原子	yuánzǐ	名	6
原罪	yuánzuì	名	2
原作	yuánzuò	名	9
援手	yuánshǒu	名/动	2
源流	yuánliú	名	1
怨愤	yuànfèn	名/形	9
怨苦	yuànkǔ		9
运道	yùndao	名	9
运销	yùnxiāo	动	7
蕴含	yùnhán	动	6

Z

杂糅	záróu	动	8
栽倒	zāidǎo		9
再度	zàidù	副	7
糟蹋	zāota	动	9
造就	zàojiù	动	3
增添	zēngtiān	动	9
摘要	zhāiyào	名	7
窄	zhǎi	形	3
崭新	zhǎnxīn	形	4
战火	zhànhuǒ	名	7

绽放	zhànfàng	动	6
章回小说	zhānghuí xiǎoshuō		1
招待	zhāodài	动	7
召唤	zhàohuàn	动	6
照模照样	zhàomu-zhàoyàng		9
折磨	zhémó	动	9
哲理	zhélǐ	名	3
蔗糖	zhètáng	名	7
真假	zhēn jiǎ		8
斟酌	zhēnzhuó	动	9
阵地	zhèndì	名	6
争辩	zhēngbiàn	动	2
正餐	zhèngcān	名	7
汁	zhī	名	8
枝叶	zhīyè	名	9
知识点	zhīshidiǎn	名	1
知识面	zhīshimiàn	名	1
直至	zhízhì	动	7
至关重要	zhìguān zhòngyào		1
制	zhì	动	7
治学	zhìxué	动	6
致力于	zhìlì yú		4
忠实	zhōngshí	形/动	9
洲际	zhōujì	形	7
轴心	zhóuxīn	名	2
侏儒	zhūrú	名	9

主宰	zhǔzǎi	动/名	4	着意	zhuóyì	副		9
注	zhù	动/名	1	资质	zīzhì	名		1
注本	zhùběn	名	1	自保	zìbǎo	动		2
注解	zhùjiě	动/名	9	自悲自叹	zìbēi zìtàn			9
注释	zhùshì	动/名	9	自家	zìjiā	代		6
著录	zhùlù	动	1	自然界	zìránjiè	名		8
铸	zhù	动	4	自恃才高	zìshì cái gāo			6
专攻	zhuāngōng	动	6	自卫	zìwèi	动		4
专论	zhuānlùn		8	自作主张	zì zuò zhǔzhāng			9
专著	zhuānzhù	名	6	总的来说	zǒngde lái shuō			7
转口	zhuǎnkǒu	动	7	纵向	zòngxiàng	形		3
撰述	zhuànshù	动/名	6	走失	zǒushī	动		9
撰写	zhuànxiě	动	1	走样	zǒu//yàng	动		9
撰修	zhuànxiū	动	1	罪孽	zuìniè	名		2
追踪	zhuīzōng	动	1	遵从	zūncóng	动		2
准保	zhǔnbǎo	副	9	作恶	zuò//è	动		2
着想	zhuóxiǎng	动	9	坐垫	zuòdiàn	名		3

附录（二）成语索引

B

百家争鸣	bǎijiā-zhēngmíng	3
别开生面	biékāi-shēngmiàn	4
不登大雅之堂	bù dēng dàyǎ zhī táng	3
不可思议	bùkě-sīyì	7
不知所云	bùzhī-suǒyún	9

C

| 恻隐之心 | cèyǐnzhīxīn | 2 |
| 畅所欲言 | chàngsuǒyùyán | 2 |

D

大是大非	dàshì-dàfēi	2
当仁不让	dāngrén-búràng	2
地广人稀	dìguǎng-rénxī	7
定于一尊	dìngyúyìzūn	3

F

发扬光大	fāyáng-guāngdà	7
凡夫俗子	fánfū-súzǐ	2
风和日暖	fēnghé-rìnuǎn	9
福无双至，祸不单行	fúwúshuāngzhì, huòbùdānxíng	9

G

| 根深蒂固 | gēnshēn-dìgù | 2 |
| 归根结底 | guīgēn-jiédǐ | 2 |

H

和而不同	hé'érbùtóng	3
狐假虎威	hújiǎhǔwēi	8
胡说八道	húshuō-bādào	6

J

己所不欲，勿施于人	jǐsuǒbúyù, wùshīyúrén	2
假公济私	jiǎgōng-jìsī	8
见死不救	jiànsǐ-bújiù	2
见义勇为	jiànyì-yǒngwéi	2
将心比心	jiāngxīn-bǐxīn	2
教学相长	jiàoxué-xiāngzhǎng	6

K

| 侃侃而谈 | kǎnkǎn'értán | 6 |

L

理直气壮	lǐzhí-qìzhuàng	9
量力而行	liànglì'érxíng	6
聊以自慰	liáoyǐzìwèi	6
伶牙俐齿	língyá-lìchǐ	4

M

| 漫不经心 | mànbùjīngxīn | 3 |
| 谋事在人，成事在天 | móushìzàirén, chéngshìzàitiān | 9 |

P

| 平起平坐 | píngqǐ-píngzuò | 4 |

附录（二）成语索引

Q
歧路亡羊	qílù-wángyáng	6
千锤百炼	qiānchuí-bǎiliàn	6
牵强附会	qiānqiǎng-fùhuì	8
勤能补拙	qínnéngbǔzhuō	6

R
| 人同此心 | rén tóng cǐ xīn | 2 |
| 如虎添翼 | rúhǔtiānyì | 8 |

S
水落石出	shuǐluò-shíchū	1
顺理成章	shùnlǐ-chéngzhāng	7
似是而非	sìshì-érfēi	8

T
叹为观止	tànwéiguānzhǐ	6
天无绝人之路	tiān wú juérénzhīlù	9
头头是道	tóutóu-shìdào	1

推己及人 | tuījǐ-jírén | 2

W
| 望文生义 | wàngwén-shēngyì | 8 |
| 无论如何 | wúlùn-rúhé | 1 |

X
弦外之音	xiánwàizhīyīn	9
相得益彰	xiāngdé-yìzhāng	1
相辅相成	xiāngfǔ-xiāngchéng	1
相生相克	xiāngshēng-xiāngkè	3
兴高采烈	xìnggāo-cǎiliè	6

Y
眼花缭乱	yǎnhuā-liáoluàn	6
一蹴而就	yícù'érjiù	6
一挥而就	yìhuī'érjiù	6

Z
| 左图右史 | zuǒtú-yòushǐ | 6 |

《高级中文综合教程》(全三册)
编者分工一览表

编者	第1册	第2册	第3册
李文	第一课　第三课 第八课　第十课	第一课　第八课 第九课　第十课	第一课　第五课 第九课　第十课
杨洁	第二课	第六课	第六课
宋红芳	第六课	第三课	第三课
张亚茹	第五课	第二课	第八课
张咏梅	第七课	第五课	第四课
柯润兰	第四课	第七课	第七课
洪桐怀	第九课	第四课	第二课